新思维
Xinsiwei
Zhongzhi Zhongzhuan Lüyou　　Jingpin Jiaocai
中职中专旅游精品教材

旅游法规常识

Lüyou Fagui Changshi

◉ 金向洁 编著

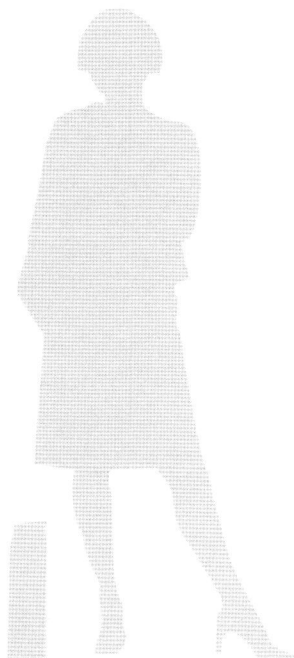

BOOK
广东旅游出版社
GUANGDONG TRAVEL AND TOURISM PRESS

图书在版编目（CIP）数据

旅游法规常识/金向洁编著．—广州：广东旅游出版社，2009.4
（新思维中职中专系列教材）
ISBN 978 - 7 - 80766 - 019 - 4

Ⅰ．旅…　Ⅱ．①金…　Ⅲ．旅游业—法规—中国—专业学校—教材　Ⅳ.
D922.296

中国版本图书馆 CIP 数据核字（2008）第 105908 号

广东旅游出版社出版发行
（广州市中山一路 30 号之一　　邮编：510600）
深圳市彩美印刷有限公司印刷
（深圳市龙岗区布吉镇坂田光雅园彩美印刷大厦）
广东旅游出版社图书网
www.tourpress.cn
邮购地址：广州市中山一路 30 号之一
联系电话：020-87347994　邮编：510600
787 毫米×1092 毫米　16 开　13.75 印张　180 千字
2009 年第 1 版第 1 次印刷
印数：1－5000 册
定价：25.00 元

出 版 前 言

近年来，随着旅游产业的兴起，中国已经成为一个旅游大国，旅游经济发展十分迅速，旅游从业人员的规模日益壮大。与此同时，旅游教育事业也得到了空前的发展，尤其体现在旅游职业教育上，职业学校的数量和规模发展都非常迅猛，据不完全统计，到目前为止全国已有近千所中等职业旅游学校，在校学生达到40万人之多。

然而，在职业教育发展迅速的同时，我们也应该看到当前的中职旅游教育还存在一些不足之处，主要体现在几个方面：一是中职课程目标定位模糊，缺乏社会岗位的针对性，不少学校过于重视学科理论的系统性，而忽视了对学生综合素质和能力的培养，造成人才培养与需求的脱节；二是课程模式缺乏实践性，背离了职业教育培养技能型应用型人才的初衷，导致学生动手能力不强，职业意识低下；三是教材内容过于陈旧，缺乏时代性和一定的前瞻性，旅游业发展日新月异，教师如果不注重知识更新，不关注教学内容的行业应用前景，学生就无法"学以致用"，更谈不上成为合乎国际化标准的高素质复合型人才。

为适应当前旅游职业教育的发展和需要，加强中职中专旅游学科的建设，完善旅游课程的课堂教学知识体系，我社特组织了广东省旅游学校、广州市旅游商贸职业学校、广州市旅游学校等相关院校的专业教师编写了这套"新思维中职中专旅游精品教材"。

本套教材立足于最新中等职业旅游课程教学大纲，采取有新意、重实用、高标准的编写原则，力求体现出以下特点：一是职业教育性，以提高学生的职业素质和能力为出发点，使其通过学习获得相关技术等级和职业资格，提升就业竞争力；二是内容的先进、精简和实用性，结合发展潮流，体现最新趋向，以实用为中心，力戒臃肿深奥，少涉空洞理论，合理设置案例和趣味内容；三是适用于课堂教学，突出中职教学的特点，在教材的内容编排上既充分考虑学生的参与和互动，又兼顾教师的授课效率，统一而又灵活。

本套教材适合于中等职业旅游学校（包括开设有旅游专业的综合性中职学校）相关专业学生作为教材，也可作为旅游业从业人员培训、自修的参考用书。

广东旅游出版社

目　　录

第一章　旅游法规概述 ·· 1

第一节　旅游立法 ·· 2

　　一、旅游法的概念 ·· 2

　　二、我国的旅游法制建设 ······································ 2

第二节　旅游法律关系 ·· 4

　　一、旅游法律关系的概念及构成要素 ···························· 4

　　二、旅游法律关系的确立 ······································ 7

　　三、旅游法律关系的保护 ······································ 8

第二章　旅行社管理法规 ······································ 11

第一节　旅行社概述 ·· 12

　　一、旅行社的概念及其法律特征 ································ 12

　　二、旅行社的类别及其经营范围 ································ 13

第二节　旅行社的设立与审批 ······································ 15

　　一、旅行社的设立 ·· 15

　　二、旅行社的审批 ·· 16

　　三、外国旅行社常驻机构的管理 ································ 17

　　四、申请设立外商投资旅行社的特别规定 ························ 17

第三节　旅行社的管理 ·· 19

　　一、旅行社业务经营许可证制度 ································ 19

　　二、旅行社质量保证金制度 ···································· 19

　　三、旅行社公告制度 ·· 22

　　四、旅行社的监督检查制度 ···································· 22

　　五、旅行社业务年检制度 ······································ 23

　　六、旅行社的出国旅游经营管理制度 ···························· 24

第四节　旅行社的经营 ·· 26

　　一、旅行社的经营原则 ·· 26

　　二、旅游业务经营规则 ·· 27

　　三、旅行社的职责与权利 ······································ 28

第三章　导游人员管理法规 ································· 33
　第一节　导游人员概述 ································· 34
　　一、导游人员概念与分类 ································· 34
　　二、导游人员执业制度 ································· 35
　第二节　导游人员的权利、义务及法律责任 ················· 39
　　一、导游人员的权利 ································· 39
　　二、导游人员的义务及法律责任 ····················· 41
　第三节　导游人员的管理 ································· 45
　　一、导游人员等级考核制度 ························· 46
　　二、导游人员的计分管理制度 ························· 46
　　三、导游人员的年审管理制度 ························· 48
　第四节　出境旅游领队人员管理 ····················· 49
　　一、出境旅游领队人员的概念 ························· 49
　　二、领队证的申请与管理 ································· 49
　　三、领队的职责与法律责任 ························· 50

第四章　旅游合同法规 ································· 53
　第一节　旅游合同概述 ································· 54
　　一、旅游合同的概念 ································· 54
　　二、旅游合同法的概念和基本原则 ················· 54
　第二节　旅游合同的订立与效力 ····················· 55
　　一、旅游合同的订立 ································· 55
　　二、旅游合同的法律效力 ································· 60
　第三节　旅游合同的履行 ································· 62
　　一、旅游合同履行的概念 ································· 62
　　二、旅游合同履行的原则 ································· 62
　　三、合同履行的规则 ································· 62
　第四节　旅游合同的变更、转让和解除 ················· 65
　　一、旅游合同的变更与转让 ························· 65
　　二、旅游合同的终止和解除 ························· 66
　第五节　旅游合同的违约责任 ························· 69
　　一、违约责任的概念及原则 ························· 69
　　二、违约责任的分类 ································· 69
　　三、违约责任的承担方式 ································· 69
　　四、违约责任的免除 ································· 72

第五章　旅游饭店管理法规 ·························· 87
　第一节　旅游饭店及其管理法规概述 ··················· 88
　　一、旅游饭店的概念及发展 ························· 88
　　二、我国旅游饭店业的立法情况 ····················· 88
　第二节　旅游饭店星级评定制度 ····················· 89
　　一、旅游饭店星级评定制度概述 ····················· 89
　　二、星级评定制度的主要内容 ······················ 89
　第三节　旅游饭店行业规范 ························· 92
　　一、旅游饭店行业规范概述 ························· 92
　　二、旅游饭店行业规范的主要内容 ···················· 93
　第四节　旅游饭店经营管理制度 ····················· 98
　　一、旅游饭店经营中的治安管理 ····················· 98
　　二、旅馆企业开办娱乐服务场所的管理 ·················· 99
　　三、旅游饭店经营中的食品卫生管理 ·················· 103

第六章　旅游安全与保险法规 ······················ 111
　第一节　旅游安全管理法规 ························ 112
　　一、旅游安全管理工作概述 ························ 112
　　二、旅游安全事故 ····························· 114
　　三、漂流旅游安全管理规定 ························ 116
　第二节　旅游保险法规 ·························· 118
　　一、旅游保险的概念及特点 ························ 118
　　二、常见的旅游保险险种 ························· 119
　　三、旅行社责任保险 ··························· 121

第七章　旅游交通运输管理法律法规 ·················· 127
　第一节　旅游交通运输法律法规概述 ·················· 128
　　一、旅游交通的概念 ··························· 128
　　二、我国现行的旅游交通法规 ······················ 128
　　三、旅游交通法规的基本原则 ······················ 128
　第二节　旅客航空运输管理 ························ 129
　　一、旅客航空运输概述 ·························· 129
　　二、旅客航空运输法律规定的有关内容 ················· 130
　第三节　旅游铁路运输管理 ························ 139
　　一、旅客铁路运输概述 ·························· 139
　　二、铁路运输企业的职责 ························· 139

三、铁路运输合同及其违约责任的承担·······················139

四、旅客乘车条件的规定·······················140

五、铁路旅客运输损害赔偿的规定·······················141

第八章　旅游出入境管理法律法规·······················145

第一节　旅游者出入境管理法律法规概述·······················146

第二节　中国旅游者出入境管理·······················146

一、中国旅游者出入境的有效证件·······················146

二、中国旅游者出入境的法律限制·······················149

第三节　外国旅游者入出境管理·······················150

一、外国旅游者入出境的有效证件·······················150

二、外国旅游者入出境的法律限制·······················152

三、外国旅游者在中国居留、住宿的管理规定·······················153

第四节　旅游者出入境检查管理·······················154

一、海关检查·······················154

二、边防检查·······················156

三、安全检查·······················156

四、卫生检疫·······················156

五、动植物检疫·······················156

第九章　旅游资源管理法律法规·······················159

第一节　旅游资源管理概述·······················160

一、旅游资源的概念·······················160

二、旅游资源管理法律制度·······················160

第二节　风景名胜区的法律保护·······················160

一、风景名胜区的概念·······················161

二、风景名胜区的级别划分及设立·······················161

三、风景名胜区的规划·······················161

四、风景名胜区旅游资源的保护和利用·······················162

五、违反《风景名胜区条例》的法律责任·······················164

第三节　自然保护区的法律保护·······················166

一、自然保护区的概念及设立条件·······················166

二、自然保护区的等级、区域划分和建立程序·······················167

三、自然保护区的管理·······················168

四、违反《自然保护区条例》的法律责任·······················169

第四节　人文旅游资源的法律保护·······················169

一、人文旅游资源概述 170
二、人文旅游资源的法律保护 170
三、人文旅游资源的考古发掘 173
四、对馆藏文物和民间收藏文物的管理 174
五、文物出境进境的管理 175
六、违反《文物保护法》的法律责任 176
第五节 世界遗产的法律保护 177
一、世界遗产的含义 177
二、世界遗产的分类 177
三、我国的世界遗产 179

第十章 旅游者合法权益保护法律法规 183
第一节 旅游消费者权益保护法律制度概述 184
一、消费者与旅游消费者 184
二、消费者权益保护法 184
第二节 旅游消费者的权利与旅游经营者的义务 185
一、旅游消费者的权利 185
二、旅游经营者的义务 188
第三节 旅游消费者合法权益的保护 191
一、旅游消费者合法权益的含义 191
二、旅游消费者权益保护中存在的问题 191
三、国家与社会对消费者权益的保护 192
四、侵害旅游消费者权益的法律责任 193
五、依法理性维权 196

第十一章 旅游纠纷与旅游投诉管理法规 199
第一节 旅游纠纷处理 200
一、旅游纠纷的概念及特征 200
二、旅游纠纷的种类 200
三、旅游纠纷处理的方式 201
第二节 旅游投诉管理法规 202
一、旅游投诉概述 202
二、旅游投诉管辖 205
三、旅游投诉的受理与处理 207

主要参考文献 213

第一章
旅游法规概述

导语 ★ ★ ★ ★ ★

1. 理解旅游法的概念，了解我国的旅游法制建设。
2. 掌握旅游法律关系的概念及构成要素。
3. 理解旅游法律关系的确立，了解旅游法律关系的保护机构及保护措施。

当旅游越来越成为人们生活的重要内容时，旅游者就会与外界产生一系列的法律关系，由此，一系列的法律问题也随之产生。旅游法是旅游业发展到一定历史阶段的产物，是旅游业健康发展和旅游者切身利益的重要保障。本章是全书的基础部分，将重点阐述旅游立法及旅游法律关系的相关内容，为后面章节的学习打下基础。

第一节　旅游立法

一、旅游法的概念

旅游法有广义和狭义之分。广义的旅游法是指由国家制定或认可的调整旅游活动中所产生的各种社会关系的法律规范的总称，即包含整个旅游法律规范的体系，它既有国内法体系也包括国际旅游公约、条约等国际法规范，还有实体性规范和程序性规范；狭义的旅游法是指旅游基本法，即规定一个国家发展旅游服务的根本宗旨、根本原则以及旅游活动中各主体根本权利义务的法律。所以旅游法就是调整旅游活动中各种社会关系的法律规范的总称。

二、我国的旅游法制建设

（一）我国旅游立法的情况

1950 年 11 月，经中央人民政府政务院批准、公安部颁布实施的《外国侨民出境暂行办法》、《外国侨民旅行暂行办法》是新中国最早的旅游法规。1964 年 7 月，中国旅行游览管理局成立，1982 年 8 月更名为中华人民共和国国家旅游局。随着旅游业的快速发展和国家法制体系的逐步健全和完善，我国旅游法制建设经历了从无到有、加快发展、逐步强化的过程，取得了长足的进步。

在我国，现代意义上的旅游立法是从 20 世纪 70 年代末开始的。为了保障现代旅游业的健康发展，我国在颁布的众多民事和经济的法律和法规中，十分重视对旅游业的法律保护。但是，由于旅游活动领域存在着某些不同于一般经济或民事关系的特殊的权利义务，仅靠通用性法律的一般原则和规定是不足以调整这些特殊的权利义务的。因此，调整旅游社会关系的专门法律法规才会不断出台。目前我国有两类法律和法规调整旅游社会关系。一类是通用的法律法规，如《中华人民共和国合同法》、《中华人民共和国环境保护法》、《中华人民共和国中外合资经营企业法》、《中华人民共和国公司法》、《中华人民共和国反不正当竞争法》、《中华人民共和国消费者权益保护法》等。尽管这些法律从立法意图上不是专门针对旅游社会关系制定的，但事实上它所提供的法律原则和规定也适用于旅游事业。另一类是专门调整旅游关系的法律、法规。旅游业在我国是一个新兴的产业部门，旅游专门立法的工作起步较晚。1985 年 5 月 11 日，国务院颁布了《旅行社管理暂行条例》，这是我国第一个关于旅游业管理方面的法规。该《条例》施行后，相继有几十个专门法规问世。这些法规在实践中也在不断地修改和完善。目前我国已经制定的旅游法律、法规主要有：《旅行社管理条理》、《导游人员管理条例》、《风景名胜区管理条例》、《旅行社质量保证金暂行规定》、《旅馆业治安管理办法》、《旅游饭店星级的划分与评定》、《旅游投诉暂行规定》、《娱乐场所管理条例》、《旅游安全管理暂行办法》等。这些法律法规从制定的部门来看，有的是国务院批准的旅游法律法规，有的是国家旅游局单独或会同有关部门制定的法规。除此之外还有大量的地方政府制定的有关地方旅游的法规。

（二）我国现行旅游法律制度中存在的问题

经过十几年的建设，我国旅游法律法规的建设已初具规模，为我国旅游业的发展提供了有力的保障。但也应该看到，与国外的旅游立法相比，我国的旅游立法相对滞后，现行法律制度中仍然存在一定的问题，主要表现在：

1. 旅游基本法尚未出台

目前我国虽已经颁布了许多旅游法律法规，覆盖面也比较广，但法律效力却不高。从理论上说，我国旅游法律制度应该是以《中华人民共和国旅游法》居主导地位的完整的法律法规体系。旅游基本法作为我国旅游事业发展的根本大法，应该规定旅游业的发展宗旨和政策原则，以确保旅游业的健康发展。早在1982 年国家旅游局就组织有关的专家学者成立了《中华人民共和国旅游法》起草领导和工作小组，并于 1985 年年底提交了第一稿送审。之后又经历了十余次的修改，从而使这部法律的框架、体例、原则精神等基本成熟。2001年，在九届人大四次会议上，占代表总数 1/10 的人大代表提出关于旅游法的议案，为旅游法的出台奠定了良好的基础。随着旅游业的快速发展，以及我国加入 WTO，越来越多的人开始关注这一工作。但由于旅游业行业跨度大、涉及多方的利益等原因，旅游法迟迟难以颁布。

从各国旅游立法的实践来看，大多制定有旅游基本法，比如美国的《全国旅游政策法》，日本的《旅游基本法》，以及墨西哥的《旅游法》等，都是具有旅游"宪法"地位的基本法。而中国在加入世界贸易组织之后，只有加快旅游法律法规的建设，才能为旅游业日益激烈的国际竞争提供政策保障，确定基本的市场竞争规则，并借此解决长期困扰旅游界的问题。所以旅游基本法的缺位，不能不说是我国旅游法律制度中的重大缺陷。

2. 尚未形成完善的旅游法律体系

我国目前在旅游业各个主要方面，如旅行社、饭店、景点、旅游安全、旅游投诉等领域均有相应的法规，但大多数是"条例"、"暂行规定"、"通知"之类，显而易见的是这些法规的法律效力较低，有的还只是政策性的文件。到目前为止，我国既没有《旅行社法》、《饭店法》，也没有《导游法》、《景点景区管理法》，更不用说《旅游保险法》、《旅游消费者权益保护法》、《旅游合同法》了。比如，对于旅行社来说，《旅行社管理条例》是该行业的大法，但对于酒店业，如今我国没有《饭店法》，现行的法规只是就酒店业的某一方面作出规定，并没有解决饭店与旅游者之间的法律关系，比如客人财物在饭店里丢失、客人对饭店客房使用权的行使、客人在饭店人身受到损害等方面都没有明确的规定；《民法通则》、《中华人民共和国合同法》和《消费者权益保护法》等法律在旅游民事纠纷和旅游消费合同方面起到了一定的积极作用，但是毕竟不是旅游行业专门的法律，未能完全体现出旅游产品的特点。由此可见，尽管旅游法规制定了不少，但只是七零八碎，尚未形成完善的法律体系。

3. 很多法律法规的内容不够详细，部分法规"陈旧"

应该说，我国旅游业的发展已经为某些领域制定详细的法律法规提供了基础，例如，在旅行社管理、旅游交通运输和旅游资源保护方面等都具备了相应的条件，但目前这些方面的相关法律法规仍然只是粗线条；而且"守旧"的法规较多，具有"预见性"和"超前性"的法规较少。现行的一些法规、规章，尤其是对旅游活动实施监督管理和宏观调控的法律、法规和规章中的某些规定明显带有一定的时代痕迹，越来越难以适应现实的需要，有些法律法规的内容已经过时。

（三）加强旅游立法工作

旅游业是一个跨部门多、牵涉面广、受制约因素多的产业。我国旅游业经过20多年的发展，已经形成了相当大的规模，其社会地位和作用越来越重要，与其他行业之间的关系也越来越复杂。因此，单靠发展初期的国家宏观管理和优惠政策的推动已远远不够。近年来，企业之间利用不正当手段窃取商业秘密、盗用企业名称、损害企业利益等竞争行为，推销假冒伪劣产品、侵犯旅游消费者合法权益的行为，擅自减少服务项目、改变旅游日程等违反旅游合同的行为屡见不鲜，这些都与旅游立法滞后导致的旅游市场的混乱和旅游服务的不规范有着密切的联系。所以，只有制定和完善旅游立法，全面规范和整顿旅游市场，缓解市场开放给旅游业带来的负面冲击，才能促进我国旅游业朝着健康的方向发展。

第二节　旅游法律关系

一、旅游法律关系的概念及构成要素

旅游法律关系是指由旅游法律法规确认和调整的、在旅游活动中各方当事人之间具有权利和义务内容的社会关系。任何一项具体的旅游法律关系都是由主体、客体和内容三个要素构成的，缺少其中一个要素都不能构成旅游法律关系。

（一）旅游法律关系的主体

旅游法律关系的主体是指旅游法律关系的参加者或称当事人，即在旅游法律关系中享有权利并承担相应义务的人或组织。通常包括旅游者、旅游企业、旅游组织、各级旅游行政管理部门。

1. 旅游者

旅游者是指暂时离开常住地到异地，时间不超过 1 年，进行观光、游览、休闲、度假、探亲、访友或者其他形式旅游活动的人。

旅游者是旅游活动和旅游法律关系的重要主体，通常可划分为国内旅游者和国际旅游者。国内旅游者是指参加国内外旅行游览的中国公民。国际旅游者是指来我国参观、旅行游览、探亲、访友、休养、考察、探险，或者从事商务、体育、修学、学术交流以及参加会议、宗教等活动的旅游者，一般包括来我国旅游的外国人和来中国大陆旅游的外籍华人、华侨、港澳台同胞。对于国际旅游者，我们一般是按照国际惯例，在特定范围内给予其互惠的国民待遇。

2. 旅游企事业单位

旅游企事业单位也是旅游活动和旅游法律关系的重要主体之一。它包括各类旅行社、旅游饭店、旅游交通运输部门、旅游服务公司和旅游资源管理部门，此外还有为旅游者提供各种服务的餐饮、商业、娱乐等单位。旅游企事业单位一般应具备法人资格，能够享有民事权利、承担民事义务，在其经营范围和职责范围内开展旅游活动。

3. 旅游行政管理部门

旅游行政管理部门主要是指国家旅游局和地方各级旅游局，还包括与旅游活动相关的政府管理部门，如工商、税务、海关、公安、文化、宗教、侨务等主管部门。它们在各自的职权范围内对旅游业实现管理、指导和监督。

4. 旅游组织

旅游组织是指根据发展旅游业的某一方面的目标而设立的，由一定成员组成的社会团体。以成员的构成为标准，旅游组织可以划分为民间旅游组织、政府间旅游组织和混合型旅游组织；以成员的范围为标准，旅游组织可以划分为全球性旅游组织和区域性旅游组织。比如中国旅游协会（CTA）是民间组织；世界旅游组织（WTO）是政府组织，属于全球性旅游组织；而亚太地区旅游协会（PATA）则是混合型旅游组织，属于地区性旅游组织。

（二）旅游法律关系的客体

旅游法律的客体是指旅游法律关系中权利和义务所指向的对象，又称标的。它是旅游主体享有旅游权利和履行旅游义务的目标。旅游法律关系的客体主要包括物、行为和智力成果等内容。

1. 物。旅游法律关系中的物是指在旅游法律关系中可以作为财产权利对象的物品或者其他物质财富。这些物品或者物质财富通常能为人们所控制，并且具有一定的经济价值。如旅游资源、旅游基础设施、旅游商品等，当旅游者支付了一定价金后便取得了参观权、使用权或所有权。但是并非所有具有经济价值的物品都可以成为旅游法律关系的客体，如对于土地、珍贵文物、珍稀动植物等，国家均对其作了必要的限制。

2. 行为。行为是指在旅游法律关系中主体行使权利、履行义务的活动，包括旅游服务行为和旅游管理行为。旅游服务行为是指旅游企业和相关部门分工协作为旅游者提供服务的活动，如导游接待、组织游览、代订客房及各种代理服务；旅游管理行为是指各级旅游行政管理部门、旅游经营单位及其内部管理机构行使与担负的与旅游职能相适应的管理活动，例如各级旅游质监所负责对区域内旅游投诉的受理和行政处理。

3. 智力成果。它是指旅游法律关系主体从事智力活动所取得的成果，如旅游经营管理模式、旅游企业的专利发明、专有技术、旅游注册商标等。这些智力成果虽然难以直观地以金钱来衡量，但是它们的所有权和使用权的转让通常是有偿的，因此，旅游企业特定的非物质财富即智力成果也可以作为旅游法律关系的客体。

● 案例

旅游景区景点是旅游业发展的基础要素和核心要素。在我国旅游景区景点的知名度和美誉度不断提高的同时，各相关单位对旅游景区景点的品牌和商标保护意识却明显不足。据调查，目前我国各类旅游景区景点商标知识产权注册保护的只有10%，绝大多数旅游景区景点商标知识产权保护意识淡薄，以致给一些企业和个人有可乘之机。近年来，我国各地频繁发生不法企业和个人把历史古迹、风景名胜的名称抢注成商标的事例，给旅游景区景点的正常经营带来很大危害。其中以"九寨沟"、"香格里拉"最为典型，分别被抢注者标价120万元、200万元进行商标转让。"黄山"、"九华山"、扬州著名的旅游景点"瘦西湖"、桂林的"西街"、湖北的"武当山"、"神农架"等均遭抢注。而"黄山"因被抢注，无奈之下只能注册英文版的服务类商标"HST"。九华山则以"九"字变形的山峰图案来作商标。

按照新商标法的规定，只要不违反国家有关规定，任何人都可以申请注册商标，并且按照申请在先原则，谁先注册谁就拥有该商标权。因此旅游景点商标受到职业商标投资人的青睐。商标作为企事业单位开拓市场的品牌标志，成为产品或服务质量、信誉的载体，是企事业的无形资产。驰名商标是商标领域的最高荣誉，对景区自身形象宣传、打击商标侵权有重要作用，现在"故宫"、"紫禁城"、"少林寺"等均已经被认定为旅游景区行业的驰名商标。所以，要保护好旅游资源及品牌，就必须注册商标，只有通过寻求商标专有权的法律保护，才能避免被抢注的厄运，注册商标是保护旅游品牌的唯一途径。

（三）旅游法律关系的内容

旅游法律关系的内容是指旅游法律关系的主体依法享有的权利和承担的义务，它反映了旅游法律关系的具体要求，决定了旅游法律关系的实质。旅游法律关系的当事人，通过享有一定的旅游权利和承担一定的旅游义务，相互结合在一起时就构成了现实的旅游法律关系。

旅游法律关系主体依法享有的权利是指旅游法律关系主体依法享有的某种权力或利益。旅游法律关系主体依法承担的义务是指旅游法律关系主体依法承担的某种必须履行的责任，表现为负有义务者必须依法按权利享有者的要求作出某种行为或不作出某种行为。

在一般情况下，旅游法律关系主体享有的权利和承担的义务总是同时存在的，如旅行社收取旅游者的旅游费后，就必须承担相应的旅游服务；而旅游者在享受旅游权利的同时，也要履行爱护旅游基础设施、保护旅游资源和环境的义务。

二、旅游法律关系的确立

旅游法律关系的确立是指旅游法律关系的产生、变更、终止等情形。在旅游活动中，旅游法律关系需要通过某种客观事实或人的具体活动才能建立或者发生变化，即旅游法律关系的确立必须要有一定的法律事实。

（一）法律事实

法律事实是指符合法律规定，能够引起旅游法律关系的产生、变更和终止的客观情况。

根据法律事实是否以主体意志为转移，可以将法律事实分为事件和行为两种。事件是指不以旅游法律关系主体的意志为转移的客观事实或者现象，诸如天气的变化、自然灾害的影响、战争的爆发、政治事件的发生等都会影响到旅游法律关系的产生、变更和终止。行为是指当事人有意识的某种实际活动，例如旅游团队办理住店手续、离店手续，前者使旅游法律关系产生，后者使旅游法律关系终止。

在旅游活动中，事件固然是引起法律关系产生、变更和终止的基本因素，但更为重要的是人的行为。行为包括合法行为和违法行为。合法行为是指符合法律规定的行为，例如旅游者与旅行社依法签订旅游合同；违法行为是指违反法律规定而侵犯其他旅游法律关系主体合法权益的行为，例如旅行社在旅游活动中没有按照与旅游者签订的旅游合同全面、认真履行合同内容。违法行为从性质上划分为民事违法、行政违法、刑事违法，从违法方式上分为作为的违法与不作为的违法。

（二）旅游法律关系的产生、变更和终止

旅游法律关系的产生，是指因某种法律事实使旅游法律关系主体之间形成权利义务关系。旅游合同或住宿合同的签订便意味着旅游者与旅行社、旅游者与旅游饭店之间权利义务关系的产生。例如，某旅游者来到一旅游饭店办完住宿手

续，拿到房卡，他与该饭店的权利义务关系形成，双方的旅游法律关系随即产生。

旅游法律关系的变更，是指因某种法律事实的存在，使已经形成的旅游法律关系主体、客体或内容发生改变。旅游法律关系三要素中任一要素的变化都可能引起其他要素的变化，但旅游法律关系的变更并不是随意的，而是依法受到严格的限制。除不可抗力或经当事人协商同意外，随意变更要承担相应的法律责任。

旅游法律关系的终止，是指因某种法律事实的存在，使主体双方的权利义务消灭。在旅游活动中，旅游法律关系的终止通常有以下三种情况：一是各主体权利义务的实现，如旅游合同履行完毕；二是主体一方或双方未能履行义务，导致双方权利义务终结；三是主体消亡、结业、破产等原因，因而导致双方权利义务的结束。

三、旅游法律关系的保护

旅游法律关系的保护是指国家机关监督旅游法律关系的主体正确执行权利、切实履行义务并对侵犯旅游法律关系主体合法权利或不履行义务的行为追究法律责任的活动。旅游法律关系一经形成，就受国家法律的保护。

（一）旅游法律关系的保护机构

国家各级旅游行政管理机关是管理旅游业的政府职能部门，它有权依据旅游法规，在其职责范围内，运用奖励或处罚的方法来保护旅游法律关系；相关的国家行政管理机关，即工商、公安、税务、卫生等管理部门可以依法对旅游活动主体作出奖励或处罚的决定；司法机关，即人民检察院或人民法院可以根据法律的规定，分别对在旅游活动中触犯法律者行使检察权和审判权，各级法院还可以对旅游活动中的民事法律行为作出判决。

（二）旅游法律关系的保护措施

国家机关主要通过立法活动、行政管理活动和司法活动，采取行政措施、民事措施和刑事措施，监督旅游法律关系主体正确行使权利、切实履行义务，并对侵犯旅游法律关系主体合法权利或不履行义务的行为作出判决。行政措施主要是奖励和处罚，处罚主要包括警告、拘留、罚款、停业整顿、吊销营业执照等；民事措施是指判令有过错方承担相应的民事责任，判令当事人支付违约金和赔偿金是旅游法律关系保护中常采用的措施；刑事措施是指对构成犯罪的依法追究刑事责任。

本章小结

本章内容理论性较强，主要是为学好后面的旅游法律、法规打下理论基础。本章主要阐述了旅游法的概念、我国的旅游法制建设、旅游法律关系的概念及构成要素、旅游法律关系的确立及保护等内容，通过本章的学习，可增强法律意识和法制观念，树立正确的法律观。

思考与练习

一、单项选择题

1. 旅游景区的商标属于旅游法律关系的（ ）。

A. 主体　　　B. 客体　　　C. 内容　　　D. 权利义务

2. 某旅行社根据一项接待任务，向某航空公司订购了30张机票，但后来由于该团部分客人的原因需减订10张机票。这是旅游法律关系的（ ）。

A. 产生　　　B. 变更　　　C. 终止　　　D. 消灭

二、多项选择题

1. 旅游法律关系的主体包括：（ ）

A. 旅游者　　　B. 旅游企业　　　C. 旅游组织　　　D. 各级旅游行政管理部门

2. 国家机关主要通过立法活动、行政管理活动和司法活动，采取（ ）对旅游法律关系进行保护。

A. 行政措施　　　B. 民事措施　　　C. 经济措施　　　D. 刑事措施

三、案例分析

某市旅游局接到游客于某等16人的投诉，称他们与某旅行社签订了一份旅游合同，参加该社组织的"云南昆（明）大（理）丽（江）八日游"。但在旅游过程中，该旅行社安排的服务项目，有的标准与原合同约定的明显不符，如原定的入住三星级宾馆改为二星级宾馆，在昆明到大理游览时原定乘坐的豪华空调中巴变成了普通中巴，餐饮标准也低于原定标准。经旅游局核查，不仅游客们反映的情况属实，而且发现该"旅行社"并未获得当地旅游主管部门的批准，也未在当地工商管理部门注册登记，而是由某公司的几名业务员临时拼凑而成，属于无营业执照非法经营旅行社业务。据此，当地旅游行政管理部门依法责令该"旅行社"停止非法经营，没收了其全部非法所得，并处以罚款。请说出：

（1）本案中的旅游法律关系的主体、客体各是什么？

（2）本案中旅游法律关系的内容是什么，并加以分析。

第二章
旅行社管理法规

1. 掌握旅行社的概念，理解旅行社的法律特征。
2. 理解旅行社的类别及其经营范围。
3. 掌握旅行社的设立条件，了解旅行社的审批规定。
4. 理解旅行社各项业务制度。
5. 理解旅行社的经营原则和规则，掌握旅行社的职责及权利。

旅行社被称为旅游业的"龙头",是旅游产业中最具代表性的行业,在旅游业的发展中占有重要的位置。国家对旅游业的立法是从旅行社的管理开始的,先后颁布了一系列有关旅行社方面的行政法规和部门规章,为旅行社的经营与管理提供了重要的法律依据。本章将着重阐述旅行社的设立与审批、经营与管理方面的相关规定。

第一节　旅行社概述

为加强对旅行社的管理,保障旅游者和旅行社的合法权益,维护旅游市场秩序,促进旅游业健康发展,早在1985年5月11日,国务院就颁布了《旅行社管理暂行条例》。1996年10月15日,国务院又颁布了我国旅游业第一部行政法规《旅行社管理条例》(以下简称《条例》),并于2001年进行了修改。为更好地贯彻《条例》,国家旅游局又制定了《旅行社管理条例实施细则》,并先后出台了《旅行社质量保证金暂行规定》、《旅行社质量保证金赔偿试行标准》等,形成了以旅行社为核心的比较完善的法律体系。

一、旅行社的概念及其法律特征

(一)旅行社的概念

依照《旅行社管理条例》规定:"旅行社是指有营利目的,从事旅游业务的企业。"旅游业务,是指为旅游者代办出境、入境和签证手续,招徕、接待旅游者,为旅游者安排食宿等有偿服务的经营活动。

(二)旅行社的主要法律特征

1. 旅行社是许可经营行业。设立旅行社企业,必须具备《条例》所规定的条件,经旅游行政管理部门批准,取得《旅行社业务经营许可证》,然后到工商行政管理部门注册登记、领取营业执照,方取得独立的法人资格。

2. 旅行社是从事旅游业务的企业。旅行社所从事的旅游业务主要是代办出入境和签证手续,招徕并接待旅游者。招徕,是指旅行社按照批准的业务范围,在国内外开展宣传促销活动,组织招徕旅游者的工作;接待,是指旅行社根据与旅游者达成的协议,为其安排行、游、购、食、宿、娱等,并提供导游服务。

3. 旅行社是有营利目的的企业。旅行社作为独立的企业法人,应当自主经营、自负盈亏、自我约束和自我发展,独立地承担民事责任。因此,旅行社在经营旅游业务的过程中,应依法对自己的经营状况的好坏承担经济责任,享受经济权利。

二、旅行社的类别及其经营范围

（一）旅行社的类别

对旅行社类别的划分，世界各国和地区情况不一。有的国家采用的是批发商和零售商的分类方法，如英国和西班牙等西方主要旅游国家；有的采用按其经营的业务范围分类的方法，如日本和我国台湾。《条例》根据我国旅行社业的发展现状，并借鉴国际上成功的做法，按照旅行社经营业务范围，分为国际旅行社和国内旅行社。

> ● 小贴士
>
> 　　2007 年 4 月，北京市地方标准《旅行社等级划分与评定》颁布实施，该标准是全国首部旅行社等级评定地方标准，旅游者可以像选择星级饭店那样选择适合自己的等级旅行社。根据标准规定，旅行社的等级自下而上分为 3A、4A、5A 三个等级，A 的数量越多，等级越高。等级的划分以旅行社的基本条件、经营业绩、营业条件、服务项目、管理机制、商业信用和社会声誉为依据，其等级标志使用期限为三年。该标准的等级评定还包括"旅行社服务质量暗访制度"。这是指具备检查资格的专业人员受等级评定委员会的委派，以普通客人身份体验旅行社提供的导游讲解、购物、就餐、路线日程变更等各种服务，针对申报等级的旅行社的服务质量进行暗访的检查活动。暗访检查结果对旅行社登记评定有决定性影响。随后，自 2008 年 1 月开始，《四川省旅行社等级划分与评定试行标准》颁布，从基本条件、经营业绩、经营管理及商业信誉四个大方面对旅行社的等级划分进行打分，将旅行社划分为一级、二级和三级，一级为最高级别。天津市旅游局也颁布了《天津市旅行社质量等级划分与评定》地方标准，对不同等级的旅行社实行挂牌公示，旅游者可依据这一"信用标签"选择自己信赖的旅行社出游；等级划分参照旅行社的基本条件、综合指标、综合管理、商业信用、社会声誉、附加奖励六方面内容，等级划分与评定共分五个等级，A 的数量越多表示等级越高。

（二）旅行社的经营范围

1. 国际旅行社的经营范围

国际旅行社可以经营入境旅游业务、出境旅游业务和国内旅游业务。其中出境旅游业务包括出国游、边境游、港澳台游三种形式。虽然国际旅行社的经营范围包括出境旅游业务，但并不是所有的国际旅行社均可经营出境旅游业务。当前，我国对出境旅游实行"有组织、有计划、有控制"发展的指导方针。未经国家旅游局批准，任何旅行社不得经营中国境内居民出境旅游业务和边境旅游业务。国际旅行社的经营范围具体包括：

（1）招徕外国旅游者来中国，招徕华侨与香港、澳门、台湾同胞归国及回内地旅游，为其安排交通、游览、住宿、饮食、购物、娱乐及提供导游等相关服务。

（2）招徕我国旅游者在国内旅游，为其安排交通、游览、住宿、饮食、购物、娱乐及提供导游等相关服务。

（3）经国家旅游局批准，招徕、组织中国境内居民到外国和香港、澳门、台湾地区旅游，为其安排领队及委托接待服务。

（4）经国家旅游局批准，招徕、组织中国境内居民到规定的与我国接壤国家的边境地区旅游，为其安排领队及委托接待服务。

（5）经批准，接受旅游者委托，为旅游者代办入境、出境及签证手续。

（6）为旅游者代购、代订国内外交通客票，提供行李服务。

（7）其他经国家旅游局批准的旅游业务。

2. 国内旅行社的经营范围

国内旅行社的经营范围仅限于国内旅游业务。具体是：

（1）招徕我国旅游者在国内旅游，为其安排交通、游览、住宿、饮食、购物、娱乐及提供导游等相关服务。

（2）为我国旅游者代购、代订国内交通客票，提供行李服务。

（3）其他经国家旅游局批准的与国内旅游业务有关的业务。

需要特别说明的是，这里所称"我国旅游者"仅仅指在大陆地区的中国公民，不包括港澳台地区的中国公民，也不包括在大陆短期停留或长期居住的外国人。

● 小贴士

国家旅游局于 2007 年开始组织对《旅行社管理条例》进行修订，自 2008 年 3 月份以来，国家旅游局加快了修订《旅行社管理条例》的步伐，并将《条例（修订草案）》（送审稿）报送国务院审查。国家旅游局上报的送审稿中规定：取消国际旅行社和国内旅行社的分类；凡取得《旅行业务经营许可证》的企业即可经营入境旅游和国内旅游业务，旅行社申请出境旅游业务的，则仍须报国家旅游局审批。

第二节　旅行社的设立与审批

一、旅行社的设立

（一）设立旅行社的条件

1. 场所条件

《条例》规定，设立旅行社应有固定的营业场所。一般来说，该营业场所应为旅行社的固定资产；如果营业场所是旅行社租用的，则该营业场所租赁期应在一年以上，申请人必须出示租赁合同。

2. 设施条件

《条例》规定，设立旅行社应有必要的营业设施。主要包括足够的营业用房；有传真机、直线电话、电子计算机等办公设备；具备与旅游行政管理部门联网的条件；设立国际旅行社的，还需有业务用汽车等。

3. 人员条件

《条例》规定，设立旅行社应有经培训并持有省、自治区、直辖市以上人民政府旅游行政管理部门颁发的资格证书的经营人员。

4. 资金条件

《条例》规定，设立旅行社必须有规定的注册资本和质量保证金。注册资本是旅行社成立时所填报的财产总额，包括旅行社的固定资金和流动资金；旅行社质量保证金是由旅行社向旅游行政管理部门缴纳的用于保障旅游者合法权益的专用款项。国内社、国际社有不同的资金条件要求，具体见表 2-1。

表 2-1　旅行社的注册资本和质量保证金

类别	注册资本（人民币）	质量保证金（人民币）
国内社	不少于 30 万元	10 万元
国际社	不少于 150 万元	经营入境旅游业务者：60 万元 经营出境旅游业务者：100 万元

（二）旅行社分支机构的设立

旅行社根据业务经营和发展的需要，可以设立非法人分社和门市部（包括营业部）等分支机构，但不得设立办事处、代表处和联络处等办事机构。

1. 分社的设立

旅行社分社，是指由旅行社设立，以设立社的名义开展旅游经营活动，不具有独立的法人资格，其民事责任由设立社承担的分支机构。

设立分社应具备以下条件：（1）年接待旅游者达到 10 万人次以上；（2）设立社进入全国旅行社百强排名；（3）分社经理必须取得《旅行社经理资格证书》；（4）增加规定的注册资本和质量保证金。国际、国内社每增加一个分社，分别增加注册资本 75 万元人民币和 15 万元人民币，增加质量保证金 30 万元人民币和 5 万元人民币。

2. 门市部的设立

旅行社门市部，是指旅行社在注册地的市、县行政区域以内设立的，不具备独立法人资格，为设立社招徕游客并提供咨询、宣传等服务的分支机构。旅行社不得在注册地的市、县行政区域以外设立门市部。

3. 对分支机构的管理

旅行社分支机构应当接受所在地的旅游行政管理部门的行业管理。旅行社分支机构的经营范围不得超出其设立社的经营范围。设立社同其分支机构实行统一管理、统一财务、统一招徕和统一接待。

● **小贴士**

国家旅游局最新的《旅行社管理条例（修订草案）》对外资旅行社的设立作了如下规定：①降低准入门槛，所有旅行社注册资本的最低限额同为 30 万元，现有不具备出境旅游业务的国际旅行社保证金的要求将有很大的降低，经营入境旅游业务的质量保证金由人民币 60 万元降低为 20 万元，经营国内旅游业务、入境旅游业务和出境旅游业务的质量保证金由人民币 160 万元降低为 140 万元。②取消了《条例》关于旅行社每年接待旅游者 10 万人次以上方可设立分社和旅行社设立分社应当增加注册资本的规定；③旅行社设立分社将不受地域限制，但分社的经营范围不得超出其总社的经营范围。

二、旅行社的审批

（一）审批部门

申请设立国际旅行社，应当向所在地的省、自治区、直辖市旅游行政管理部门提出申请；受理申请的旅游行政管理部门，在征得拟设地的县级以上旅游行政管理部门的意见并签署审查意见后，报国家旅游局审批。申请设立国内旅行社，应当向所在地的省、自治区、直辖市旅游行政管理部门或其授权的地、市级旅游行政管理部门提出申请；受理申请的旅游行政管理部门在征得拟设地的县级以上旅游行政管理部门的意见后，根据《条例》的规定进行审批。

（二）审批期限

《条例》规定："旅游行政管理部门应当自收到申请之日起 30 日内，作出批准或者不批准的决定，并通知申请人。"

（三）审批程序

1. 领取许可证。旅游行政管理部门应当向经审核批准的申请人颁发《旅行社业务经营许可证》，未取得许可证的，不得从事旅游业务。

2. 工商登记。申请人应当在收到《旅行社业务经营许可证》的 60 个工作日内，持许可证向工商行政管理部门办理开业登记；工商行政管理部门应当在受理申请后 30 日内作出核准登记或不予核准登记的决定，核准即颁发营业执照。

3. 税务登记。旅行社应当自领取相应营业执照之日起的 30 个工作日内，向当地税务部门登记，并在办妥银行账号后申请税务执照。税务登记完成后，旅行社即可开始正式营业。

三、外国旅行社常驻机构的管理

外国旅行社常驻机构，是指由国家旅游局批准，外国旅行社在中国境内设立的常驻旅游办事机构。该办事机构只能从事旅游咨询、联络、宣传等非经营性活动，不得经营招徕、接待等旅游业务，包括不得从事订房、订餐和订交通客票等经营性业务。

四、申请设立外商投资旅行社的特别规定

（一）外商投资旅行社的界定

《条例》所称外商投资旅行社，包括外国旅游经营者同中国投资者依法共同投资设立的中外合资经营旅行社和中外合作经营旅行社。根据我国 2001 年加入世界贸易组织时的承诺，在加入后 6 年内，方可允许外商控股和设立外商独资旅行社。而早在 2003 年底，我国入世时有关旅行社业开放的承诺就已全部提前兑现。所以，一般而言，外商投资旅行社包括三种形式，即中外合资经营旅行社、中外合作经营旅行社和外商独资旅行社。

香港特别行政区、澳门特别行政区和台湾地区的旅游经营者在内地投资设立旅行社，按照我国的现行政策，视为外商投资旅行社，适用《条例》的各项规定。

（二）设立中外合资旅行社的条件

1. 资金条件

《条例》规定，中外合资经营旅行社的注册资本最低限额为人民币 400 万元，各方投资者的出资比例，由国务院旅游行政主管部门会同国务院对外经济贸易主管部门按照有关规定确定。根据我国入世承诺，加入后 3 年内，注册资本最低限额降至 250 万元；加入后 6 年内，外商投资旅行社的注册资本即享受国民待遇，即等同内资旅行社。2007 年 7 月 1 日起，国家旅游局宣布取消对外商投资旅行社设立分支机构的限制，并对外资旅行社的注册资本实行国民待遇。

● 小贴士

    2004 年 7 月，日本航空公司下属的旅行社日航旅行获得批准，在中国开办第一家外商独资旅行社，即日航国际旅行社（中国）有限公司。随后，全球著名的旅游企业如美国 GTA、英国 MIKI、德国 TUI、瑞士 Kuoni、日本 JTB 等均在北京、上海或广州设立了公司或办事处。截至 2007 年底，中国外资旅行社的数目已由加入世贸组织前的 9 家增加到了 25 家。

2. 投资者的条件

外商投资旅行社的中国投资者应当符合下列条件：（1）是依法设立的公司；（2）最近 3 年无违法或者重大违规记录；（3）符合国务院旅游行政主管部门规定的审慎的和特定行业的要求。

外商投资旅行社的外国旅游经营者应当符合下列条件：（1）是旅行社或者主要从事旅游经营业务的企业；（2）年旅游经营总额 4000 万美元以上；（3）是本国旅游行业协会的会员。

● 小贴士

    国家旅游局最新的《旅行社管理条例（修订草案）》提出：外商投资旅行社除可以采取中外合资、中外合作两种形式外，还可以采用独资形式设立；旅行社取消了关于中外合资、中外合作旅行社注册资本最低限额为人民币 400 万元的规定；取消了对外商投资旅行社的中国投资者必须是依法设立的公司等条件的规定；取消了外国旅游经营者必须是本国旅游行业协会会员的规定；取消了关于外商投资旅行社不得设立分支机构的规定。

（三）外商投资旅行社的申办程序

1. 外商投资旅行社由国家旅游局和国务院外对经济贸易的主管部门直接受理并进行审批。由中国投资者向国务院旅游行政主管部门提出申请，国务院旅游行政主管部门应当自受理申请之日起 60 日内对申请审查完毕。予以批准的，颁发《外商投资旅行社业务经营许可审定意见书》；不予批准的，应当书面通知申请人并说明理由。

2. 申请人持《外商投资旅行社业务经营许可审定意见书》以及投资各方签订的合同、章程，向国务院对外经济贸易主管部门提出设立外商投资企业的申请，国务院对外经济贸易主管部门作出批准或者不批准的决定。予以批准的，颁发《外商投资企业批准证书》，并通知申请人向国务院旅游行政主管部门领取《旅行社业务经营许可证》；不予批准的，应当书面通知申请人并说明理由。

3. 申请人凭《旅行社业务经营许可证》和《外商投资企业批准证书》向工商行政管理机关办理外商投资旅行社的注册登记手续。

第三节 旅行社的管理

一、旅行社业务经营许可证制度

旅行社业务经营许可证制度所指的许可证，是旅行社经营旅游业务的资格证明，由国家旅游局统一印制，由具有审批权的旅游行政管理部门颁发。许可证分为《国际旅行社业务经营许可证》和《国内旅行社业务经营许可证》两种。未取得许可证的，不得从事旅游业务。许可证有效期为 3 年。旅行社应当在许可证到期前的 3 个月内，持许可证到原颁证机关换发。

二、旅行社质量保证金制度

为强化对旅行社的监管力度，保护旅游者的合法权益，世界上许多旅游业发达的国家和地区都实行了保证金制度或类似的制度。1995 年 1 月 1 日，国家旅游局发布了《旅行社质量保证金暂行规定》和《旅行社质量保证金暂行规定实施细则》。此后，又相继出台了《旅行社质量保证金赔偿暂行办法》、《旅行社质量保证金赔偿试行标准》等一系列规范性文件，形成了比较规范的、具有可操作性的管理制度。

（一）旅行社质量保证金概述

1. 旅行社质量保证金的概念

旅行社质量保证金（以下简称保证金），是指由旅行社缴纳，旅游行政管理部门管理，用于保障旅游者权益的专用款项。

2. 旅行社质量保证金的管理

保证金的所有权及其在旅游行政管理部门管理期间产生的利息，属于缴纳的旅行社；保证金为现金形式，其他有价证券、实物、工业产权、非专利技术等不能作为保证金的缴付和抵押形式；对保证金的管理实行"统一制度、统一标准、分级管理"的原则，各级旅游行政管理部门在规定的职权范围内，根据有关法规、规章和程序，作出支付保证金金额的决定；保证金须保持满额，支付赔偿后，不足部分旅行社须在 60 天内补足；缴纳保证金的有关凭证不得作为抵押或偿还债务的凭证；旅行社发生合并、解散、转产、破产等情形，保证金作为旅行社企业财产的一部分，按有关法律规定处置；旅行社终止经营，退还保证金。

● 小贴士

国家旅游局最新的《旅行社管理条例（修订草案）》提出：旅行社质量保证金将实行动态管理，对合法经营的旅行社实行激励机制。对连续多年未出现违法问题的旅行社，旅游管理部门将按一定比例将其交纳的保证金退还。

3. 旅行社质量保证金的赔偿请求人

保证金制度中的赔偿请求人，是指向旅游行政管理部门投诉并要求旅行社给予经济赔偿的当事人。赔偿请求人请求赔偿的时效期限为 90 天，以请求人受侵害事实发生时计算。超过时效的请求可以不予受理。

（二）旅行社质量保证金的赔偿范围

1. 出现下列情形，旅行社不承担或者无力承担赔偿责任时，适用保证金对旅游者进行赔偿：

（1）旅行社因自身过错未达到合同约定的服务质量标准而造成旅游者的经济权益损失；

（2）旅行社的服务未达到国家或行业规定的标准而造成旅游者的经济权益损失；

（3）旅行社因歇业、解散、破产或合并后造成旅游者预交旅游费损失；

（4）国家旅游局认定的其他情形。

2. 不适用保证金赔偿的情形有：

（1）旅行社因不可抗力因素不能履行合同的，如自然灾害、天气原因等；

（2）旅游者在旅游期间发生人身财物意外事故的，如旅游者身体受伤害甚至死亡、财物被损被盗等；

（3）适用保证金情形之外的其他经济纠纷，如旅行社之间的团款纠纷等；

（4）超过规定的时效期限的，即超过 90 天的；

（5）司法机关已经受理的。

（三）旅行社质量保证金的赔偿工作

各级旅游质监所全面负责处理旅游投诉和旅游质量的监督与管理，并具体负责质量保证金案件的审理。具体程序如下：

1. 受理

质监所接到赔偿请求书，经审查，对符合保证金赔偿条件的，应及时作出受理决定；不符合受理条件的，应当在接到赔偿请求书之日起 7 个工作日内通知请求人不予受理的理由。

保证金赔偿条件包括：（1）符合保证金赔偿的范围；（2）请求人是旅游合法权益直接受到侵害的旅游者或其合法代理人；（3）有明确的被投诉旅行社、具体的要求和事实根据。

2. 调解

质监所处理赔偿请求案件时，能够调解的，应当在查明事实、分清责任的基础上 30 日内作出调解，促使请求人与被投诉人互相谅解，达成协议。

3. 处理

质监所调解不成的，分别作出如下处理：第一，属于请求人自身过错，可以决定撤销立案，通知请求人并说明理由。第二，属于请求人与被投诉人的共同过错，可以决定由双方各自承担相应的责任。双方各自承担责任的方式，可以由双方当事人自行协商解决，也可由质监所决定。第三，属于被投诉旅行社的过错，可以决定由被投诉旅行社承担责任。可以责令被投诉旅行社向请求人赔偿损失。第四，属于其他旅游服务单位的过错，可以决定转送有关部门处理。质监所作出的处理决定应当用《旅行社质量保证金赔偿决定书》通知请求人和被投诉旅行社。

4. 申诉

当事人对赔偿决定不服的，可以在接到决定书之日起 15 日内向上一级质监所提出申诉。

5. 终结

质监所受理赔偿案件，应当在受理之日起 90 天内审理终结。有特殊原因的，经上级质监所批准，可以延长审理 30 日。

（四）旅行社质量保证金的赔偿标准

1. 旅行社安排不当的赔偿标准

因旅行社的故意或过失，未达到合同约定的服务质量标准，造成旅游者经济损失的，旅行社应承担下列赔偿责任：

（1）收取预付款后，因旅行社的原因不能成行，应提前 3 天（出境旅游应提前 7 天）通知旅游者，否则应承担违约责任，并赔偿旅游者已交预付款 10% 的违约金。

（2）造成旅游者误机（车、船），旅行社应赔偿旅游者的直接经济损失，并赔偿经济损失 10% 的违约金。

（3）安排的旅游活动及服务档次与协议合同不符，造成旅游者经济损失，应退还旅游者合同金额与实际花费的差额，并赔偿同额违约金。

"旅游活动与协议不符"主要是指旅游活动中出现遗漏景点等情况；"服务档次与协议不符"主要是指旅行社安排的服务降低档次，例如协议上约定住四星级酒店，实际住的是三星级酒店。

2. 导游人员违反规定的赔偿标准

导游人员违反有关规定造成旅游者损害的，应承担下列赔偿责任：

（1）未按国家或旅游行业对客人服务标准的要求提供导游服务的，旅行社赔偿旅游者所付导游费用的 2 倍。

0

（2）导游违反旅行社与旅游者的合同约定，损害了旅游者的合法权益，旅行社应对旅游者进行赔偿：擅自改变活动日程，减少或变更参观项目，应退还景点门票、导游服务费并赔偿同额违约金；违反规定，擅自增加用餐、娱乐、医疗保健等项目，应承担旅游者的全部费用；违反合同旅程计划，擅自增加购物次数，每次应退还旅游者购物价款的20%；擅自安排旅游者到非旅游部门指定商店购物，所购商品为假冒伪劣商品，应赔偿旅游者的全部损失；私自兜售商品，应全额退还旅游者购物价款；索要小费，应赔偿被索要小费的2倍。

（3）导游在旅游行程期间，擅自离开旅游团队，造成旅游者无人负责，旅行社应承担旅游者滞留期间所支出的食宿费等直接费用，并赔偿全部旅游费用30%的违约金。

3. 相关部门安排不当的赔偿标准

旅行社在旅游过程中，因相关部门的原因发生质量问题，组团社应该首先赔偿旅游者的损失：

（1）安排的饭店，低于合同约定的等级档次，旅行社应退还旅游者所付房费与实际房费的差额，并赔偿差额20%的违约金。

（2）安排的交通工具，低于合同约定的等级档次，旅行社应退还旅游者所付交通费与实际费用的差额，并赔偿差额20%的违约金。

（3）安排的观光景点，不能游览，旅行社应退还景点门票、导游费，并赔偿退还费用20%的违约金。

三、旅行社公告制度

旅行社公告制度，是指旅游行政管理部门对其审批设立的旅行社通过报纸、期刊或者其他形式向社会公开发布告知。

旅行社公告制度的内容包括：开业公告；变更公告（分为变更名称公告和变更经营范围公告）；停业公告；吊销《旅行社经营许可证》公告。

四、旅行社的监督检查制度

旅游行政管理部门是旅行社行业的监督检查部门。《条例》规定：国务院旅游行政主管部门负责全国旅行社的监督管理工作。县级以上地方人民政府管理旅游工作的部门，按照职责负责本行政区域内的旅行社的监督管理工作。

旅行社行政管理部门对旅行社进行监督检查的内容，包括旅行社经营业务、对外报价、资产状况、服务质量、旅游安全、财务管理、资格认证等。此外，年检制度、公告制度、备案制度也是监督检查制度的组成部分。检查形式包括日常检查、专项检查、个案检查和年度检查。

五、旅行社业务年检制度

（一）旅行社业务年检制度的概念

旅行社业务年检制度是指旅游行政管理部门每年对旅行社前一年的业务经营情况进行检查和评估，通过对旅行社行业经营状况的分析和对旅行社执行国家政策法规的检查，找出旅行社业务中存在的影响旅游业发展的基本问题，并依法对违法经营的旅行社进行处罚的制度。

（二）旅行社业务年检的方式、内容及结论

旅行社业务年检采取书目审阅和实地检查的方式，主要检查四项内容：旅行社企业年度的基本情况、企业业务经营状况、企业人员管理和遵纪守法情况。旅游行政管理部门通过对旅行社的年度年检，可以作出"通过业务年检"、"暂缓通过业务年检"或"不予通过业务年检"三种形式的年检结论。

（三）暂缓通过业务年检的情形

1. 注册资本、旅行社质量保证金不足条例规定的最低限额的；
2. 歇业超过半年的；
3. 以承包或挂靠等方式非法转让经营权或部分经营权的；
4. 超范围经营的；
5. 未按规定组织管理人员及导游、领队等从业人员教育培训，或集中培训时数不够规定标准，经理资格证未达到要求的；
6. 未按规定投保旅行社责任险的；
7. 经营过程中有零团费、负团费现象的；
8. 有重大投诉尚在调查处理过程中的；
9. 年检主管部门认定的其他违反法规、规章行为的。

（四）不予通过年检的情形

1. 拒不按照规定补足注册资本、旅行社质量保证金的；
2. 经营旅游业务未超过一年的；
3. 国际旅行社连续两年未经营入境旅游业务的；
4. 严重超范围经营的；
5. 以承包或挂靠等方式变相转让许可证，造成严重后果的；
6. 连续两年未按规定组织管理人员及导游、领队等从业人员教育培训，或集中培训时数不够规定标准，经理资格证未达到要求的；
7. 发生严重侵害旅游者合法权益事件的；
8. 拒不参加年检的；
9. 未建立合法、公开的导游报酬机制，致使导游人员私拿回扣，造成恶劣影响的；
10. 年检主管部门认定的其他严重违反法规、规章行为的。

依照规定，在每年度年检完成后，旅游行政主管部门将以公告的形式对通过年检、暂缓通过年检和不予通过年检的旅行社进行公告。暂缓通过业务年检的旅行社，应当按照法律、法规、规章的规定和年检主管部门的要求，在限期内改正其行为，由年检主管部门验收其纠正情况，并作出通过或不予通过业务年检的决定。对没有通过业务年检的旅行社，旅游行政管理部门可以注销其旅行社业务经营许可证，并通知工商行政管理部门注销其营业执照。

六、旅行社的出国旅游经营管理制度

出国旅游，亦称出境旅游，是指我国公民持有效护照或其他形式的出境证件前往其他国家或地区进行的旅行游览活动。为了规范旅行社组织经营的中国公民出国旅游活动，国务院发布了《中国公民出国旅游管理办法》（以下简称《办法》），自 2002 年 7 月 1 日起实施。

（一）出国旅游管理的主要法规制度

1. 出国旅游目的地审批制度

出国旅游目的地，是指经我国政府批准，许可旅行社组织我国公民前往旅行游览的国家或地区。我国公民出国旅游目的地国家，由国家旅游局会同外交部、公安部等有关部门提出，报经国务院批准后，由国家旅游局予以公布。任何单位和个人不得组织中国公民到国家旅游局公布的出国旅游目的地国家以外的国家旅游。组织中国公民到国务院旅游行政管理部门公布的出国旅游目的地国家以外的国家进行涉及体育活动、文化活动等临时性专项旅游的，须经国务院旅游行政管理部门批准。

2. 出国旅游业务经营权的审批制度

出国旅游属于特许经营业务，国际旅行社必须具备以下条件，经国家旅游局审查批准后才能经营中国公民出境旅游业务：（1）取得国际旅行社资格满一年；（2）经营入境旅游业务有突出业绩；（3）其间无重大违法行为和重大服务质量问题。

未经国务院旅游行政管理部门批准取得出国旅游经营业务经营资格的，任何单位和个人不得擅自经营或者以商务、考察、培训等方式变相经营出国旅游业务。

3. 出国旅游总量控制制度

国家旅游行政管理部门在每年 2 月底以前，根据上年度全国经营入境旅游的业绩、出国旅游目的地的增加情况和出国旅游的发展趋势，确定本年度组织出国旅游的人数安排总量，并下达到省、自治区、直辖市旅游行政部门。省级旅游行政部门核定本行政区域内组团社本年度组织出国旅游的人数安排。

国务院旅游行政管理部门统一印制《中国公民出国旅游团队名单表》（以下称《名单表》），发放给省、自治区、直辖市旅游行政管理部门；省级旅游行政管理部门核发给组团社。组团社应当按照核定的出国旅游人数安排组织出国旅游团队，填写《名单表》。旅游者及领队首次出境或再次出境，均应当填写在《名单表》中，经审核后的《名单表》不得增添人员。在旅游团队出境、入境时及旅游团队入境后，组团社应当按照有关规定，将《名单表》分别交有关部门查验、留存。

（二）经营出国旅游组团社的主要职责

1. 组团社应当遵守《中国公民出国旅游管理办法》规定的经营规则；按合同约定的服务质量标准为旅游者提供服务。

2. 组团社组织旅游者出国旅游，应当为旅游团队安排专职领队。

3. 组团社应当保证所提供的服务符合保障旅游者人身、财产安全的要求，并履行相应的告知责任。

● **案例**

2007年，姚某等8人与四川一家旅行社签订了到曼谷、台湾、香港等地11日游的旅游合同。合同约定：费用为9800元/人，并保证参加有组织活动时的人身安全。在由旅行社组织的乘坐快艇前往某岛屿游览途中，由于所乘快艇缺乏基本的安全保障措施和明确的安全警示，同行领队也未尽忠告之义务，快艇在高速行驶和剧烈颠簸中使姚某腰部受伤，伤后姚某在当地医院作了检查。由于语言文字不通，旅行社领队也未一同前往，诊断结果不清楚，伤后姚某感到腰部疼痛难忍无法进食和排泄，要求回到曼谷当地医院确诊治疗或单独安排提前回国治疗，旅行社均未答复。回国后，姚某被医院诊断为腰椎骨折伴不全性瘫痪，必须入院手术治疗，同时也告知了旅行社，该旅行社工作人员前往医院看望了姚某。2007年10月，经该医院法医鉴定中心鉴定为8级伤残。事故发生后，游客和旅行社双方就治疗费用和赔偿有关事宜多次协商未果，游客将旅行社告上法庭。法院审理后认为，姚某等8人与旅行社签订的合同书是当事人真实意思的表示，且内容符合法律规定，该合同合法有效。姚某按约向某旅行社交纳了旅游费，但该旅行社未按约向姚某履行安全提示义务，造成姚某受伤，故旅行社应赔偿姚某的损失，判令该旅行社支付医疗费、误工费、精神抚慰金等各项损失10万余元。

4. 组团社应当要求境外接待社按照约定的团队活动计划安排旅游活动。

5. 组团社有责任防止参游人员滞留不归、涉足"三禁"（黄、赌、毒）。

（三）旅游者的职责和法律责任

1. 旅游者应当持有效证件护照参加出国旅游活动。

2. 旅游者应当遵守旅游目的地国家的法律，遵守当地的风俗习惯，并服从旅游团队领队的统一管理。

● 案例

　　随着出国旅游的日益发展，中国游客的形象问题也成为国人讨论的一个热点。2007 年 5 月在欧洲酒店业举行的全球游客评选中，日本游客获得第一名，法国人则被评为"最差游客"，而中国游客得到的评价也不理想，位居倒数第三。2007 年 11 月 15 日，北京电视台某主持人在其博客上贴出了附有照片的博文《惊爆：一群中国游客竟然在纽约华尔街"骑"牛》，讲述该主持人到纽约旅游时，在华尔街偶遇一群内地游客在著名公牛铜雕塑前做出种种不文明的举动，令老外摇头围观看热闹，有些则绕道而行，于是该主持人拍下此"奇观"后张贴到其博客上。博文中对中国游客争先骑牛与旁观者无奈叹息的描写，让大多数国内网民为"丢人丢到国外"而怒发冲冠；但当有人贴出外国人骑牛的照片后，网友风向大转，认为博主有意往中国人脸上泼墨，"外国人骑得，中国人也骑得"的观点占据了主流。一时间网上争论纷纷，讨论范围越来越广，意见也越来越多。该事件还被评为"2007 影响广东十大旅游事件"之一。

　　3. 禁止旅游者在境外滞留不归。如违反规定，旅游者在境外滞留不归，由旅游行政部门给予警告。旅游者因滞留不归被遣返回国的，由公安机关吊销其护照。

第四节　旅行社的经营

一、旅行社的经营原则

　　旅行社在经营活动中应当遵循自愿、平等、公平、诚实信用的原则，遵守商业道德。

　　（一）自愿原则，是指旅行社不得通过欺诈、胁迫等手段强迫旅游者和其他企业在非自愿的情况下与其发生旅游法律关系。

　　（二）平等原则，是指旅行社在经营活动中，与旅游者或其他企业法人之间发生业务关系，必须平等协商，不得将自己的意志强加给对方。

　　（三）公平原则，是指在设立权利义务、承担民事责任等方面应当公正、平等，合情合理。

　　（四）诚实信用原则，要求旅行社对旅游者和其他企业诚实不欺，恪守诺言，讲究信用。此外，旅行社在开展业务经营活动中，还应遵守社会公认的商业道德。

二、旅游业务经营规则

（一）严禁超范围经营

旅行社应当按照核定的经营范围开展经营活动。超范围经营包括：

1. 国内旅行社的超范围经营。主要是指国内旅行社经营国际旅行社业务，即经营入境旅游业务和出境旅游业务。

2. 国际旅行社的超范围经营。主要是指国际社未经批准经营出境旅游业务和边境旅游业务，或是国际社擅自经营我国政府尚未批准的境外旅游目的地的旅游业务。

3. 国家旅游局认定的其他超范围经营活动。例如有些旅行社擅自经营从事劳务输出、出国留学、出国访问等中介活动，从中获利，这些也属于超范围经营。

（二）禁止采取不正当手段从事旅游业务

法律规定旅行社在经营活动中不得采取以下不正当竞争手段：

1. 假冒其他旅行社的注册商标、品牌和质量认证标志；

2. 擅自使用其他旅行社的名称；

3. 与其他旅行社串通起来制定垄断价格，损害旅游者和其他旅行社的利益；

4. 以低于正常成本价的价格参与竞销；

5. 委托非旅行社单位或者个人代理或变相代理经营旅游业务；

6. 制造和散布有损其他旅行社的企业形象和商业信誉的虚假信息；

7. 为招徕旅游者，向旅游者提供虚假的旅游服务信息；

8. 其他被国家旅游局认定为扰乱旅游市场秩序的行为。

自 2000 年 9 月份，国家旅游局就开始着手对出境游中的零团费、负团费现象进行整治。2007 年 3 月 20 日，中国国家旅游局和中国国家工商行政管理总局联合发布了《中国公民出境旅游合同（示范文本）》，针对目前普遍存在的"零团费"、"负团费"现象明确规定，组团社擅自增加购物次数，每次按旅游费用总额的 10% 向旅游者支付违约金；组团社强迫或者变相强迫旅游者购物的，应当按旅游费用总额的 20% 向旅游者支付违约金。

（三）不得向旅游者介绍和提供有关旅游项目

法律规定旅行社在经营活动中不得向旅游者介绍和提供下列旅游项目：

1. 含有损害国家利益和民族尊严内容的；

2. 含有民族、种族、宗教、性别歧视内容的；

3. 含有淫秽、迷信、赌博内容的；

4. 含有其他被法律、法规禁止的内容的。

● 小贴士

所谓零负团费接团，就是旅行社在接外地组团社的游客团队时，分文不赚只收成本价，甚至低于成本价收客。"零负团费"是由台湾旅游商"发明"的一种经营方式，但在近十多年来却在中国旅游市场快速蔓延。1988年，中国首批开放公民自费前往新马泰港澳旅游，而在1995年左右，泰国游便开始出现"零负团费"，并很快波及到了新马两国；2004年9月，欧洲游向中国开放，首发团就已经有旅行社采取了"零负团费"的做法，某导游"自费"他个人往返欧洲机票的费用的50%，作为"买团"的人头费。海南大量出现"零负团费"始于2003年下半年；到2004年底，云南游已发展到1700元可以"北京—昆明—大理—丽江6日双飞"的疯狂程度；2005年，华东五市游、九寨沟、成都游也都出现了这一模式；同样，自2007年开始在港澳游中频繁出现"零负团费"现象。由于该现象愈演愈烈，导致购物回扣恶性发展，低级趣味的项目增加，旅游市场秩序混乱，恶意违规，欺客宰客、甩客等恶性事件屡屡发生。"零负团费"的本质是欺诈游客，非法牟利，实质上是让游客把一次性交费变成了分段交费，旅客最后付费大多会超出原定计划的几倍甚至几十倍，因此参加"零负团费"旅游使游客损失了金钱，让旅行社丢了信誉。

三、旅行社的职责与权利

（一）旅行社的职责

1. 提供真实可靠的信息

旅行社向旅游者提供的旅游服务信息必须真实可靠，不得做虚假宣传。旅行社所做广告应当符合国家有关法律、法规的规定，不得进行虚假的广告宣传。严禁旅行社进行超出核定经营范围的广告宣传。

● 案例

在现代旅游交易中，因为广告用语或者行程表中出现的模糊词语而引发的纠纷比比皆是。如某旅行社在旅游广告和行程计划中写道："华东五市游，送周庄。"《旅行社管理条例实施细则》第三十八条规定："旅游业务广告不得用模糊、不确定用语故意误导、欺骗旅游者和公众。"该案例中旅行社的真实意图是用车将客人"送至"周庄，但通常人们的理解是，华东五市游中"赠送"周庄这一景点，这里的赠送不仅包括使用旅行社提供的交通工具送至周庄，同时还应包括周庄的景点门票。如果个别游客较真，甚至要求赠送在周庄内的用餐费、乘船费，旅行社的麻烦会更大。

2. 按约定提供服务

在签订旅游合同时，双方应就交通工具的档次、旅游景点的数量、住宿条件、餐饮标准、娱乐项目及费用、购物次数等达成一致意见。旅行社应当为旅游者提供约定的各项服务，所提供的服务不得低于国家标准或行业标准。旅行社对旅游者就其服务项目和服务质量提出的询问，应作出真实、明确的答复。

3. 提供的服务符合人身、财产安全需要

旅行社组织旅游，必须投保旅行社责任保险，并推荐旅游者购买旅游意外保险，保证所提供的服务符合保障旅游者人身、财物安全的要求；对可能危及旅游者人身、财产安全的事宜，应当向旅游者作出真实的说明和明确的警示，并采取防止危害发生的措施；对旅游地可能引起旅游者误解或产生冲突的法律规定、风俗习惯、宗教信仰等，应当事先给旅游者以明确的说明和忠告。

4. 按规定收取旅游费用

旅行社提供的服务应明码标价，质价相符，不得有价格欺诈行为。旅行社对旅游者提供的旅行服务项目应按照国家规定收费；旅行中增加服务项目需要加收费用的，应当事先征得旅游者同意；旅行社提供有偿服务，应当按照国家有关规定向旅游者出具服务单据。

● 小贴士

近年来，个别旅游经营企业在经营活动中存在一些不规范或不正当的收费行为，扰乱了旅游市场正常的价格秩序，损害了旅游行业的声誉和消费者的合法权益，主要表现在：一是在标价之外另行收费，如标价 1000 元游某地，但实际费用远不止 1000 元；二是质价不符，游览项目严重缩水，或降低服务标准，不兑现价格承诺；三是未征得游客同意擅自改变旅游线路，或安排过多的购物或自费活动项目；四是标价模糊，甚至搞价格欺诈，误导欺骗消费者；五是恶性竞争，如"零团费"、"1元游"，损害其他经营者合法价格权益。为此，广东省物价局制定出台了《广东省物价局旅游价格管理办法》，从 2008 年 3 月 1 日起施行。该《办法》对目前旅游行为不规范的收费行为作出了具体规定，主要内容包括：(1) 明确旅游价格必须按规定实行明码标价制度，旅游经营者应当在经营场所或收费场所醒目位置对旅游价格予以公开明示，不得在明码标价之外收取任何未予标明的费用。(2) 旅游服务中的交通、游览参观点门票、代办证照等属于政府指导价、政府定价的，应当按政府有关规定执行，不得擅自提高收费标准。(3) 非统一办理的旅游服务及项目，应当以旅游者自愿为原则，不得强制服务、强制收费。(4) 旅游中需增加服务或遇特殊原因需变更行程和旅游价格的，应当事先征得旅游者的同意。(5) 旅游经营者必须兑现明码标价公示和旅游合同中的各项旅游价格和服务承诺。(6) 明确规定不得使用虚假、模糊、使人误解的价格标示和标价内容误导旅游者；不得采取不正当的价格行为排挤竞争对手或独占市场；不得相互串通操纵市场价格，损害旅游者的合法权益和其他经营者的利益，违者将被处罚，最高罚金 100 万元。

5. 旅行社应与旅游者签订合同

旅行社组织旅游者旅游，应当与旅游者签订合同。所签合同应就下列内容作出明确的约定：旅游行程、旅游价格和违约责任。旅行社因不能成团，将已签约的旅游者转让给其他旅行社出团时，须征得旅游者书面同意。未经旅游者书面同意，擅自将旅游者转让给其他旅行社的，转让的旅行社应当承担相应的法律责任。

> ● 案例
>
> 李某参加了假日旅行社组织的泸沽湖双卧五日游，并交齐费用，签了旅游合同。当李某一行人乘火车抵达西昌时，被假日旅行社转给了西昌阳光旅行社接待。随后，西昌阳光旅行社又将他们转给西昌航天旅行社。李某等人虽然心中非常气愤，但也毫无办法。谁知返程那天，旅游大巴掉入河中，车上两名游客失踪，李某受伤，落下10级伤残。事后，当地交警部门认定出事车驾驶员负事故全责。李某认为，假日旅行社没有提供符合保障旅游者人身、财物安全需要等各项服务，遂将其告上法庭，索赔5万余元。假日旅行社认为，按照旅游行业操作惯例，跨地区旅游必须将团队交当地旅行社，组团社与地接社之间就形成联营关系。所以，李某不仅与假日旅行社有合同关系，也与西昌航天旅行社构成事实上的旅游服务合同关系，因此，李某遭遇车祸事故造成的损失，应由西昌航天旅行社承担赔偿责任。
>
> 法院审理后认为，李某按照合同约定向假日旅行社支付了费用，假日旅行社应当按约定为李某提供符合保障其人身、财物安全需要的各项服务。假日旅行社违反《旅行社管理条例实施细则》的规定，未经李某书面同意，擅自将李某转给西昌阳光旅行社，而西昌阳光旅行社也同样擅自将李某转给西昌航天旅行社，西昌航天旅行社提供无旅游营运资格的车辆在旅游途中发生交通事故，导致李某受伤。故假日旅行社应当予以赔偿，西昌阳光旅行社、西昌航天旅行社应负连带责任。鉴于李某表示只要求假日旅行社承担违约责任，故假日旅行社承担赔偿责任后可依法另行向西昌阳光旅行社、西昌航天旅行社追偿。遂判决假日旅行社赔偿李某4万余元。

6. 聘用合格导游和领队

旅行社为接待旅游者聘用的导游和为组织旅游者出境旅游聘用的领队，应当持有省、自治区、直辖市以上人民政府旅游行政管理部门颁发的资格证书。

7. 不断规范内部管理

（1）旅行社与其聘用的经营人员应当签订书面合同，约定双方的权利义务。经营人员未经旅行社同意，不得披露、使用或者允许他人使用其所掌握的旅行社的商业秘密。

（2）旅行社组织旅游者出境旅游，应当选择有关国家和地区依法设立的、信誉良好的旅行社，并与之签订书面协议后，方可委托其承担接待工作。因境外旅行社违约，使旅游者权益受到损害的，组织出境的境内旅行社应当承担赔偿责任，然后再向境外的旅行社追偿。

● 案例

　　几名游客参加某旅行社组织的新马泰15日游，在临登机时游客发现，该团是由5家旅行社共同组织的，且该团没有领队。旅游团在途中遇到了许多困难，在国外如何转机、入境卡怎么填、怎样与境外旅行社接洽等均无人过问。在新加坡入境时，因不熟悉情况，旅游团被边检部门盘查一个半小时之久。旅游过程中，因没有领队与境外社协调，原来的日程被多次变更。旅游团在异国他乡，人生地不熟，只好听从境外导游摆布。本案中，该旅行社未派领队违反了旅行社的职责。领队是由旅行社派出，为出境旅游者提供协助、服务，同境外旅行社接洽，督促其履行接待计划，调解纠纷，协助处理意外事件的人员。根据规定，旅行社组织中国公民赴外国和我国港、澳地区旅游，必须要安排领队，这是旅行社的法定义务。

　　（3）旅行社委托其他旅行社代理招徕或接待旅游者，旅行社与饭店、餐饮、交通、景点等企业以及与境外旅行社发生业务往来，应当签订合同，约定双方的权利和义务。

　　（4）旅行社招徕、接待旅游者，应当制作和保存完整的业务档案。其中，出境旅游档案保存期最低为3年，其他旅游档案保存期最低为2年。

（二）旅行社的权利

1. 旅行社有权同旅游者个人或团体签订合同。

2. 旅行社有权向旅游者收取合理的费用，旅游者有义务支付接受服务后应付的费用。

3. 旅行社有权要求违反合同的旅游者承担相应责任。比如旅游者不按规定时间参加旅游活动，旅行社可以不予等候；不退还因旅游者自己违约而预交的费用；有权要求因违约给旅行社造成经济损失的旅游者承担赔偿责任等。

本章小结

　　本章解读了《旅行社管理条例》及其实施细则、《旅行社质量保证金暂行规定》及其实施细则、《旅行社质量保证金赔偿暂行办法》等有关旅行社管理的法规；介绍了旅行社的概念、特征、分类及经营范围，阐述了旅行社的设立与审批、旅行社的管理与经营等内容。通过本章学习，为将来进入旅游行业，特别是进入旅行社行业打下扎实的法律基础。

思考与练习

一、单项选择题

1.旅行社安排的旅游活动及服务档次与合同不符，造成旅游者经济损失，应退还合同金额与实际花费的差额，并赔偿（　　）。

A.差额的两倍　　　B.同额违约金　　　C.10%的违约金　　　D.20%的违约金

2.导游人员违反合同旅程计划，擅自增加购物次数，旅行社（　　）。

A.不承担责任　　　　　　　　B.应退还旅游者购物价款的20%

C.应退还旅游者的全部购物价款　　D.应退还旅游者购物价款的2倍

3.导游人员刘某违反有关法规，向旅游者一行20人索要小费3000元。根据《旅行社质量保证金暂行规定》，应赔偿旅游者（　　）

A.3000元　　　　B.4000元　　　　C.5000元　　　　D.6000元

二、多项选择题

1.国际旅行社经营（　　）业务，须经国家旅游局批准。

A.入境旅游　　　B.出境旅游　　　C.边境旅游　　　D.国内旅游

2.旅行社设立的分社与门市部：（　　）

A.都不具备独立法人资格

B.都是设立社的分支机构

C.都以设立社名义开展经营活动

D.都在设立社注册地的市、县行政区域以内

3.下列情形中，适用保证金对旅游者进行赔偿的有：（　　）

A.旅行社因自身过错未达到合同约定的服务标准

B.由于旅游者自身原因造成其经济损失的

C.由于导游人员违反有关规定造成旅游者经济损失的

D.因旅行社破产造成旅游者预交旅行费损失的

三、案例分析

北京的28名游客今年年初兴致勃勃地参加了一次"泰港澳十一日游"，但却玩得很不开心。这批游客在登机时发现他们全体已被这家旅行社转包给了另一家旅行社，原因是这家旅行社根本就没有办理出境旅游的权利。而在由泰国飞往香港时，因为没有注明游客中的亲属身份关系，出现了同一家人不能乘同一架飞机的情况。在旅游的第4天，更因吃了导游推荐的"海鲜大餐"，旅游团中出现了集体食物中毒的状况，有15个人出现不同程度的上吐下泻。回京后，这28名游客即状告此次组团的某国际旅行社，要求赔偿经济损失。

思考：（1）该组团的国际旅行社可否擅自将旅游团转包他社？为什么？

（2）该国际旅行社应否承担赔偿责任？为什么？

第三章
导游人员管理法规

导语 ★★★★★

1. 理解导游人员的概念，了解导游人员的分类。
2. 理解导游人员资格考试的条件及内容，申领导游证的程序和不得颁发导游证的情形。
3. 掌握导游人员的权利、义务及法律责任。
4. 了解导游人员等级考核制度，掌握导游人员记分管理制度和年审管理制度。
5. 学会运用相关法规解决导游工作中的实际问题。

随着旅游业的发展，导游服务已经成为旅游行业中必不可少的一环。什么是导游？怎样成为一名导游？作为导游享有何种权利、必须履行何种义务？旅游行政管理部门如何对导游进行管理？本章将重点阐述上述问题，学习本章内容，有助于对导游及导游工作有一个全面的认识。

第一节 导游人员概述

导游人员是旅游接待工作的主体，是整个旅游服务的轴心。随着旅游产业规模的不断扩大，旅游产业地位的不断提升，作为导游业务执行主体的导游人员的作用日益重要。导游人员是旅游业的"窗口"，被称为"民间大使"、"旅游的灵魂"，是一个旅行社、一个城市、乃至一个国家和民族的"形象大使"，因此，加强导游人员的管理、提高导游人员的素质十分重要。世界上绝大多数国家和地区都从立法的高度来规范导游管理，制定相应的旅游法律法规。我国也历来重视对导游人员的管理，1987年经国务院批准，国家旅游局颁布了《导游人员管理暂行规定》，这是我国颁布的第一个关于导游人员的管理规定。1999年5月，国务院颁布的《导游人员管理条例》取代了《导游人员管理暂行规定》，成为我国目前对导游人员管理的主要行政法规。在此基础上，国家旅游局又陆续颁布了《导游证管理办法》、《导游人员管理实施办法》、《出境旅游领队人员管理办法》等，为我国的导游人员的建设和发展提供了法规依据。

一、导游人员概念与分类

（一）导游人员的概念

《导游人员管理条例》规定："导游人员，是指依照本条例的规定取得导游证，接受旅行社委派，为旅游者提供向导、讲解及相关旅游服务的人员。"

导游人员的概念包含了三层含义：

1. 导游人员是持有导游证的人员。导游人员的职业特点决定并非任何人都能从事导游工作，我国法律规定了取得导游证的条件和程序，只有依照该条件和程序取得导游证的人员才能从事导游工作，即导游人员必须持证上岗。

2. 导游人员是旅行社委派的人员。导游人员的导游活动不是个人行为，而是代表旅行社的职务行为，只有接受旅行社委派从事旅游业务的人，其合法从业权才能受到该法规的保护。

3. 导游人员是为旅游者提供向导、讲解及相关旅游服务的人员。"向导"一般是指为旅游者引路、带路；"讲解"是指为旅游者讲述、解说、指点旅游途中的风景名胜和人文旅游资源；"相关旅游服务"是指为旅游者代办各种旅行证件、代购交通票据、安排旅游食宿等与旅行游览有关的各种服务。

（二）导游人员的分类

1. 按导游使用的语言划分，导游人员分为中文导游人员和外语导游人员。

2. 按业务范围划分，导游人员分为海外领队（出国游领队和港澳游领队，统称"领队"）、全程陪同导游员（简称"全陪"）、地方陪同导游员（简称"地陪"）和定点导游员（包括景点、景区导游员和博物馆讲解员等）。景区（点）导游人员，是指在旅游景点、景区的范围内为旅游者提供向导、讲解服务的人员。对这部分导游人员，由省、自治区、直辖市人民政府参照《导游人员管理条例》制定相关的管理办法。

3. 按归属关系划分，导游人员分为旅行社导游员和社会导游员。

4. 按技术等级划分，导游人员分为初级导游员、中级导游员、高级导游员和特级导游员。

二、导游人员执业制度

我国实行导游人员资格和导游人员职务相分离的制度，即导游资格考试制度及导游证制度，导游人员执业应当取得资格证书和导游证。

（一）导游人员资格考试制度

导游人员资格，是指从事导游职业，在导游活动中为旅游者提供服务的人员应具备的条件、身份等。导游人员资格是一个导游员从事导游工作生涯的起点，是从事导游职业的人首先要解决的问题，只有取得导游人员资格的人，才能申请导游证，并以导游人员的身份进行导游活动。国家实行全国统一的导游人员资格考试制度，具体由各省级人民政府旅游行政管理部门实施。

1. 导游人员资格考试的条件

第一，国籍条件。参加我国导游人员资格考试的人员必须是中华人民共和国公民，即具有中国国籍的人。换句话说，我国将导游的从业权只授予本国公民，外国人和无国籍人不能报名参加导游人员资格考试。

第二，学历条件。参加我国导游人员资格考试的人员必须具有高级中学、中等专业学校或者以上学历。学历体现了一个人接受教育的程度，是衡量一个从业人员的知识结构及知识文化程度的客观标准之一，导游职业的特点要求导游人员应具有较好的专业基础知识和较高的文化素养，因此必须具备相应的学历条件。

第三，身体条件。参加我国导游人员资格考试的人员必须身体健康。导游工作既是复杂的脑力劳动，也是任务繁重的体力劳动，导游人员只有具备良好的身体素质，才能适应导游工作。

第四，业务条件。参加我国导游人员资格考试的人员必须具有适应导游需要的基本知识和语言表达能力。导游应是"杂家"，需要有广博的知识和娴熟的业务，以适应导游工作的需要；还应具有较规范化、艺术化的语言，它不但要求导游按照规范化的语言来解说导游词，而且要求尽可能做到语言的艺术化，以充分体现导游语言的美感，这样才能更好地与旅游者交流，为旅游者服务。

2. 导游人员资格考试的内容与组织实施

导游人员资格考试的内容为从事导游工作应掌握的基本知识和技能，包括"导游综合知识"（笔试）和"导游服务能力"（口试）两部分（见表 3 - 1）。

表 3 - 1　导游人员资格考试内容

考试科目	方式	内　　容	备　　注
导游综合知识	笔试	1. 职业道德和时事政策 2. 旅游法规常识 3. 导游基础知识	
导游服务能力	口试	1. 导游讲解能力 2. 导游规范服务能力 3. 导游特殊问题处理及应变能力	外语类考生须用所报考语种的语言进行口试，并加试口译（包括中译外和外译中）

国务院旅游行政管理部门负责制定全国导游人员资格考试的政策、标准和对各地考试工作的监督管理。省级旅游行政管理部门负责组织、实施本行政区域内导游人员资格考试工作。直辖市、计划单列市、副省级城市负责本地区导游人员的考试工作。

3. 导游人员资格证书的颁发与管理

导游人员资格证书是由旅游行政管理部门颁发的，表明持证人具备了从事导游业务所应具备的知识和技能，以及符合从事导游业务所需要的其他法定条件的凭证。导游人员资格证书由国务院旅游行政管理部门统一印制，在中华人民共和国范围内使用。经参加导游人员资格考试合格的，由组织考试的旅游行政管理部门在考试结束之日起 30 个工作日内颁发导游人员资格证书。获得导游人员资格证 3 年内未从业，资格证自动失效。

（二）导游证制度

1. 导游证及其版式

取得导游人员资格证书，只是进入了导游人员的大门，要从事导游职业，还要依法取得导游证。导游证是导游人员执业的必备条件，是由旅游行政部门颁发的准许进行导游活动的凭证。《导游人员管理条例》规定："在中华人民共和国境内从事导游活动，必须取得导游证。"依据 2002 年国家旅游局修订发布的《导游证管理办法》的规定，导游证是持证人已依法进行中华人民共和国导游注册、能够从事导游活动的法定证件。

导游证由国务院旅游行政管理部门统一印制，在中华人民共和国全国范围内使用。导游证实行统一版式，目前业内通行的导游证为 IC 卡形式（2002 年版），可借助读卡机查阅卡中储存的导游基本情况和违规积分情况等内容。导游证的正面设置中英文对照的"导游证"（CHINA TOUR GUIDE）、导游证登记、编号、姓名、语种等项目，中间为持证人近期免冠2寸照片。导游等级以4种不同的颜色加以区分：初级为灰色、中级为粉米色、高级为淡黄色、特级为金黄色，背面印有注意事项和卡号。

2. **申请领取导游证的程序**

第一，取得导游人员资格证书。通过导游人员资格考试，取得导游人员资格证书，这是申请领取导游证书的前提条件。

第二，与旅行社订立劳动合同或在导游服务公司登记。与旅行社订立劳动合同的人员，通常是指专职导游人员，他们是旅行社的雇员，通过与旅行社订立劳动合同来明确双方的权利义务关系。"导游服务公司"是从事导游人员业务管理、培训，并为旅行社和导游人员提供供需信息等服务的企业。它在导游人员和旅行社之间起桥梁作用，当某旅行社需要导游人员时可通过导游服务公司聘用，这种聘用关系有较明显的季节性和时间性。在导游服务公司登记的人员，可以是专职导游人员，也可以是非专职导游人员，但都不是某一旅行社的正式员工。

第三，提出申请。导游证的领取人须持以下材料向所在地旅游行政管理部门提出申请：（1）申请人的《导游人员资格证书》及其复印件（原件仅供检验）；（2）与旅行社订立的劳动合同及其复印件，或在导游服务公司登记的证明文件及其复印件（原件仅供检验）；（3）身份证及其复印件；（4）按规定填写的《申请导游证登记表》。

3. **导游证的颁发**

导游工作是专业性很强的职业。导游人员作为一线工作人员，其服务质量与国家旅游业形象、旅游业的发展和旅游者的利益都密切相关。因此，导游人员必须具备良好的业务素质和职业道德。为保证导游人员队伍的整体水平，《导游人员管理条例》规定了不予颁发导游证的四种情形：

第一，无民事行为能力或者限制民事行为能力的。根据《导游人员管理条例》规定，对无民事行为能力或者限制民事行为能力的人，不得颁发导游证，也就是说，无民事行为能力的人和限制民事行为能力的人，不得充任导游员。只有具有完全民事行为能力的公民，才能申请领取导游证，从事导游员职业。

第二，患有传染性疾病的。传染性疾病是指由病原体侵入生物体，使生物体产生病理反应而引起的疾病，主要包括肺结核、麻风病、天花、伤寒、病毒性肝炎等。一个人是否患有传染性疾病，应当由医疗机构作出诊断证明。在旅游中，导游与旅游者朝夕相处，为旅游者提供服务，如果导游患有传染性疾病，就有可能将其疾病传染给旅游者，造成交叉传染，危害旅游者的身心健康。因此，《导游人员管理条例》规定，患有传染性疾病的人员申请领取导游证，旅游行政部门不得发给。

● 小贴士

　　民事行为能力是指根据法律的规定，公民以其行为参加民事活动，取得民事权利和承担民事义务的资格。我国民法根据公民的年龄、智力和精神健康状态将公民的民事行为能力分为三种类型：（1）完全民事行为能力。这是指达到一定年龄，智力正常的公民享有的以自己的独立行为从事民事活动的能力。法律规定18周岁以上的公民是具有完全民事行为能力，可以独立进行民事活动；16周岁以上不满18周岁的公民，以自己的劳动收入为主要生活来源的，视为完全民事行为能力人。（2）限制民事行为能力。这是指达到一定年龄的未成年人和精神不健全而不能完全辨认其行为后果的成年人所享有的可以从事与其年龄和精神健康状况相适应的民事活动的能力。10周岁以上不满18周岁的未成年人和不能完全辨认其行为的精神病人是限制民事行为能力人，可以从事与其年龄和精神健康状况相适应的民事活动，其他民事活动由其法定代理人代理或应征得其法定代理人的同意。（3）无民事行为能力。这是指完全不具有以自己的独立行为从事民事活动的能力。不满10周岁的未成年人和不能辨认自己行为的精神病人是无民事行为能力人，由他的法定代理人代理民事活动。

　　第三，受过刑事处罚的（过失犯罪的除外）。受过刑事处罚的人是指其行为曾触犯刑事法律并受到过刑罚制裁的人员。我国《刑法》规定，犯罪分为故意犯罪和过失犯罪。虽然两者均受到了刑事处罚，但由于两者在主观恶意、社会危害程度上有着本质区别，因此，《导游人员管理条例》对过失犯罪采取较为宽容的态度，规定"过失犯罪的除外"，即这类人虽然也受过刑罚的制裁，但由于是过失犯罪，旅游行政管理部门也可以对其颁发导游证。

　　第四，被吊销导游证的。这是指曾经取得导游证的人员，因违反有关导游人员管理法规，被旅游行政管理部门处以吊销导游证的处罚后，又重新参加导游人员资格考试并合格、取得导游人员资格证书后，向旅游行政管理部门申请领取导游证的人员。被吊销导游证就意味着其在担任导游期间，严重违反了旅游行业的规定和标准，有过不良记录，表明其已不适合继续从事该职业。因此旅游行政管理部门不应重新对其颁发导游证。这既是为了保证导游的质量和基本从业素质，也是为了加强导游队伍建设而对导游人员提出的警示性要求。

　　除上述四种情形外，省、自治区、直辖市人民政府旅游行政管理部门应当自收到申请人领取导游证的书面申请之日起15日内颁发导游证。对符合申领条件逾期不予颁发或答复，使申领人处于一种不确定的状态，这是旅游行政部门的一种不作为表现，申领人可依照《行政复议法》向上一级旅游行政部门申请复议，或者依据《行政诉讼法》向人民法院提起诉讼。发现有不予颁发导游证的情形，应当书面通知申请人。

4. 导游证的管理

第一，导游证的变更和换发管理。导游跨省或跨城市调动、姓名变更、等级变更，需更换导游证，原导游证作废。其他变更需更改导游证的相关内容，原导游证可继续使用。

第二，导游证的遗失、补发管理。持证人带团时发现导游证遗失，应及时与原单位或委托旅行社联系，取得其单位开具的身份证明及遗失证明或复印件，并凭团队计划和日程表、遗失证件简要说明等材料完成行程。持证人发现导游证遗失须立即办理挂失、补办手续。持证人应及时向所在单位报告、递交遗失证件简要情况，并持所属单位出具的遗失证明、身份证（及其复印件）、《导游人员资格证书》及其复印件、《导游员等级证书》及其复印件到发证机关办理遗失补办手续，填写并持《申请导游登记表》（一式三份）到《中国旅游报》、省级日报联系办理登载"证件遗失作废声明"（内容包括导游证编号、姓名、卡号）事宜，自证件遗失作废声明登载之日起的 1 个月后，持登报启事、导游资格证、身份证、所在单位开具的证件丢失证明，到原发证机关补办导游证。在申请补办期间，申请人不得从事导游活动。导游证损坏的，按规定向原发证机关申请换发。

第三，导游证的监督检查管理。持证人应接受旅游行政管理部门的检查，出示和提供有关材料。持证人违规使用导游证，旅游行政管理部门依据《导游人员管理条例》、《导游人员管理实施办法》的规定作出相关处罚。其他组织和个人不得擅自扣留、销毁、吊销导游证。无导游证进行导游活动的，由旅游行政管理部门责令改正并予以公告，处 1000 元以上 3 万元以下的罚款，有违法所得的，并处没收违法所得。

第二节　导游人员的权利、义务及法律责任

导游人员的权利，主要是指导游人员的法律权利。它表现为导游人员可以自己作出一定的行为，也可以要求他人作出或不作出一定的行为。导游人员的义务是指导游人员必须依法履行的责任，包括必须作出的行为和不得作出的行为。

一、导游人员的权利

（一）人身权

导游人员的人身权，是指导游人员进行导游活动时，人身自由不受非法限制和剥夺，人格尊严不受侵犯，名誉不受侵害等。《导游人员管理条例》规定："导游人员进行导游活动时，其人格尊严应当受到尊重，其人身安全不受侵犯。"

人格权是人身权的一种，是能够作为权利、义务主体的独立的资格。人格权包括生命权、健康权、自由权、隐私权、姓名权、肖像权、名誉权、荣誉权等。身份权包括亲权、配偶权、监护权、继承权等。人格权与身份权合称"人身权"。在旅游活动中，导游人员代表以旅行社为主的聘用单位履行职责，直接与旅游者接触，由于涉及方方面面，形成的社会关系错综复杂，一旦发生纠纷，导游人员必然周旋于双方之间去化解矛盾，因此容易成为双方迁怒的对象。此外，在旅行游览中，个别旅游者不尊重导游人员的人格，提出一些非分的要求，在这种情况下，导游人员应妥善处理保护自身人格尊严和提供优质服务的关系。为保护导游人员正当权利，《管理条例》规定："导游人员有权拒绝旅游者提出的侮辱其人格尊严或者违反其职业道德的不合理要求。"

（二）调整变更计划权

《导游人员管理条例》规定："导游人员在引导旅游者旅行、游览过程中，遇到可能危及旅游者人身安全的紧急情形，经征得多数旅游者同意后，可以调整或变更接待计划，但是应当立即报告旅行社。"此权利的实施需满足四个条件：

1. 必须是在引导旅游者旅行、游览的过程中。即在旅游活动开始后、结束前。在旅游合同订立之后，旅游活动开始前出现不利于旅游活动的情形，应当由旅行社与旅游者进行协商，达成一致意见后，由旅行社调整或者变更旅游接待计划。

2. 必须是遇到可能危及旅游者人身安全的紧急情形时，导游人员才可以行使这项权利。在紧急情况下，为了避免可能危及旅游者人身安全情形的发生，导游人员需要当机立断地调整或变更旅游行程计划。

3. 必须是征得多数旅游者的同意。通常，旅游合同包括旅游接待计划，一经双方确认订立后，就应当严格按照合同约定履行。如果需要调整或变更旅游计划，应当经过双方协商一致。但如果发生了法定的紧急情形，为保证旅游者的人身安全，导游人员只要征得多数旅游者的同意，就可以行使该权利。

4. 必须立即报告旅行社。旅游接待计划是由旅行社确定、并得到旅游者认可的，导游人员受旅行社委派执行旅游接待计划本身并无变更权，在法定情形下行使该权利应当立即报告旅行社，以得到旅行社的认可和支持。

（三）申请复议权

《导游人员管理条例》规定了对导游人员违反条例行为的行政处罚。如果导游人员对旅游行政管理部门给予的行政处罚不服，依照我国《行政复议法》的规定，有权向作出决定的上一级旅游行政管理机关申请复议。申请复议权的范围包括：

1. 对罚款、没收违法所得、吊销导游证、暂扣导游证、责令改正等行政处罚不服的；

2. 认为符合法定条件申领导游人员资格证书和导游证，但旅游行政管理部门拒绝颁发或不予答复的；

3. 认为旅游行政管理部门违法要求导游人员履行义务的；

4. 认为旅游行政管理部门侵犯导游人员人身权、财产权的；

5. 法律、法规规定的其他可以申请复议的内容。

● 案例

刘先生与朋友一起报名参加某旅行社组织的"昆明—大理—丽江—香格里拉"十日游。当旅游团乘坐的巴士前往香格里拉途中，突遇泥石流挡住了唯一通往香格里拉的路。导游当即同游客协商，经游客同意改变游程，返回丽江住宿。游览丽江其他景点后，改由丽江飞返昆明的航班，所产生的费用除了抵消香格里拉的旅游费外，均由客人自理。导游也将此情况及时告知了旅行社，旅行社答复同意导游的做法。在客人们的理解和导游的努力下，游程顺利地结束了。

本案中，导游在遇到泥石流挡道这一紧急情形时，适时地运用了导游人员在旅游活动中享有的调整或变更接待计划权，其采用的处理方式既不让游客吃亏，也没使旅行社受损，所以才取得了客人的理解，顺利结束行程。

（四）行政诉讼权

导游人员对旅游行政管理部门的具体行政行为不服时，依照我国《行政诉讼法》的规定，享有向人民法院提起行政诉讼的权利，具体内容同申请复议权范围。

二、导游人员的义务及法律责任

国家通过立法保障导游人员在执业中享有权利的同时，也要求导游人员必须履行相应的义务。根据《导游人员管理条例》的规定，导游人员的义务主要体现为以下九个方面：

（一）提高自身业务素质和职业技能的义务

导游人员自身业务素质的高低，职能、技能的优劣，直接关系到导游服务质量，影响到能否为旅游者提供优良的导游服务，对旅游业的发展至关重要。

（二）进行导游活动时佩戴导游证的义务

导游证是国家准许从事导游业的法定证件，我国对导游证实行证卡合一，佩戴导游证是当事人资格的证明，又是当事人身份和业务能力的证明，同时佩戴导游证还方便旅游者识别，使旅游者可及时得到导游人员的帮助和服务，同时又可便于旅游行政管理部门的监督检查，增加导游人员的义务感和责任感。

导游人员进行导游活动时未佩戴导游证的，由旅游行政部门责令改正；拒不改正的，处 500 元以下的罚款。

（三）进行导游活动的义务须经旅行社委派

招徕、接待旅游者，为旅游者安排食宿等有偿服务，是旅行社的经营范围。导游人员作为旅行社的雇员，只能接受旅行社的委派，为旅游者提供向导、讲解及相关服务，而不得私自承揽或者以其他任何方式直接承揽导游业务。设立该项义务是为了保证服务质量，维护国家旅游业的形象；防止乱收费现象的产生，维护旅游者正当合法权益；防止削价竞争等不正当行为，维护旅游市场。

对导游人员未经旅行社委派，私自承揽或者以其他方式直接承揽导游业务进行导游活动的，由旅游行政部门责令改正，处 1000 元以上 3 万元以下的罚款；有违法所得的，并处没收违法所得；情节严重的，由省、自治区、直辖市人民政府旅游行政管理部门吊销导游证并予以公告。

（四）自觉维护国家利益和民族尊严的义务

热爱祖国、拥护社会主义制度，以自己的言行维护国家利益和民族尊严，是导游人员必须具备的政治条件和业务要求。为此，导游人员在进行导游活动时，应当自觉履行该项义务。

导游人员在进行导游活动时，有损害国家利益和民族尊严言行的，由旅游行政部门责令改正；情节严重的，由省、自治区、直辖市人民政府旅游行政部门吊销导游证并予以公告；对该导游人员所在的旅行社给予警告直至责令停业整顿。

（五）遵守职业道德的义务

导游人员进行导游活动时，应当遵守爱岗敬业、诚实守信、办事公道、服务游客、奉献社会的职业道德，着装整洁、礼貌待人，尊重旅游者的宗教信仰、民族风俗和生活习惯。

导游人员进行导游活动时，应当向旅游者讲解旅游地点的人文和自然情况，介绍风土人情和习俗；但是，不得迎合个别旅游者的低级趣味，在讲解、介绍中掺杂庸俗下流的内容。这是导游人员在讲解、导游过程中应当遵循的要求。

（六）严格履行接待计划的义务

《导游人员管理条例》规定，导游人员应当严格按照旅行社确定的接待计划安排旅游者的旅行、游览活动，不得擅自增加、减少旅游项目或者变更、终止导游活动。

我国《合同法》规定，当事人应按照约定全面履行自己的义务。旅行社确定的接待计划（即旅游行程计划）是经旅游者认可的，是旅行社与旅游者订立的旅游合同的一部分（一般包括乘坐的交通工具、游览景点、住宿标准、餐饮标准、娱乐标准、购物次数等内容的安排）。导游人员擅自增加、减少旅游项目或者终止导游活动，就可能对旅游者违约。但导游人员在引导旅游者旅行、游览过程中，遇到可能危及旅游者人身安全的紧急情形时，经征得多数旅游者同意，可调整或者变更接待计划，并立即报告旅行社。

导游人员不得擅自终止导游活动。一般来说，构成终止导游活动的行为，必须同时具备以下条件：第一，必须在导游活动已经开始尚未结束之前，是出现在执行旅游接待计划过程当中。第二，必须是擅自终止。这是终止导游活动最主要的特征。这就排除了由于旅行社的决定和其他外部作用的影响而导致的导游人员终止导游活动。第三，必须是彻底终止。即导游人员彻底放弃了原来的导游活动。如果导游人员因某种原因，暂时放弃了正在进行的导游活动，待该原因消失后又继续进行导游活动的，是导游活动的中断进行，而不是导游活动的终止。

导游人员擅自增加或者减少旅游项目的，擅自变更接待计划的，擅自终止导游活动等情形之一的，由旅游行政管理部门责令改正，暂扣导游证3至6个月；情节严重的，由省、自治区、直辖市人民政府旅游行政管理部门吊销导游证并予以公告。

● 案例

　　某旅行社安排李某为A团导游，在游程的第二天，导游李某接到旅行社通知：因原安排的B团导游突发疾病住院，无法出行，而旅行社里因为旅游高峰一时无法找到熟悉B团行程景点的导游，于是要求其立即赶往B团接团，A团则由旅行社另派导游带团。导游李某当即向游客说明了情况，请求客人谅解，并等接替他的导游到来交接了各项工作后才赶往B团。A团在接班导游的带领下，也顺利地完成了余下的行程。但事后该社接到投诉，A团几位游客以李某终止导游活动为由，向旅行社提出退还导游服务费的要求。

　　依据《导游人员管理条例》的规定，构成终止导游活动必须同时具备三个条件。本案中，李某是因为旅行社"救团"被社里派往B团而离开原来的A团的，且是在完成交接工作，向游客说明并得到客人谅解后才离团赴新的导游团岗位的，因此李某是调离而不是终止导游活动；况且接替其工作的导游带领客人顺利完成了余下的行程，所以游客以李某终止导游活动为由，要求退还导游服务费的要求是不合理的。

（七）向旅游者作出关于人身、财物安全的说明和警示的义务

导游人员在引导旅游者旅行、游览过程中，应当就可能发生危及旅游者人身、财物安全的情况，向旅游者作出真实说明和明确警示，并按照旅行社的要求采取防止危害发生的措施。旅游项目中若有危险因素，导游人员应事先将危险程度和安全防护措施向旅游者交代清楚，对于参加危险活动的旅游者要特别注意保护。说明和警示要求真实、准确、通俗易懂，不致发生歧义；同时，导游人员要按照旅行社的要求采取防止危害发生的措施。

导游人员在带团活动中发生危及旅游者人身、财物安全的情况时，没有向旅游者作出真实说明和明确警示及采取防止危害发生的措施，导游人员和旅行社就要承担相应的法律责任。

（八）不得获取不正当利益的义务

《导游人员管理条例》规定，导游人员进行导游活动，不得向旅游者兜售物品或者购买旅游者的物品，不得以明示或者暗示的方式向旅游者索要小费。

导游的法定职责是为旅游者提供向导、讲解及相关旅游服务，而向旅游者兜售物品或购买旅游者的物品是与导游的职业道德相背离的。尤其是导游人员以导游这一特定身份向旅游者兜售物品或购买物品，极易造成交易上的不公平和不公正，从而侵害旅游者的合法权益，损害导游人员的职业形象，并由此发生纠纷。

小费是指在旅游活动中旅游者额外给予导游人员等旅游服务人员的金钱，服务良好的导游人员得到客人自愿给的小费，是旅游者对其工作的肯定和奖励。但是以明示或者暗示的方式向旅游者索要小费，是我国旅游法规历来禁止的。明示的方式，是指导游人员以语言、文字或者其他直接表达意思的方法向旅游者索取小费的形式；暗示的方式，是指导游人员以含蓄的言语、文字或者示意的举动等间接表达意思的方法向旅游者索要小费的形式。旅游实践中，有些导游人员不择手段地以明示或暗示的方法向旅游者索取小费，给旅游业的声誉造成了极其恶劣的影响，理应禁止。

导游人员进行导游活动，向旅游者兜售物品或者购买旅游者的物品的，或者以明示或暗示的方式向旅游者索要小费的，由旅游行政部门责令改正，处 1000 元以上 3 万元以下的罚款；有违法所得的，并处没收违法所得；情节严重的，由省、自治区、直辖市人民政府旅游行政部门吊销导游证并予以公告；对委派该导游人员的旅行社给予警告直至责令停业整顿。

● **案例**

黎先生参加某旅行社的出国游旅游团，对旅游团的吃、住、行等安排，导游和司机的服务都非常满意。但对于给当地导游和司机小费这个问题却有自己的想法和做法。黎先生认为本人交了几千元的团费给旅行社，导游和司机为客人提供优质服务是天经地义的事，没有必要再给小费。但黎先生考虑自己身在异国，别人给了自己不给，一方面面子上过不去，另一方面又怕导游刁难，只好照给。返国后左思右想，觉得给小费吃了亏，即向旅行社提出退回小费的要求。

国家旅游局三令五申强调导游不得索要小费，但如果游客出于对导游和司机的优质服务的感谢，自愿给导游和司机小费则是无可非议的。本案中，黎先生给小费的行为是自愿的，并不构成导游索要，所以黎先生向旅行社提出退回小费的理由不成立。

（九）不得欺骗、胁迫旅游者消费的义务

《导游人员管理条例》规定，导游人员进行导游活动，不得欺骗、胁迫旅游者消费或者与经营者串通欺骗、胁迫旅游者消费。

欺骗是指故意告知旅游者虚假的情况，或者故意隐瞒真实情况，诱使旅游者

做出错误消费意思表示的行为。欺骗行为有两种情形：一是导游人员在导游活动中欺骗；二是导游人员与经营者串通欺骗消费。

胁迫是指以给旅游者及其亲友的生命健康、名誉、荣誉、财产等造成损害为要挟，迫使旅游者作出违背真实消费意思表示的行为。这既可能是导游人员胁迫，也可能是导游人员与经营者串通起来胁迫旅游者。

欺骗、胁迫旅游者消费，是严重侵害旅游者合法权益的行为，理应为法规所禁止。导游人员进行导游活动，欺骗、胁迫旅游者消费或者与经营者串通欺骗、胁迫旅游者消费的，由旅游行政部门责令改正，处 1000 元以上 3 万元以下的罚款；有违法所得的，并处没收违法所得；情节严重的，由省、自治区、直辖市人民政府旅游行政管理部门吊销导游证并予以公告；对委派该导游人员的旅行社予以警告直至责令停业整顿；构成犯罪的，依法追究其刑事责任。

● 案例

　　游客杨某一家参加旅行社组团到云南丽江、泸沽湖的旅游。在泸沽湖游览期间，由导游带队到摩梭人家"家访"。家访的内容是听一位当地女孩讲解摩梭人的生活习惯，然后就到一人家里佛堂进行拜佛抽签。进入"大师"解签房间后，大师称其家庭要有血光之灾，化解的方法是由他们为其家庭念经七七四十九天，再烧一炷高香，就一切 OK，但是念经佛堂的灯油钱要由其支付，每天 30 元，共计 1470 元，并再三嘱咐不能告诉别人，否则将遭报应。杨某信以为真于是交了 1500 元，后来与其他团友交流后发现情况一样，才感到被骗，游客对佛教的崇拜以及对导游的信任都被利用了，返程后遂向有关部门投诉。有关部门在接到这一投诉后，立即与丽江市旅游局进行了沟通。丽江市旅游局很快进行调查并作出了处理：导游带杨某一行 12 人在泸沽湖家访期间，游客被假冒僧人以抽签、解答、化解"血光之灾"、点油灯、烧高香等方式骗取钱财 1500 元，导游在讲解中有诱导游客拜佛抽签的言语，事后又收受了回扣，形成与假冒僧人串通欺骗旅游者消费的事实，行为违反了《导游人员管理条例》的规定，被处以吊销导游证的处罚，并退还游客被骗钱财。

第三节　导游人员的管理

为加强导游队伍的建设和管理，促进导游人员不断提高自身业务素质和职业技能，国家实行导游人员等级考核制度、记分管理制度和年审管理制度。

一、导游人员等级考核制度

《导游人员管理条例》规定："国家对导游人员实行等级考核制度。"实行等级考核的目的是为了调动导游人员钻研业务和努力工作的积极性，促使导游人员不断提高业务素质和服务水平，加强导游队伍建设。2005年国家旅游局以《导游人员管理条例》为依据，颁布并实施了《导游人员等级考核评定管理办法（试行）》，进一步规范了导游人员等级考核评定管理工作。

（一）导游人员等级考核评定工作的原则及考核标准

导游人员等级考核评定工作，遵循自愿申报、逐级晋升、动态管理的原则。凡通过全国导游人员资格考试并取得导游员资格证书，符合全国导游人员等级考核评定委员会规定报考条件的导游人员，均可申请参加相应的等级考核评定。

导游人员等级分为两个系列、四个等级。所谓两个系列是指等级考核分为外语导游员系列和中文导游员系列；而四个级别则是指通过考核，将导游员划分为初级、中级、高级、特级四个等级。导游员申报等级时，由低到高，逐级递升，经考核评定合格者，颁发相应的导游员等级证书。导游员等级证书由全国导游人员等级考核评定委员会统一印制。

参加省部级以上单位组织的导游技能大赛获得最佳名次的导游人员，报全国导游人员等级考核评定委员会批准后，可晋升一级导游人员等级。一人多次获奖只能晋一次，晋升的最高等级为高级。

（二）导游人员等级考核评定工作的程序及考核方式

导游人员等级考核评定工作，按照"申请、受理、考核评定、告知、发证"的程序进行。导游人员的等级考核方式及考试科目见表3-2。

表3-2 导游人员等级考核的方式及科目

导游员等级		考核方式	考试科目
中级	中文导游员	笔试	"导游知识专题"和"汉语言文学知识"
	外语导游员		"导游知识专题"和"外语"
高级		笔试	"导游案例分析"和"导游词创作"
特级		论文答辩	导游研究

二、导游人员的计分管理制度

（一）计分管理部门及其职责

国家对导游人员实行计分管理。国务院旅游行政管理部门负责制定全国导游人员计分管理政策并组织实施、监督检查。省级旅游行政管理部门负责本行政区域内导游人员计分管理的组织实施和监督检查。所在地旅游行政管理部门在本行政区域内负责导游人员计分管理的具体执行。

（二）计分管理的扣分标准

导游人员计分办法实行年度 10 分制。按照其违规行为的性质、情节轻重，分别予以不同扣分。具体扣分标准见表 3 - 3。

表 3 - 3　导游人员计分管理的扣分标准

扣除分值	违法、违规行为
扣除 10 分	1. 有损害国家利益和民族尊严的言行的； 2. 诱导或安排旅游者参加黄、赌、毒活动项目的； 3. 有殴打或谩骂旅游者行为的； 4. 欺骗、胁迫旅游者消费的； 5. 未通过年审继续从事导游业务的； 6. 因自身原因造成旅游团重大危害和损失的。
扣除 8 分	1. 拒绝、逃避检查，或者欺骗检查人员的； 2. 擅自增加或者减少旅游项目的； 3. 擅自终止导游活动的； 4. 讲解中掺杂庸俗、下流、迷信内容的； 5. 未经旅行社委派私自承揽或者以其他任何方式直接承揽导游业务的。
扣除 6 分	1. 向旅游者兜售物品或购买旅游者物品的； 2. 以明示或者暗示的方式向旅游者索要小费的； 3. 因自身原因漏接漏送或误接误送旅游团的； 4. 讲解质量差或不讲解的； 5. 私自转借导游证供他人使用的； 6. 发生重大安全事故不积极配合有关部门救助的。
扣除 4 分	1. 私自带人随团游览的； 2. 无故不随团活动的； 3. 在导游活动中未佩戴导游证或未携带计分卡的； 4. 不尊重旅游者宗教信仰和民族风俗的。
扣除 2 分	1. 未按规定时间到岗的； 2. 10 人以上团队未打接待社社旗的； 3. 未携带正规接待计划的； 4. 接站未出示旅行社标识的； 5. 仪表、着装不整洁的； 6. 讲解中吸烟、吃东西的。

● 案例

广州导游胡某去火车站接来自北京的旅游团，因胡某自身的原因，事先未联系好接站时间，致使旅游团队到达后，在火车站等了近2小时。胡某到达后，对漏接事故未向游客表示丝毫歉意，好像什么事都没发生过一样。在送团时，胡某又迟到了40分钟，且由于不会办理登机手续，又差点造成该旅游团队的误机事故。全团游客对该导游不负责的行为进行联名投诉，认为该导游的业务素质、服务质量和服务意识太差，连最起码的工作都做不好，要求旅行社给予赔偿。

本案中，由于导游胡某疏忽大意，导致了漏接和迟送旅游团队的严重后果，引起了游客的强烈不满，该导游和旅行社应向客人道歉，并退还部分旅游费。同时，依据《导游人员管理实施办法》的规定，杨某"因自身原因漏接"，由旅游行政执法人员扣除6分，送团时"未按规定时间到岗"，由旅游执法人员扣除2分。因此，旅游投诉管理机关应对杨某作出扣除8分的处罚。

（三）计分管理的结果

导游人员的10分分值被扣完后，由最后扣分的旅游执法单位暂时保留其导游证，出具保留导游证证明，并于10日内通报导游人员所在地旅游行政管理部门和登记注册单位。正在带团过程中的导游人员，可持执法单位出具的保留证明完成团队剩余行程。导游人员的10分分值扣完后，须暂停从事导游业务，接受旅游行政管理部门的培训，培训考核合格后，方能继续从事导游业务。

对导游人员的计分管理，是旅游行政管理部门的一项行政管理措施，不属于行政处罚的范畴。因此，对导游人员的违法、违规行为除扣减其相应分值外，依法应予以处罚的，依据有关法律给予处罚。导游人员通过年审后，年审单位应核销其遗留分值，重新输入初始分值。

三、导游人员的年审管理制度

国家对导游人员实行年度审核制度。导游人员必须参加年审。导游人员的年审管理制度，是指旅游行政管理部门对导游人员当年从事导游业务的情况、扣分情况、接受行政处罚情况、游客反映情况等进行考评的管理制度。

（一）年审考评的内容及等级

年审以考评为主，考评的内容应包括：当年从事导游业务情况、扣分情况、接受行政处罚情况、游客反映情况等。考评等级分为通过年审、暂缓通过年审和不予通过年审三种。一次扣分达到10分，不予通过年审。累计扣分达到10分的，暂缓通过年审。暂缓通过年审的，通过培训和整改后，方可重新上岗。一次被扣8分的，全行业通报。一次被扣6分的，警告批评。

（二）年审培训的规定

导游人员必须参加所在地旅游行政管理部门举办的年审培训，没有参加年审培训或年审培训不合格者，不予通过年审。培训时间应根据导游业务需要灵活安排。每年累计培训时间不得少于 56 小时。

旅行社或导游管理服务机构应为注册的导游人员建立档案，对导游人员进行工作培训和指导，建立对导游人员工作情况的检查、考核和奖惩的内部管理机制，接受并处理对导游人员的投诉，负责对导游人员年审的初评。

第四节　出境旅游领队人员管理

从广义上说，领队人员具有和导游人员同样的性质和作用。但由于领队人员的工作范围主要是在境外，其面临的问题更为复杂，承担的责任更为重大，因此，为了加强对出境旅游领队人员的管理，规范其从业行为，维护出境旅游者的合法权益，促进出境旅游的健康发展，根据《中国公民出国旅游管理办法》和有关规定，2002 年 10 月国家旅游局发布了《出境旅游领队人员管理办法》。

一、出境旅游领队人员的概念

出境旅游领队人员（以下简称"领队人员"），是指依照《出境旅游领队人员管理办法》的规定取得出境旅游领队证（以下简称"领队证"），接受具有出境旅游业务经营权的国际旅行社（以下简称"组团社"）的委派，从事出境旅游领队业务的人员。

领队业务，是指为出境旅游团提供旅途全程陪同和有关服务；作为组团社的代表，协同境外接待旅行社（以下简称"接待社"）完成旅游计划安排，以及协调处理旅游过程中相关事务等活动。领队人员从事领队业务，必须经组团社正式委派，必须佩戴领队证。未取得领队证的人员，不得从事出境旅游领队业务。

二、领队证的申请与管理

（一）申请领队证的人员条件

1. 有完全民事行为能力的中华人民共和国公民；
2. 热爱祖国，遵纪守法；
3. 可切实负起领队责任的旅行社人员；
4. 掌握旅游目的地国家或地区的有关情况。

（二）申请领队证的程序

旅游行政管理部门要根据组团社的正当业务需求合理发放领队证。领队证由组团社向所在地的省级或经授权的地市级以上旅游行政管理部门申领，并提交下列材料：申请领队证人员的登记表；组团社出具的胜任领队工作的证明；申请领队证人员的业务培训证明。旅游行政管理部门应当自收到申请材料之日起 15 个工作日内，对符合条件的申请领队证人员颁发领队证，并予以登记备案。

（三）领队证的管理

领队证由国家旅游局统一样式并制作，由组团社所在地的省级或经授权的地市级以上旅游行政管理部门发放，不得伪造、涂改、出借或转让。领队证的有效期为三年。凡需要在领队证有效期届满后继续从事领队业务的，应当在届满前半年由组团社向旅游行政管理部门申请登记换发领队证。

领队人员遗失领队证的，应当及时报告旅游行政管理部门，并声明作废，然后申请补发；领队证损坏的，应及时申请换发。被取消领队资格的人员，不得再次申请领队登记。

三、领队的职责与法律责任

（一）领队的职责

1. 遵守《中国公民出国旅游管理办法》中的有关规定，维护旅游者的合法权益；

2. 协同接待社实施旅游行程计划，协助处理旅游行程中的突发事件、纠纷及其他问题；

3. 为旅游者提供旅游行程服务；

4. 自觉维护国家利益和民族尊严，并提醒旅游者抵制任何有损国家利益和民族尊严的言行。

（二）法律责任

1. 对申请领队证人员不进行资格审查或业务培训，或审查不严，或对领队人员、领队业务疏于管理，造成领队人员或领队业务发生问题的，由旅游行政管理部门视情节轻重，分别给予组团社警告、取消申领领队证资格、取消组团社资格等处罚。

2. 未取得领队证从事领队业务的，由旅游行政管理部门责令改正，有违法所得的，没收违法所得，并可处违法所得 3 倍以下不超过人民币 3 万元的罚款；没有违法所得的，可处人民币 1 万元以下罚款。

3. 领队人员伪造、涂改、出借或转让领队证，或者在从事领队业务时未佩戴领队证的，由旅游行政管理部门责令改正，处人民币 1 万元以下的罚款；情节严重的，由旅游行政管理部门暂扣领队证 3 个月至 1 年，并不得重新换发领队证。

4. 领队人员未能履行下列义务，由旅游行政管理部门责令改正，并可暂扣领队证 3 个月至 1 年；造成重大影响或产生严重后果的，由旅游行政管理部门撤销其领队登记，并不得再次申请领队登记，同时要追究组团社责任。

（1）协同接待社实施旅游行程计划，协助处理旅游行程中的突发事件、纠

纷及其他问题。

（2）为旅游者提供旅游行程服务。

（3）自觉维护国家利益和民族尊严，并提醒旅游者抵制任何有损国家利益和民族尊严的言行。

本章小结

本章以《导游人员管理条例》及《导游人员管理实施办法》为主要依据，着重阐述了导游人员的概念及分类、导游人员执业制度、导游人员的权利义务及法律责任、导游人员的管理制度等内容。通过本章学习，要明确作为一名导游人员应具备的素质，增强利用相关法规解决导游工作中实际问题的能力。

思考与练习

一、单项选择题

1.《导游人员管理条例》中所称的导游人员,是指依照该条例规定（   ）,接受旅行社委派,为旅游者提供向导、讲解及相关旅游服务的人员。

A.取得导游资格证书　　　　　　　B.取得导游证

C.与旅行社订立劳动合同　　　　　D.在旅游服务公司登记

2.导游人员累计扣分达到10分的,_____。

A.不予通过年审　　B.暂缓通过年审　　C.全行业通报　　D.警告批评

3.无证导游为我国法律所禁止。《导游人员管理条例》规定,对无导游证进行导游活动的人员,由旅游行政管理部门处以（   ）的罚款。

A.1000元以上5000元以下　　　　B.1000元以上1万元以下

C.1000元以上2万元以下　　　　　D.1000元以上3万元以下

二、多项选择题

1.《导游人员管理条例》规定,凡是具有以下情形之一,不得颁发导游证。（   ）

A.年满18周岁的成年人　　　　　　B.曾被吊销导游证者

C.患有传染性疾病者　　　　　　　D.因过失犯罪受过刑事处罚者

2.终止导游活动的条件包括（   ）

A.必须是在导游活动结束之前　　　B.必须是在旅游接待计划结束之前

C.必须是擅自终止　　　　　　　　D.必须是彻底终止

3.导游人员进行导游活动时,遇有可能危及旅游者人身安全的紧急情况时,可以调整或变更接待计划,但必须（   ）

A.征得多数旅游者的同意　　　　　B.立即报告旅行社

C.终止导游活动　　　　　　　　　D.从接待计划中减少旅游项目

三、案例分析

北京某国内旅行社组织接待了从外地某市来京旅游的一行34人的团队,并委派李某作为该团的导游人员。在参观游览过程中,李某对客人说,大家来北京一次不容易,既然来了就应多看一些景点。在征得大多数客人同意并向每位客人收取了60元钱的基础上,李某增加了两个计划外景点。由于夏天气候炎热,加上团队老人较多,所以许多客人感到在计划内景点参观的时间太少、太仓促,由此对李某额外增加景点的行为表示不满。他们认为李某的行为纯属误导。旅游结束后,该团客人集体签名向旅游行政管理部门投诉,要求对李某进行处罚。经查,李某在团队旅游期间,还向客人兜售了八套"纪念邮票册"。请依据有关的法律法规说明:

(1)导游李某的行为违反了哪些规定?

(2)应给予李某及委派的旅行社怎样的处罚?

第四章
旅游合同法规

导语 ★ ★ ★ ★ ★

1. 了解旅游合同的概念及旅游合同法的基本原则。

2. 理解旅游合同订立的形式、内容，掌握旅游合同订立的程序。

3. 掌握旅游合同的变更与转让、旅游合同的履行、旅游合同的解除
   与终止违约责任的具体规定。

4. 学习如何签订旅游合同，自觉维护旅游者的合法权益。

旅游合同是旅游者外出旅游必须履行的一项重要手续，它是保证旅游者在旅游中的权益得到保护的法律依据，也是处理旅游纠纷的法律依据。学习本章内容，有助于对旅游合同的理解，提高解决实际问题的能力。

第一节　旅游合同概述

一、旅游合同的概念

随着旅游业的不断发展，越来越多的人借助旅行社、饭店、交通等旅游企业提供的服务，实现观光、休闲、度假等旅游目的。在接受服务的过程中，旅游者和旅游企业必然形成旅游合同关系。

旅游合同是指旅游经营单位为旅客规划旅程，预订膳宿、交通工具，指派领队带领旅客游览并随团服务，旅客支付报酬的合同。

旅游合同有广义和狭义之分。广义的旅游合同是指作为平等主体的旅游企业与自然人、法人和其他组织之间设立、变更、终止民事权利义务关系的协议。它既包括旅游企业之间签订的合同、旅游企业与其他企业签订的合同，也包括旅游企业与旅游者之间签订的合同，如旅行社服务合同、旅游住宿合同、旅游运输合同等。狭义的旅游合同是指作为平等主体的旅游企业与旅游者之间设立、变更、终止民事权利义务关系的协议。

本章所涉及的旅游合同仅指旅游者与旅行社签订的、旅行社为旅游者提供一系列旅游服务并收取一定费用的合同，即旅行社服务合同。

二、旅游合同法的概念和基本原则

（一）旅游合同法的概念

在1999年3月15日出台的《中华人民共和国合同法》（以下简称《合同法》）中，没有设立"旅游合同"一章，我国的旅游合同是无名合同，但《合同法》实质上等同于旅游合同法，其原理和规定也完全适用于旅游合同。

旅游合同法是调整旅游企业与旅游者之间民事行为关系的法律规范的总称。它主要规范旅游企业和旅游者的行为，不论是旅游企业还是旅游者，在旅游合同的订立、履行、变更、转让、解除、违约责任承担等各个环节，都必须遵循旅游合同基本原则，否则其自身合法权益难以得到维护和保障；假如一方当事人违反旅游合同法，给对方造成损失，还必须承担相应的法律责任。

（二）旅游合同法的基本原则

1. 平等自愿原则

平等原则指的是旅游合同当事人的民事法律地位平等，一方不得将自己的意

志强加给另一方。自愿原则既表现在当事人之间，因一方欺诈、胁迫订立的合同无效或者可以撤销，也表现在合同当事人与其他人之间，任何单位和个人不得非法干预。自愿原则是法律赋予的，同时也受到其他法律规定的限制，是在法律规定范围内的"自愿"。

2. 诚实信用原则

依据《合同法》的规定，当事人行使权利、履行义务应当遵循诚实信用原则。在旅游合同的所有环节都适用这一原则。在旅游合同签订前，旅游广告的发布必须遵守诚实信用原则，旅行社不能进行虚假宣传；在旅游合同履行的过程中，旅行社应当严格按照旅游合同的约定，遵守旅游计划，不折不扣地向旅游者提供全部服务；旅游合同履行完毕，旅行社和旅游者仍然必须遵守诚实信用原则，承担起相关的附随义务，比如旅行社不得将旅游者的个人资料向第三者透露，对旅游者的个人隐私应加以保密。

3. 公平等价原则

依据《合同法》的规定，当事人应当遵循公平原则确定各方的权利和义务。在旅游合同中，主要体现在旅行社与旅游者权利义务的合理分担上。旅行社不可以利用自身优势，在旅游合同中以格式条款的方式，人为扩张旅行社的权利，加重旅游者的义务；在出现旅游合同纠纷时，旅游者不可以提出不合理的赔偿要求，损害旅行社的利益。旅行社和旅游者的合法权益应得到同等的保护。等价原则则要求旅行社和旅游者在签订和履行旅游合同中，二者获取的权益和承担的义务大致相当，避免显失公平的现象产生。

4. 遵守法律和维护道德原则

依据《合同法》的规定，当事人订立、履行合同，应当遵守法律、行政法规，尊重社会公德，不得扰乱社会经济秩序，损害社会公共利益。此项原则是对自愿原则的限制和补充。

5. 合同的法律约束力原则。依据《合同法》的规定，依法成立的合同，对当事人具有法律约束力。旅游合同的当事人应当按照约定履行自己的义务，不得擅自变更或者解除合同。依法成立的合同受法律保护。

第二节　旅游合同的订立与效力

一、旅游合同的订立

旅游合同的订立又称旅游合同的签订，是旅游合同的当事人依法就旅游合同的主要条款进行协商，达成一致的意思表示的过程。依据《合同法》的规定，合同的订立者应当具有相应的民事权利和民事行为能力。旅游合同也是如此，订立合同的双方当事人应该具备合法资格，例如，旅行社应当具有相应的法律资格，在其经营范围内与旅游者订立旅游合同；订立合同的旅游者应当具有相应的民事权利能力和民事行为能力。此外，旅游者和旅行社订立的合同，在形式、条款等方面也要符合法律、法规的规定。

（一）旅游合同订立的形式

1. 书面形式。它是指以文字表现当事人所订立合同的形式。《合同法》规定，书面形式是指合同书、信件和数据电文（包括电报、电传、传真、电子数据交换和电子邮件）等有行载体的形式。常见类型有：表格合同、合同凭证（车票、保险单、购物凭证等）、合同确认书、定式合同（公证、签证、登记、审批等）。书面形式的最大优点是有据可查，发生纠纷时容易举证和分清责任。由于旅游活动所涉及的环节比较多，而且在不同的环节对旅游服务的要求不同，容易发生纠纷，因而各类旅游合同，特别是旅行社与旅游者签订的旅游组团合同应当尽量采用书面形式。

2. 口头形式。它是指当事人采用口头语言作为意思表示订立合同，而不用文字表达协议内容的合同形式，包括当面交谈、电话联系等方式。合同采用口头形式无需当事人明示，凡当事人没有约定、法律没有规定特定形式的，均可采用口头形式。口头形式的优点是迅速便捷，可节约交易成本，因而适用于"即时清结"的合同，如集市现货交易、商店零售等，但缺点是不利于举证解决合同纠纷。所以，对于不能及时清结的合同和标的数额较大的合同，不宜采取这种形式。各国法律出于证据方面的要求，对于旅游合同的形式都建议采用书面的形式，我国也是如此。

3. 其他形式。它是指口头、书面形式以外的合同形式，主要是指行为形式，有人谓之"推定形式"，即当事人没用语言、文字表达其意思表示，仅用行为向对方发出要约，对方接受该要约，做出一定或指定的行为作为承诺，合同成立。例如，甲旅行社在与乙旅行社业务的合作中，向乙方旅行社发出了要约，而乙方在规定的时间内接受了甲方的预付款，并开始进行相应的行动准备，尽管乙方没有对甲方作出承诺的意思表示，但仍然可以乙方的实际行动认为它已经作出了对甲方的承诺。行为推定这种合同形式只适用于交易习惯许可时或者长期交易关系时，不能普遍适用。

《合同法》规定，当事人依法享有自愿订立合同的权利，任何单位和个人不得非法干预。根据该条款所体现的合同自由的原则，经过旅游者和旅行社的协商，旅游者与旅行社对旅游合同的形式可以采取自由选择的方式。旅游合同的三种形式各有特点，见表4-1。

表 4-1 口头形式、书面形式、行为形式之比较

合同形式	方式	优 点	缺 点	适 用
口 头	语言	节省时间和费用，便捷，交易成本低廉	权利义务关系不明确，发生纠纷后不易举证	简单、标的额不大或及时清结的合同
书 面	文字	权利与义务关系明确，发生纠纷易举证	花费大量时间、费用，不方便；成本高	复杂、标的额较大或不能及时清结的合同
行 为	行为	更节省时间和费用，更便捷，交易成本更低廉	权利义务关系不明确，发生纠纷后不易举证	长期客户或交易惯例

（二）旅游合同订立的内容

旅游合同的内容就是旅游过程中旅行社与旅游者之间的权利义务规定，通过旅游合同的具体条款加以体现。

1. 合同的一般条款

我国《合同法》一方面鼓励合同的内容由当事人约定，另一方面对合同内容作了八项推荐性要求：

（1）当事人的名称、姓名、住所。签订旅游合同时，旅游者要写上自己的姓名，法人和其他组织要写上单位的名称，还要写上各自的住所。

（2）标的。它是合同法律关系的客体，是合同当事人双方权利义务共同指向的对象。标的是合同不可缺少的首要条款，没有标的，合同关系也就不存在。旅游合同的标的是旅行社所从事的业务范围内的各项具体服务行为。如食宿、旅游景点、导游、旅游交通等。

（3）数量。它是用以衡量标的的数字和计量单位。如旅游者人数、游览项目、床位数、导游人数等。

（4）质量。它是标的内在素质和外观形态的综合，如交通工具的等级、食宿标准等。

（5）价款或报酬。它是当事人一方向支付标的或提供劳务的一方支付的货币，如旅游者支付的旅游费（含交通费、食宿费、门票费等）。

（6）履行的地点、期限、方式。履行期限是旅游合同当事人实现权利和履行义务的时间，如旅游行程；履行地点是当事人履行合同与接受履行的场所，如主要游览点、住宿地等；履行方式是指合同当事人履行义务的具体方法，如交通方式等。

（7）违约责任。它是违反旅游合同义务的当事人应承担的法律责任，如支付违约金、赔偿金等。

（8）解决争议的方法。这是指当事人双方发生旅游合同纠纷时采取的解决方法，包括约定协商、调解、仲裁、诉讼等方法。

《旅行社管理条例实施细则》对旅游合同的规定更符合旅行社业务的需要，它要求旅游合同应作出明确约定的内容有：①旅游行程。主要包括乘坐交通工具、游览景点、住宿标准、餐饮标准、娱乐标准、购物次数等安排。②旅游价格。它是旅游者获得旅游服务应当支付的价款。在包价旅游的情况下，旅游合同中应详细列举旅游者支付的旅游费用中已经包含的项目和未包含的项目，即自费项目。双方另有约定的除外，旅游费用主要包括交通运输费、用膳费、住宿费、游览费、导游服务费等。③违约责任。旅游合同的违约责任一般应根据相关的法律法规来确定，在法律法规没有明文规定时，双方当事人可以协商确定，并在旅游合同条款中注明。对违约责任的约定，主要是应当体现平等原则。

2. 旅游合同的格式条款

格式条款是当事人为了重复使用而预先拟定，并在订立合同时未与对方协商的条款。合同的全部条款都采用格式条款的，又称为格式合同。在实际运作中，旅游合同多采用格式合同的形式，且通常采用国家旅游行政管理部门推荐的合同范本（见附录）。

采用格式条款订立合同的，提供格式条款的一方应当遵循公平原则确定当事人之间的权利和义务，并采取合理的方式提请对方注意免除或者限制其责任的条款，按照对方的要求，对该条款予以说明。如果格式合同条款的拟定方利用格式条款免除自己的责任，排除对方的主要权利，那么该格式合同的条款就不具有法律效力。接受格式合同条款的相对人，如对格式合同的条款有疑问，提供格式条款的一方有义务向相对人进行必要的说明和解释。对格式条款的理解发生争议的，应当作出不利于提供格式条款一方的解释。旅游者如有特别要求旅行社接受的，双方当事人可以另行约定。

（三）旅游合同的订立程序

旅游合同的订立程序是指当事人之间通过互相协商达成意思表示一致的具体过程。通常包括要约和承诺两个阶段。

1. 要约阶段

要约是指一方当事人以缔结合同为目的，向对方当事人提出合同条件，希望对方当事人接受的意思表示。即要约人希望与他人订立合同的意思表示。在商业活动和对外贸易中，称为"发价、发盘、出盘、报价"等，也称"订约提义"。发出要约的一方为要约人，另一方为受要约人。

要约必须具备以下条件方能成立：一是内容具体明确；二是要约表明一经受要约人承诺，要约人即受该意思表示的约束。例如悬赏广告、投标、拍卖、自动售货机等为要约。要约是一种法律行为，要约一经承诺合同即成立，要约人在要约有效期内受要约的约束，不得随意撤销或变更要约。要约人在要约生效前可以撤回自己的要约，但撤回要约的通知应先于要约到达，或与要约同时到达方为有效。

不具备上述两个条件的意思表示则是要约邀请。要约邀请又称"要约引诱",是指希望他人向自己发出要约的意思表示。例如,旅行社在其宣传资料上写明:"北京双飞五日游,超值低价"。要约邀请是当事人订立合同的预备行为,处于预备阶段。在发生要约邀请后,要约邀请人撤回其邀请,只要没有给相对人造成信赖利益的损失,要约邀请人一般不承担法律责任。在生活中常见的要约邀请有寄送的价目表、拍卖公告、招标公告、招股说明书、商业广告等5种形式。但商业广告的内容符合要约规定的,例如在商业广告上注明了是要约的,且内容具体明确并注明只要受要约人承诺,广告者即受该承诺约束的,应视为要约。

2. 承诺阶段

承诺是指受要约人接受要约人发出的要约,愿意与要约人订立合同的意思表示,也称"接受提议"。承诺必须具备法定条件(表4-2),否则为新要约。在订立合同的过程中,合同双方当事人往往要就合同的具体条款进行反复协商,最终达成一致的意见。例如,旅行社向旅游者发出要约,旅游者对行程满意,但表示价格过高,此时,旅游者的意思表示即构成反要约;旅行社接受旅游者的要约,则旅行社的意思表示构成承诺。

表4-2 承诺与新要约

承诺成立的条件	新要约的情形
(1)承诺必须由受要约人向要约人作出	(1)对要约邀请的答复
(2)承诺必须是对要约明确表示同意的意思表示	(2)非要约人作出的答复
(3)承诺的内容必须与要约的内容相一致	(3)修改要约实质内容的答复
(4)承诺必须在要约的有效期限内做出	(4)要约期满后的答复

依据《合同法》的规定,承诺应当以通知即明示的方式作出,但根据交易习惯或者要约表明可以通过行为作出承诺的除外。缄默或不行动是指受约人没有作任何意思表示,也不能确定其具有承诺的意思,因而不视为承诺。

承诺是一种法律行为,承诺的法律效力在于一经承诺并送达于要约人,合同便宣告成立。承诺一般不能撤回,如果撤回承诺,其通知应先于承诺通知到达要约人,或与承诺通知同时到达要约人时,撤回通知方可有效。

(四)旅游合同的成立

旅游合同的成立是指双方当事人依照有关法律对旅游合同的内容和条件进行协商并达成一致意见。承诺生效时,合同成立,承诺生效的地点为合同成立的地点。

当事人采用书面形式订立的合同,该合同自双方签字盖章时起成立,双方签字或盖章的地点为合同成立的地点。为了保护善意当事人的利益,对于法律、法规规定或当事人约定应采用书面形式订立的合同,当事人未采用书面形式但一方已履行了主要义务，对方接受的，该合同也成立。采用书面形式的合同，在签字或盖章之前，当事人已经履行了主要义务，对方接受的，该合同成立。

● 案例

　　某旅行社向某宾馆发出要约，提出"拟向贵宾馆订标准客房30间"，并就住宿时间、房价等内容提出了要求。宾馆在要约规定时间内回函："若房价能提高10%，愿意按贵社提出的条件提供客房。"旅行社接到回函后，觉得即使加价10%，仍比其他宾馆房价低，决定就到该宾馆住宿。后旅游团到该宾馆住宿时被告知客房已满。旅行社认为宾馆违约，应由其为游客安排其他宾馆，并承担由此增加的费用。这一要求遭宾馆拒绝。

　　本案中该宾馆的回函是对要约的实质内容（房价）进行修改，是新要约，不是承诺。所以合同未成立，宾馆不存在违约问题，不承担违约责任，宾馆有权拒绝旅行社的要求。

二、旅游合同的法律效力

　　旅游合同的法律效力是指已经成立的旅游合同在当事人之间产生的一定的法律约束力。旅游合同的效力可分为有效旅游合同、无效旅游合同、可变更和可撤销的合同。

（一）有效旅游合同

　　有效旅游合同是指符合法律规定的生效要件，受到法律承认和保护，能产生当事人所期望的法律后果的合同。

　　依法成立的合同，自成立之时起生效。旅游合同成立是合同有效的前提，但是已成立的合同不等于生效的合同，法律规定了合同生效的条件。旅游合同应当具备下列条件才能生效：当事人具有订立合同的法定资格；当事人意思表示真实；合同的内容不违反法律或社会公共利益。

（二）无效旅游合同

　　无效旅游合同是指不具有法律约束力和不发生履行效力的合同。

　　1. 无效旅游合同的法律特征

　　（1）违法性。无效合同一般都具有违法性，大都违反了法律和行政法规的强制性规定和损害了国家利益、社会利益等，例如旅行社没有营业执照或未经批准经营出境旅游业务，但却与游客签订了出境旅游合同，该旅游合同无效。

　　（2）不得履行。因为旅游合同内容的违法性，无效旅游合同不能产生当事人订立合同时预期的法律后果。

　　（3）自始无效。这是指旅游合同从订立时起，就没有法律约束力，以后也不会转化为有效合同。

2. 旅游合同的无效

根据《合同法》的规定，有下列情形之一的，旅游合同无效：

（1）一方以欺诈、胁迫的手段订立的，损害国家利益的合同。

（2）恶意串通，损害国家、集体或者第三人利益的合同。这是指旅游合同当事人双方恶意串通，签订的损害国家、集体或第三人利益的合同。例如导游与某珠宝店（自费项目）签订了所带旅游团队旅游者购买珠宝（参加项目）索取回扣的合同。

（3）以合法形式掩盖非法目的的合同。这是指旅游合同在形式上是合法的，但在内容上是非法的。例如签订出境合同掩盖非法出境目的，从事偷渡、走私、贩毒等违法犯罪活动。

（4）损害社会公共利益的合同。社会公共利益受我国法律保护，当事人订立的合同损害了社会公共利益，该合同无效。例如订立安排赌博活动内容的旅游合同是无效合同。

（5）违反法律、行政法规的强制性规定的合同。这类合同有：无民事权利能力和行为能力的主体签订的合同；内容违法的合同；形式违法的合同。

（三）可撤销的旅游合同

可撤销的旅游合同是指由于法定原因享有撤销权的一方当事人请求人民法院或者仲裁机构撤销合同效力。合同在撤销之前，事实上仍然有效；合同一旦被撤销后，从合同订立起无效。可变更和可撤销合同的种类包括：

1. 因重大误解订立的合同。这是指当事人对旅游合同的内容作出了错误的认识而订立的合同。一般认为对旅游合同的性质、标的、数量、质量、对方当事人的误解，是重大误解。

2. 显失公平的合同。此类合同最高人民法院有关司法解释规定："一方当事人利用优势或者利用对方当事人没有经验，致使双方的权利与义务明显违反公平、等价有偿原则的，可以认定为显失公平。"

3. 一方以欺诈、胁迫或者乘人之危，使对方在违背真实意思的情况下订立的合同。当事人的意思表示不真实，是因为对方当事人欺诈、胁迫或者乘人之危的行为导致的。

（四）合同无效和合同被撤销的法律后果

合同被确认无效或者被撤销，则该合同从订立之时起就不具有法律约束力。无效合同和可撤销合同通常有以下三种法律后果：返还财产；赔偿损失；追缴财产。

第三节 旅游合同的履行

履行合同是实现合同目的最重要和最关键的环节，直接关系到合同当事人的利益，因此也使履行问题成为合同法实践中最容易出现争议的问题。

一、旅游合同履行的概念

旅游合同的履行是指旅游合同双方当事人按照合同约定履行合同规定的义务，实现合同权利的行为。例如旅行社提供各项旅游项目、旅游者交纳旅游费用等。只有履行旅游合同，双方当事人的权利才能实现。

二、旅游合同履行的原则

旅游合同当事人在履行合同时必须遵守一些基本原则，主要包括：

（一）全面履行原则

全面履行原则亦称"适当履行原则"，指当事人除按合同规定的标的履行外，还要按合同规定的数量、质量、期限、地点、价金、结算方式等各方面全面、适当地履行。当事人按照合同规定的标的来完成义务，不能用其他标的来代替合同标的，也不能以偿付违约金、赔偿金来代替履约。比如旅游合同签订的内容要全面涵盖旅游"六要素"及其相关内容；导游人员要按照合同的约定为旅游者提供全面的服务，尽职尽责，不能擅自增加或减少旅游服务项目、降低接待标准等。

（二）诚信履行原则

当事人在履行合同义务时，秉承诚实、守信、善良，不滥用权利或者规避义务。根据合同的性质、目的和交易习惯履行通知、协助、保密等义务。比如旅行社的诚信经营贯穿于旅行社旅游广告的分布、旅游合同的签订、旅游合同的变更、旅游合同的履行、旅游团款的支付、违约责任的承担以及附随义务的承担等各个环节。

三、合同履行的规则

（一）协议补充履行规则

如果旅游合同在质量、价款或者报酬、履行地点、期限、方式、费用等方面约定不明确或者对某个事项根本没有约定，根据我国《合同法》的规定，合同当事人可以订立补充协议；不能达成补充协议的，按照合同有关条款或者交易习惯来履行合同（表4-3）。

表4-3　旅游合同的协议补充履行

不明确条款	履 行 要 求
质量	按照国家标准、行业标准履行；没有国家标准、行业标准的，按照通常标准或者符合合同目的的特定标准履行
价款或报酬	按照订立合同时履行地的市场价格履行；依法应当执行政府定价或者政府指导价的，按照规定履行
履行地点	给付货币的，在接受货币一方所在地履行；交付不动产的，在不动产所在地履行；其他标的，在履行义务一方所在地履行
履行期限	债务人可以随时履行，债权人也可以随时要求履行，但应当给对方必要的准备时间
履行方式	按照有利于实现合同目的的方式履行
费用负担	由履行义务一方负担

（二）价格变动履行规则

　　旅游合同在履行过程中价格发生变动是比较普遍的情况，特别是履行期限较长的合同，更容易遭遇到价格变化的影响。旅游合同的价格变动履行规则是针对政府定价或者政府指导价的情形，而不针对市场调节价。该规则体现"谁违约谁受损，谁守约谁受益"的法律价值取向，体现"惩罚违约方，保护守约方"的原则。具体表现为：

　　1. 在旅游合同交付期内政府价格调整时，按照交付的价格履行。

　　2. 逾期交付标的物的，遇价格上涨时，按照原价格执行；价格下降时，按照新价格执行。

　　3. 逾期提取标的物或者逾期付款的，遇价格上涨时，按照新价格执行；价格下降时，按照原价格执行。

● **案例**

李某报名参加某旅行社组织的云南8日游，双方签订合同，按合同规定交纳了旅游费用4900元，约定两个月后组团出游。李某报名几天后，原国家计委和民航总局联合下文，规定各航空公司国内客票不得以任何名义和形式折扣，团体优惠价不得低于90%。鉴于机票涨价的情况，旅行社便与李某协商：一是按原计划继续出游，但需每人补差价420元；二是取消此次旅游，旅行社退还全部旅游费。李某勉强同意补了差价，按原计划出游。旅游结束返穗后，李某到市旅游质监所投诉了该旅行社，认为其违反约定，随意变更合同，要求退还这笔费用。

本案中旅行社在合同交付期内履行合同，由于政府定价的机票价格发生了调整，使合同存在的基础发生了不以当事人意志为转移的变化，为此旅行社要求李某按交付时的价格计价，补足机票差价是合理合法的。若旅行社延误出团日期后（即属于逾期交付标的物），遇到价格上涨时，则按原价格执行。

（三）替代履行规则

合同是特定主体之间的权利义务关系，合同的履行应当贯彻亲自履行的原则，但根据我国《合同法》的规定，允许债务人向第三人履行债务或第三人向债权人履行债务，但必须符合一定的条件：

1. 必须由旅游合同的当事人约定作出。

2. 债务人不向第三人履行债务或是履行债务不符合约定，应当向债权人承担违约；第三人未向债权人履行债务或履行债务不符合约定，债务人应当向债权人承担违约的责任。例如，组团社与旅游者约定由地接社提供服务，但其出现"甩团、扣团"或降低服务标准等行为，应由组团社先赔，再向地接社追偿。

（四）当事人变动履行规则

旅游合同当事人的变动并未使当事人的权利能力和行为能力有所变化，因此其承担的履行义务不发生变化，当事人必须继续履行合同，否则应承担违约责任。当事人变动的履行规则具体体现在两个方面：一是旅游合同生效后，不得因经办人或当事人的姓名、名称的变更或者法定代表人、负责人、承办人的变动而不履行合同；二是当事人一方发生合并与分立，原签订的合同继续有效，由变更后的当事人承担或分别承担。

第四节 旅游合同的变更、转让和解除

一、旅游合同的变更与转让

依法成立的旅游合同，对双方当事人都有法律约束力，双方必须严格按照合同约定履行自己的义务，任何一方都不得擅自变更或转让依法成立的合同。但为适应旅游合同订立后变化了的主客观情况，避免不必要的损失，取得更好的经济效益，法律允许当事人可以依照法定的程序和条件变更或转让合同。

（一）旅游合同的变更

旅游合同的变更是指有效成立的旅游合同在尚未履行或未履行完毕前，由于出现某种特殊原因，经过旅游合同当事人协商，对原旅游合同的内容所进行的修改或补充。如变更旅游路线和旅游项目、调整旅游费用等。

在通常情况下，双方当事人协商一致，是变更合同的条件。旅游合同变更不仅要求当事人双方对变更合同达成一致意见，还要求当事人双方对变更的内容明确约定。如果在具体变更内容上产生分歧，应当推定为旅游合同未变更。合同被有效变更之后，当事人要依照已变更的合同履行，但合同的变更不影响当事人要求赔偿的权利。

（二）旅游合同的转让

旅游合同的转让是指在不变更合同内容的前提下，合同主体发生变化，即合同的一方当事人将合同的权利义务全部或者部分转让给第三人。旅游合同的转让分为权利的转让、义务的转让和权利义务的转让三种。

● 案例

某工厂准备组织职工去外地旅游，并由厂工会出面与旅行社签订了旅游合同。后因厂里有一批货需要赶制，该厂向旅行社发出传真，提出"将此次活动分两批进行，请在 5 天内予以回复"。该旅行社接到传真后，认为分两批进行会增加不少麻烦和费用，该厂也无权单方变更合同，便对该厂的要求未予理睬，仍按原人数订购了车票、预订了房间等。结果到旅游活动规定的启程日期时只有一半旅游者参加，由此双方发生了争议。

依据法律规定，当事人可依法定条件和程序变更合同，合同变更后，应按新合同履行。本案中，旅行社对工厂发出的变更合同的要求应作出明确的答复，如果逾期不予答复，视为对要约的默认，变更旅游合同有效，应按变更后的合同（分批）履行。

1. 合同权利的转让。又称债权的转让，是指合同中享受权利的一方当事人通过协议将自己的债权全部或部分转让给第三人的行为。债权人转让权利的，必须通知债务人。例如，在旅游合同中，旅游者在支付旅游费用之后，如本人不能成行，可以让他人代其参加旅行，即旅游者将其合同权利转让于他人。旅游者作为债权人将合同权利转让给第三人（受让人），应当及时通知债务人（旅行社），经旅行社确认并相应变更旅游合同方能生效，否则该转让对债务人（旅行社）不发生效力。

● 案例

张先生和某国际社签订了出境游旅游合同。由于有重要客户需要接待，张先生无法按约前往旅游。根据合同约定，假如张先生就此放弃旅游，损失会很大。张先生向旅行社提出，由张先生的朋友李先生顶替该名额。由于时间紧迫，无法及时办理护照、签证等相关手续，旅行社拒绝了张先生的要求。因协商未果，张先生向旅游管理部门投诉。

本案中，张先生虽然履行了通知旅行社的义务，但如果旅行社无条件接受的话，张先生把旅游权利转让给其朋友的行为，必将直接给旅行社造成经济损失：旅行社必须为旅游者重新办理签证、弥补由于机票作废造成的损失等。若旅行社为此承担额外的经济损失，对旅行社来说也是不公平的，更何况时间过于紧迫无法及时办理相关手续。所以，旅行社可以拒绝张先生合同权利转让的要求，退还合理的旅游费用。

2. 合同义务的转让。又称债务的转让，是指合同中债务人将自己应当履行的义务全部或部分转让给第三人的行为。债务人转让义务，应征得债权人的同意。例如，某旅行社依据成立并生效的旅游合同取得了向旅游者收取费用的权利，由于招徕人数不足，经旅游者书面同意，该旅行社可将已签约的旅游者转让给另一家旅行社。

3. 合同权利义务的概括转让。这是指旅游合同当事人一方经对方同意，将其债权债务一并转让给第三人，由第三人概括地接受这些债权债务。由于此种转让涉及合同义务的转让，因此需要取得另一方当事人的同意。

合同的转让是合同变更的一种特殊形式，它不变更合同所规定的权利、义务的内容，而变更合同的主体。即变更是对合同内容而言，不是对合同主体而言，合同主体变化属于合同转让；两者都是法律行为，都改变了原有合同的法律关系。

二、旅游合同的终止和解除

（一）旅游合同的终止

旅游合同终止即合同的权利义务终止，是指当事人双方终止合同关系，使合同确定的当事人之间的权利义务关系归于消灭。根据《合同法》的规定，有下列情形之一的，合同的权利义务终止：

1. 自行终止，即债务已经按照约定履行。这是指旅游合同的双方当事人按照合同的约定履行了各自的义务，债权人的权利已经实现，旅游合同自然终结。这种情形是旅游合同终止中正常的普遍的情况。例如旅游者退房离开酒店、旅游团成员结束旅行回到家中等都属于合同终止的情形。

2. 解除终止，旅游合同解除。这是指旅游合同订立后，尚未履行完毕前，旅游合同被解除。旅游合同被解除后，尚未履行的，终止履行，当事人的权利义务就此完结，旅游合同终止。例如旅游者因故无法出游，向旅行社提出退团的要求属于旅游合同的解除。

3. 抵消终止，即债务相互抵消。当事人互负到期债务，该债务的标的物种类、品质相同的，任何一方可以将自己的债务与对方的债务相抵消（但按照合同性质或依照法律规定不得抵消的除外）。

4. 债务人依法将标的物提存。债务人在清偿债务的过程中，可能会发生一些特殊情况，如债权人拒绝受领、债权人下落不明等，致使债务人不能向债权人交付标的物，为保护债务人的利益，《合同法》规定，在发生《合同法》所规定的一些特殊情况时，允许债务人以提存（债务人将标的物交给提存部门）的方式代替清偿，从而消灭所负债务。

5. 债权人免除债务。债权人有权对自己的债权进行处理。债权人在不损害国家、集体、他人利益的情况下放弃债权，债务人的义务得以免除，旅游合同关系自然终止。

6. 债权债务同归于一人。由于一些法律事实的发生，本为双方当事人的旅游合同主体变为一个民事主体。比如旅行社之间的合并、收购等情况。在不损害第三人利益时，原旅游合同失去了履行的必要性，合同自然终止。

7. 法律规定或者当事人约定终止的其他情形。

（二）旅游合同的解除

旅游合同的解除是指旅游合同成立并生效后，或者法定事由，因当事人一方的意思表示或者双方的协议，而使合同权利义务关系终止的行为；也即在合同关系有效期未满前，当事人提前终止合同的效力。旅游合同的解除是旅游合同终止的一种特殊形式，两者所发生的原因不同，但后果都是使原旅游合同的权利义务关系消灭。解除合同方应当以通知的方式来解除合同，解除合同的通知到达对方当事人时，合同解除。旅游合同解除的方式主要包括：

1. 协议解除

这是指当事人双方协商一致将旅游合同解除。签订旅游合同是旅游者和旅行社协商一致的结果，当旅行社或旅游者出现了突然困难，无法按时履行合同，双方自然可以通过协商解除合同。例如，旅行社机票在旅游团出发前仍未落实，旅行社向已签约的旅游者提出解除旅游合同，退还全额旅游条款，或重新签订旅游合同，改道去另外旅游目的地旅游。若旅游者接受建议，则合同协议解除；若旅游者坚持按约定参加旅游，而旅行社不能按约定提供服务，旅游者要求旅行社按约承担违约责任，则不属于协议解除范畴。反之，旅游者和旅行社协商，要求取消旅游活动，并希望旅行社不收取违约金，若旅行社同意，则为协议解除旅游合同（旅游合同协议解除的情况较少见，因双方均为此作了准备）。

2. 约定解除

约定解除是指在旅游合同履行前，通过约定事先赋予一方或双方当事人以解除权。根据《合同法》规定，当事人可以约定一方解除旅游合同的条件，当解除条件成就时，解除人就可以行使解除权。

● 案例

"五一"黄金周期间，宋某一家三口参加某省属旅行社（下称旅行社）组织的云南双飞六天团，时间是 5 月 2 日至 7 日。因为 5 月 8 日宋某的女儿要上学，而宋某夫妇也在该日上午单位有重要工作要做，于是他们报名时再三强调，旅行社一定要按照行程安排，保证他们能在 7 日晚上之前返回，旅行社完全同意并保证没有问题。行程如期进行，但返回前夕即第 6 日晚上，导游宣布，由于黄金周期间机票很紧张，旅行社不能买到 7 日下午从昆明返程的机票，要求游客改乘 8 日上午 8:00 起飞的航班。宋某夫妇非常生气，责怪旅行社为什么不事先订好返程机票就安排他们的行程，为了不耽误女儿的上学和自己的工作，他们决定取消第 6 天即 5 月 7 日的行程，一家三口准备于 7 日上午提前返回。随后与导游商量，导游同意其取消 7 日游程，同时答应可以退还 3 人每人 800 元费用，但是这些费用要等旅游团回到广州后才能支付给宋某，导游在上述内容的协议上签了字。回广州后，旅行社却以宋某中途退团为由拒不支付他们每人 800 元的退款，宋某遂向质监所投诉。质监所审理后认为，宋某等提前回穗结束旅游，旅行社应当承担违约责任，退还宋某一家三口每人 800 元费用。本案中，质监所判罚的依据是：

第一，从合同上看双方约定：如果旅行社安排不当致使"宋某一家三口必须在 7 日晚上之前返回"的条件不能实现，双方就要终止合同，结束旅游，因此，这个约定是解除合同的条件。本案中，旅行社没有买到按时返回的飞机票，致使双方约定的"宋某一家三口必须在 7 日晚上之前返回"的条件不能实现，宋某要求取消 7 日游程，即解除旅游合同是合法的。

第二，根据《合同法》的规定："合同解除后，尚未履行的终止履行；已经履行的，根据履行情况和合同性质，当事人可以要求恢复原状、采取补救措施，并有权要求赔偿损失。"因此，宋某有权要求旅行社退还 800 元/每人的费用，为此旅行社应当对导游签字的协议承担赔偿义务，将 800 元/每人的费用退给当事人宋某。

3. 法定解除

法定解除是合同成立之后，在没有履行或者没有履行完毕以前，当事人一方行使法定解除权而使合同的权利义务关系归于消灭。我国《合同法》规定，当事人可以行使法定解除权的情形主要是：

（1）因不可抗力致使不能实现旅游合同目的的，应当允许当事人解除合同。如飞机因雷电无法起飞，可以取消航班。

（2）在履行期限届满之前，当事人一方明确表示或者以自己的行为表明不履行主要债务的。这是一种拒绝履行、单方毁约行为，为维护另一方当事人的合法权益，法律赋予其享有单方解除旅游合同的权利。

（3）当事人一方延迟履行主要债务，经催告后在合理期限内仍未履行的。这是将迟延履行作为旅游合同的解除条件。

（4）当事人一方延迟履行债务或者有其他违约行为致使不能实现合同目的的。这是在迟延履行和其他违约行为造成严重后果时解除合同的条件。

（5）法律规定的其他情形。

第五节　旅游合同的违约责任

一、违约责任的概念及原则

违约责任即违反合同的责任，是指合同当事人不履行或不完全履行合同所规定的义务，依据法律规定或合同约定所应承担的法律责任。

违约责任属于民事责任的一种。《合同法》规定的违约责任采取严格责任原则，即不要求证明行为人在主观上是否存在过错，而只要行为人没有履行合同或者履行合同不符合约定，就应当承担违约责任（只有不可抗力除外）的原则。

二、违约责任的分类

按违约责任的时间先后顺序，旅游合同的违约责任可以分为预期违约和实际违约两种类型。预期违约就是在旅游合同签订之后、履行之前，旅游者或旅行社明确告知对方或者以行为表明将不履行旅游合同的行为；实际违约是指旅游合同履行过程中，旅游者或旅行社拒绝履行部分或全部合同义务的行为。

三、违约责任的承担方式

（一）继续履行

继续履行是指合同当事人一方不履行合同或者履行合同义务不符合约定时，

另一方当事人可以要求其在合同履行期限届满后，继续按照合同所约定的主要条件完成合同义务的行为。例如，旅游者可以要求违约的旅行社补齐约定的旅游项目，超额预订客房的饭店要为旅游者安排替代饭店并承担因此额外支出的费用。但有下列情形之一的除外：

1. 法律上或者事实上不能履行；

2. 标的不适于强制履行或者履行费用过高，例如旅游者要求重新旅游；

3. 债权人在合理期限内未要求履行。

（二）采取补救措施

采取补救措施是指合同当事人违反合同约定后，违约方主动采取措施，对违约行为本身进行补救的一种行为。例如当旅游者提出饭店餐厅提供的菜肴过咸、过淡或未熟透时，餐厅对菜肴进行重新加工，直到满足旅游者的要求为止；旅行社为旅游者购买机票时因疏忽大意将旅游者的性别写错，旅游者在机场被阻止登机，导游及时和机场联系协商，迅速更正错误，使旅游者顺利登机，并完成旅游行程。这些措施属于旅游饭店或旅行社的补救措施，保证了他们在违约后旅游合同仍然得到全面的履行。

应当明确的是，补救措施是针对服务项目本身，目的是保证合同约定的服务得到全面履行。但在现实中，如果违约责任已经发生，而且该服务项目无法进行补救，则只能以其他物质或精神的方式给予守约方补偿。也就是说，在旅游服务违约责任出现后，旅游企业一般是采取补偿措施，从而消除因违约造成的负面影响。例如旅行社为旅游者提供一些额外的免费服务，包括增加当地风味小吃、增加景点、提供更为高档的住宿和交通工具等；饭店可采用向客人道歉、送花、送水果、房费打折等。只要旅游者接受了旅行社或饭店的补偿措施，就表明旅游者和旅行社或旅游饭店达成了和解协议。

（三）赔偿损失

赔偿损失，在合同法上也称违约损害赔偿，是指违约方因不履行或者不完全履行合同义务给对方造成损失时，依法或者根据合同约定应赔偿对方当事人所受损失的行为。依据《合同法》规定，赔偿损失的规则主要是：

1. 等额赔偿规则。当事人一方不履行合同义务或者履行合同义务不符合约定，给对方造成损失的，损失赔偿额应当相当于因违约所造成的损失，包括合同履行后可以获得的利益，即赔偿实际损失。

2. 赔偿限制规则。当事人一方不履行合同义务或者履行合同义务不符合约定，给对方造成损失的，损失赔偿额应当相当于因违约所造成的损失，包括合同履行后可以获得的利益，但不得超过违反合同一方订立合同时预见到或者应当预见到的因违反合同可能造成的损失，即赔偿不能超过订立合同时的预期收益。

3. 经营欺诈惩罚赔偿规则。经营者对消费者提供商品或者服务有欺诈行为的，依照《中华人民共和国消费者权益保护法》第四十九条的规定承担损害赔偿责任：即经营者应当按照消费者的要求增加赔偿其受到的损失，增加后的赔偿金额为消费者购买商品价款或者接受服务费用的一倍。

4. 减少损失规则。当事人一方违约后，对方应当采取适当措施防止损失的扩大；没有采取适当措施致使损失扩大的，不得就扩大的损失请求赔偿。当事人因防止损失扩大而支出的合理费用，由违约方承担。这一规定体现了公平原则。

（四）支付违约金

违约金指当事人违反旅游合同时，依照法律规定或者合同约定向对方支付的一定数量的货币。从性质上看，违约金是以"补偿性"为主，"惩罚性"为辅的违约责任承担形式。因违约给对方造成损失的，违约金可用来弥补损失，具有补偿性；因违约未给对方造成损失的，违约金具有惩罚性质。违约金的数额应与违约损失大体相当，如果违约金过高或过低于违约损失，当事人可以请求仲裁机构或者法院予以适当减少或增加。

（五）定金罚则

定金是合同履行的保证金，是指合同当事人依法或者约定，按照合同标的额的一定比例预先支付给对方当事人的货币。从性质上看，定金既有履行担保功能，又有违约补救功能，有强烈的惩罚性。根据《合同法》的规定，给付定金的一方不履行约定的义务，无权要求返还定金；收受定金的一方不履行约定的义务，应当双倍返还定金。依据我国《担保法》的规定，定金的数额由当事人约定，但不得超过主合同标的的20%。

依据《合同法》的规定，当事人既约定违约金，又约定定金的，一方违约时，对方可以选择适用违约金或者定金条款。可见，合同中同时约定定金与违约金时，只能选择一种，不能同时并用。

● 案例

因工作关系，刘小姐出钱邀请四位业务上的合作伙伴一起赴海南旅游，她于1月底报名参加了B旅行社2月10日至2月14日的"海南五日游"，每人团费2250元。刘小姐到旅行社办理报名手续时，旅行社接待人员要求每人先交1000元定金，剩余团款待取飞机票时交齐。刘小姐交付了5000元所谓的定金，旅行社接待员也开出了5000元定金的收据，表示待旅游团款交齐后才能开发票。在之后的几天刘小姐做了充分准备，请好假，把手头的工作也结束了，还答应为朋友带礼物等要求，她的合作伙伴也为出游将工作进行了安排。2月8日，刘小姐忽然接到旅行社的通知，告知由于海南地接价格上涨，每人团款需增加400元，否则将取消本次旅游活动。刘小姐十分气愤，认为B旅行社欺骗消费者，断然拒绝补交2000元，"海南五日游"未能成行。刘小姐要求旅行社双倍返还定金共10000元，旅行社不接受，只同意返还5000元。

本案中，双方就变更合同没有达成一致，"海南五日游"取消，责任在旅行社一方，旅行社应当承担由此给刘小姐等五位旅游者造成的损失。依据我国《担保法》的规定，定金的数额不得超过主合同标的20%。而刘小姐等旅游者与B旅行社合同约定的旅游价格为每人2250元，B旅行社收取的定金为每人1000元，定金数额占旅游价格的44%，高于旅行社所应承担的责任，显失公平。因此五人团款11250元的20%，即2250元为定金，B旅行社收取的5000元中只有2250元为定金，其余2750元应视为预付款，根据法律有关定金"双倍返还"罚则和国家旅游局《旅行社质量保证金赔偿试行标准》规定："旅行社收取旅游者预付款后，因旅行社的原因不能成行，应提前3天（出境旅游应提前7天）通知旅游者，否则应承担违约责任，并赔偿旅游者已交预付款10%的违约金。"所以B旅行社应双倍返还定金2250元即4500元，退还预付款2750元并赔偿2750元的10%，即275元，旅行社赔偿的总额为7525元。

四、违约责任的免除

违约责任的免除是指没有履行或没有完全履行旅游合同的当事人，因法律规定或合同约定的条件出现时，不承担违反旅游合同的责任。

（一）法定免责事由

免责事由是有违约行为的当事人，有权主张无需因此承担违约责任的法定理由。《合同法》规定，因不可抗力造成合同不能履行时，可以免除当事人部分或全部合同责任，所以不可抗力是法定的免责理由。

不可抗力是指不能预见、不能避免和不能克服的客观情况，包括自然现象和社会现象。自然现象有水灾、火灾、大雾、台风、地震、泥石流等；社会现象包括社会异常事件，如战争、游行、罢工、骚乱等，以及政府行为，如征收、征用等。当事人迟延履行后发生不可抗力的，不能免除责任。

我国《合同法》规定，不可抗力发生后，当事人一方应当及时通知对方，以减轻因此可能给对方造成的损失，并且应当在合法合理的期限内提供有关不可抗力发生的证明。

（二）约定免责事由

这是指当事人通过合同约定的免除责任的事由，包括免责条款和当事人约定的不可抗力条款。

免责条款是指合同双方当事人在合同中约定的，为免除或限制一方或者双方当事人未来责任的条款。例如旅行社可以和旅游者约定，当旅行社组团人数不足时，可以通知旅游者，解除旅游合同，旅行社可以不承担违约责任；旅游者可以和旅行社约定，只要旅游者在出团前出具县级以上医院的医疗证明，旅游者就可以单方取消旅游行程，旅行社应退还旅游者已经交纳的旅游团款，但不得扣除违约金和旅行社实际已经发生的费用。免责条款必须是合法的，否则无效。依据《合同法》的规定，以下三种免责条款无效：

1. 提供格式条款一方免除其责任的条款无效。

2. 因故意或重大过失给对方造成财产损失的免责条款无效。

3. 对对方造成人身伤害的免责条款无效。

● **案例**

张某一家三口参加了某旅游公司的海南四日游。前三日的游玩非常愉快，但在最后一天却出现了意外。在通往三亚的公路上，该旅游团所乘的旅游车因车轮打滑，撞上了其他车辆。张先生本人右肱骨开放性、粉碎性骨折，他的女儿锁骨闭合性骨折，所幸妻子只受了点皮外伤，但所受惊吓着实不小。为此，张某一家要求该旅游公司退还全部旅游费 6000 元，并赔偿人身损害所造成的伤残补助费、医疗费、护理费、误工费以及精神损失费共 38.5 万元。但旅游公司提出，双方所签订的格式旅游合同中有约定"如果由于第三方的原因造成游客人身或财产损害的，旅行社概不承担责任"。该事故的发生是由于提供旅游车的某旅游汽车公司的汽车发生故障造成的，旅游公司并无过错，因此拒绝赔偿。双方协商不成，张先生一家将旅游公司告到了法院。

根据我国《合同法》的规定，合同中的下列免责条款无效：造成对方人身伤害的；因故意或重大过失造成对方财产损失的。《合同法》还规定，提供格式条款一方免除责任、加重对方责任、排除对方当事人主要权利的，该条款无效。本案中，双方所签订的合同是旅行社方提供的格式合同，合同的该条款"如果由于第三方的原因造成游客人身或财产损害的，旅行社概不承担责任"属于擅自免除己方责任的条款，应当是无效条款。同时，我国《合同法》规定，当事人一方因第三人的原因造成违约的，应当向对方承担违约责任。当事人一方和第三人之间的法律纠纷，依照法律规定或按照约定解决。所以本案中旅游者可以向旅行社索赔。需要注意的是，游客提出退还全部旅游费 6000 元并赔偿人身损害所造成的损失 38.5 万元的要求，这关系到违约责任与侵权责任的选择问题。根据《合同法》的规定，在违约方的行为同时构成侵权时，受损害方只能或者选择要求对方承担违约责任或要求对方承担侵权责任。本案中，旅游者只能选择其中的一种，不能同时满足两种要求。

附录1：国内旅游组团合同范本

（试行）

合同编号：

甲方：（旅游者或单位）

住所或单位地址：

电话：

乙方：（组团旅行社）

地址：

电话：

甲、乙双方甲方参加由乙方组织的本次旅游的有关事项经平等协商，自愿签订合同如下：

第一条〔旅游内容〕 本旅游团团号为：

旅游线路为：

旅游团出发时间为 年 月 日，结束时间为 年 月 日，共计 天 夜。

前款所列旅游线路、行程安排详见《旅游行程表》。《旅游行程表》经甲、乙双方签字作为本合同的组成部分。

第二条〔服务标准〕 本旅游团服务质量执行国家旅游局颁布实施的《旅行社国内旅游服务质量》标准（或由甲、乙双方约定）。

第三条〔旅游费用〕 本旅游团旅游费用总额共计 元人民币。签订本合同之日，甲方应预付 元人民币，余款应于出发前 日付讫。

第四条〔项目费用〕 甲方依照本合同第三条约定支付的旅游费用，包含以下项目：

1. 代办证件的手续费。乙方代甲方办理所需旅行证件的手续费。

2. 交通客票费。乙方代甲方向民航、铁路、长途客运公司、水运等公共交通部门购买交通客票的费用。

3. 餐饮住宿费：《旅游行程表》内所列应由乙方安排的餐饮、住宿费用。

4. 游览费：《旅游行程表》内所列应由乙方安排的游览费用，包括住宿地至游览地交通费、非旅游者另行付费的旅游项目第一道门票费。

5. 接送费：旅游期间从机场、港口、车站等至住宿旅馆的接送费用。

6. 旅游服务费：乙方提供各项旅游服务收取的费用（含导游服务费）。

7. 甲、乙双方约定的其他费用。

前款第2项的交通客票费，如遇政府调整票价，该费用的退、补依照《合同法》第六十三条办理。第3项的餐饮住宿费，如甲方要求提高标准，经乙方同意安排的，甲方应补交所需差额。

第五条〔非项目费用〕 甲方依照本合同第三条约定支付的旅游费用，不包含以下项目：

1. 各地机场建设费。

2. 旅途中发生的甲方个人费用。如交通工具上的个人餐饮费；个人伤病医疗费；行李超重费；旅途住宿期间的洗衣、电话、电报、饮料及酒类费；私人交通费；自由活动费用；寻回个人遗失物品的费用与报酬及在旅程中因个人行为造成的赔偿费用等。

3. 甲方自行投保的保险费。航空人身意外保险费及甲方自行投保的其他保险的费用。

4. 双方约定的由甲方自行选择的由其另行付费的游览项目费用。

5. 其他非第四条所列项目的费用。

第六条〔出发时间地点〕　甲方应于　　年　月　日　时　分于　　（地点）准时集合出发。甲方未准时到约定地点集合出发，也未能中途加入旅游团的，视为甲方解除合同，乙方可以按照本合同第八条的约定要求赔偿。

第七条〔人数约定〕　本旅游团须有　人以上签约方能成团。如人数未达到，乙方可以于约定出发日前　日（不低于5日）通知到甲方，解除合同。

乙方解除合同后，按下列方式之一处理：

1. 退还甲方已缴纳的全部费用，乙方对甲方不负违约责任。

2. 订立另一旅游合同，费用如有增减，由乙方退回或由甲方补足。

乙方未在约定的时间通知到甲方的，应按照本合同第九条约定赔偿甲方。

甲方提供的电话或传真须是经常使用或能够及时联系到的，否则乙方在本条及其他条款中需要通知但通知不到甲方的，不承担由此产生的赔偿责任。

第八条〔甲方退团〕　甲方可以在旅游活动开始前通知乙方解除本合同，但须承担乙方已经为办理本次旅游支出的必要费用，并按如下标准支付违约金：

1. 在旅游开始前第5日以前通知到的，支付全部旅游费用扣除乙方已支出的必要费用后余额的10%。

2. 在旅游开始前第5日至第3日通知到的，支付全部旅游费用扣除乙方已支出的必要费用后余额的20%。

3. 在旅游开始前第3日至第1日通知到的，支付全部旅游费用扣除乙方已支出的必要费用后余额的30%。

4. 在旅游开始前1日通知到的，支付全部旅游费用扣除乙方已支出的必要费用后余额的50%。

5. 在旅游开始日或开始后通知到或未通知不参团的，支付全部旅游费用扣除乙方已支出的必要费用后余额的100%。

第九条〔乙方取消〕　除本合同第七条约定的情形外，如因乙方原因，致使甲方的旅游活动不能成行而取消的，乙方应当立即通知甲方，并按如下标准支付违约金：

1. 在旅游开始前第5日以前通知到的，支付全部旅游费用的10%。

2. 在旅游开始前第5日至第3日通知到的，支付全部旅游费用的20%。

3. 在旅游开始前第3日至第1日通知到的，支付全部旅游费用的30%。

4. 在旅游开始前1日通知到的，支付全部旅游费用的50%。

5. 在旅游开始日及以后通知到的，支付全部旅游费用的100%。

第十条〔合同转让〕　经乙方同意，甲方可以将其在本旅游合同上的权利义务转让给具有参加本次旅游条件的第三人，但应当在约定的出发日前　日通知乙方。如有费用增加，由甲方负担。

第十一条〔甲方义务〕　甲方应当履行下列义务：

1. 甲方所提供的证件及相关资料必须真实有效。

2. 甲方应确保自身身体条件适合参加旅游团旅游，并有义务在签订本合同时将自身健康状况告知乙方。

3. 甲方应妥善保管随身携带的行李物品，未委托乙方代管而损坏或丢失的，责任自负。

4. 甲方在旅游活动中应遵守团队纪律，配合导游完成本次旅游行程。

5. 甲方应尊重目的地的宗教信仰、民族习惯和风土人情。

第十二条〔乙方义务〕 乙方应当履行下列义务：

1. 乙方应当提醒甲方注意免除或限制其责任的条款，按照甲方的要求，对有关条款予以说明。

2. 乙方应当按照有关规定购买保险，并在接受甲方报名时提示甲方自愿购买旅游期间的个人保险。

3. 乙方代理甲方办理旅游所需的手续，应妥善保管甲方的各项证件，如有遗失或毁损，应立即主动补办，并承担补办手续费，因此导致甲方的直接损失，乙方应承担赔偿责任。

4. 乙方应为甲方提供导游服务；无全陪的旅游团体，乙方应告知甲方旅游目的地的具体接洽办法和应急措施。

5. 甲方在旅游中发生人身伤害或财产损失事故时，乙方应做出必要的协助和处理。如因乙方原因导致甲方人身伤害或财产损失，乙方应承担赔偿责任。

6. 乙方应当按照旅游行程表安排甲方购物，不得强制甲方购物，不得擅自增加购物次数。当甲方发现所购物品系假冒伪劣商品，如购物为甲方要求的，乙方不承担任何责任；如购物为行程内安排的，乙方应当协助甲方退还或索赔；如购物为乙方在行程外擅自增加的，乙方应赔偿甲方全部损失。

7. 非因乙方原因，导致甲方在旅游期间搭乘飞机、轮船、火车、长途汽车、地铁、索道、缆车等公共交通运输工具时受到人身伤害和财产损失的，乙方应协助甲方向提供上列服务的经营者索赔。

第十三条〔合同变更〕 经甲、乙双方协商一致，可以以书面形式变更本合同旅游内容。由此增加的旅游费用应由提出变更的一方承担，由此减少的旅游费用，乙方应退还甲方。如给对方造成损失的，由提出变更的一方承担损失。

第十四条〔擅自变更合同〕 乙方擅自变更合同违反约定的，应当退还甲方直接损失或承担增加的旅游费用，并支付直接损失额或增加的旅游费用额一倍的违约金。

甲方擅自变更合同违反约定的，不得要求退还旅游费用。因此增加的旅游费用，由甲方承担。给乙方造成损失的，应当承担赔偿责任。

第十五条〔旅游行程延误〕 因乙方原因，导致旅游开始后行程延误的，乙方应当征得甲方书面同意，继续履行本合同并支付旅游费用5%的违约金；甲方要求解除合同终止旅游的，乙方应当安排甲方返回并退还未完成的旅程费用，支付旅游费用5%的违约金。

甲方因延误旅游行程支出的食宿和其他必要费用，由乙方承担。

第十六条〔弃团〕 乙方在旅程中弃置甲方的，应当承担弃置期间甲方支出的食宿和其他必要费用，退还未完成的行程费用并支付旅游费用一倍的违约金。

第十七条〔中途离团〕 甲方在旅程中未经乙方同意自行离团不归的，视为单方解除合同，不得要求乙方退还旅游费用。如给乙方造成损失，甲方应承担赔偿责任。

第十八条〔不可抗力〕 甲、乙双方因不可抗力不能履行合同的，部分或者全部免除责任，但法律另有规定的除外。

乙方延迟履行本合同后发生不可抗力的，不能免除责任。

第十九条〔扩大损失〕 甲、乙一方违约后，对方应当采取适当措施防止损失的扩大；没有采取适当措施致使损失扩大的，不得就扩大的损失要求赔偿。

甲、乙一方因防止损失扩大而支出的合理费用，由违约方承担。

第二十条〔委托招徕〕 乙方委托其他旅行社代为招徕时，不得以未直接收取甲方费用为由免责。

第二十一条〔其他〕 本合同其他事项

1.

2.

3.

……

第二十二条〔争议解决〕 本合同在履行中如发生争议，双方应协商解决，协商不成，甲方可以向有管辖权的旅游质量监督管理所投诉，甲乙双方均可向法院起诉。

第二十三条〔合同效力〕 本合同一式二份，双方各执一份，具有同等效力。

第二十四条〔合同生效〕 本合同从签订之日起生效，至本次旅行结束甲方离开乙方安排的交通工具时为止。

附：旅游行程表

甲方： 乙方（盖章）：

身份证号码： 负责人：

电话或传真： 电话或传真：

通讯地址： 通讯地址：

年 月 日 年 月 日

附录2：《中国公民出境旅游合同》

（示范文本）

合同编号：＿＿＿＿＿＿＿＿＿＿

一、定义和概念

第一条 本合同的词语定义

1. 组团社，是指合法取得《企业法人营业执照》并经国家旅游局批准取得组织中国公民以团队形式出境旅游业务资格的旅行社，其名单由国家旅游局统一公布。

2. 旅游者，是指与组团社签订出境旅游合同，参加出境旅游活动的中国公民或者团体。

3. 出境旅游服务，是指组团社依据《旅行社管理条例》等法律法规，组织旅游者到中华人民共和国境外的国家及港、澳、台地区等旅游目的地旅行游览、代办旅游签证/签注，并亲自或者委托经境外旅游目的地政府指定的当地旅行社为旅游者代订旅游交通票务、安排餐饮、住宿、游览服务等经营活动。

4. 旅游费用，是指旅游者支付给组团社，用于购买出境旅游服务的费用。

旅游费用包括：必要的签证/签注的费用（旅游者自办的除外）；交通费（含境外机场税）；住宿费；餐费（不含酒水费）；非自费旅游项目景区景点的第一道门票费；行程中安排的其他项目费用；组团社、地接社、境外导游等服务费。

旅游费用不包括：旅游证件的费用和办理离团的费用；个人投保的旅游保险费；合同约定自费项目的费用；合同未约定由组团社支付的费用（包括：行程以外非合同约定活动项目

所需的费用、自由活动期间发生的费用等）；境外小费；行程中发生的旅游者个人费用（包括：交通工具上的非免费餐饮费、行李超重费，住宿期间的洗衣、电话、饮料及酒类费，个人伤病医疗费，寻回个人遗失物品的费用及报酬，个人原因造成的赔偿费用等）。

5. 旅行社责任保险，是指旅行社根据与保险合同的约定，向保险公司支付保险费，保险公司对旅行社在从事旅游业务经营活动中，致使旅游者人身、财产遭受损害应由旅行社承担的责任，承担赔偿保险金责任的行为。

6. 离团，是指旅游者参加了组团社所组的出境旅游团队后，在境外因疾病、证件丢失等客观原因未能随团队完成约定行程的行为。

7. 脱团，是指旅游者参加了组团社所组的出境旅游团队后，在境外擅自脱离旅游团队，不随团完成约定行程的行为。

8. 转团，是指由于低于成团人数，组团社在保证所承诺的服务内容和标准不变的前提下，经旅游者书面同意，在出发前将其转至其他旅行社所组的出境旅游团队的行为。

9. 不可抗力，是指不能预见、不能避免并不能克服的客观情况，包括因自然原因和社会原因引起的，如自然灾害、战争、罢工、重大传染性疫情、政府行为等。

10. 意外事件，是指因当事人故意或者过失以外的偶然因素而发生的事故。如重大礼宾活动导致的交通堵塞、列车航班晚点等。

11. 业务损失费，是指组团社因旅游者行前退团而产生的经济损失。包括：乘坐飞机（车、船）等交通工具的费用（含预订金）、旅游签证/签注费、酒店住宿费（含预订金）、旅游观光汽车的人均车租等已发生的实际费用。

12. 黄金周，是指春节、"五一"、"十一"期间的 7 天节假日。其具体日期以当年国务院办公厅通知的放假时间为准。

二、合同的签订

第二条　旅游行程计划说明书

组团社应当提供带团号的《旅游行程计划说明书》（以下简称《计划书》），经双方签字或者盖章确认后作为本合同的组成部分。《计划书》应当对如下内容作出明确的说明：

（1）旅游目的地，线路行程时间（按自然日计算，含乘飞机、车、船等在途时间，不足 24 小时以一日计）。

（2）交通工具及其档次等级（明确交通工具出发时间段以及是否需中转等信息）。

（3）住宿安排及住宿酒店的名称、地点、档次等级（是否有空调、热水等相关的服务设施）。

（4）景点/景区及游览活动等旅游线路内容（含主要景点停留的最少时间）。

（5）用餐（早餐和正餐）的次数及其标准。

（6）购物安排（组团社安排的购物次数不超过行程日数的一半，并同时列明购物场所名称、停留的最多时间及主要商品等内容）。

（7）行程安排的娱乐活动（时间、地点、项目）。

（8）自费项目（如有安排，组团社应在签约时向旅游者提供《境外自费项目表》，由旅游者自愿选择并签字确认后作为本合同的组成部分；自费项目应以不影响原计划行程为原则，代收的自费项目费用不得高于当地同期市场零售价）。

《计划书》用语须准确清晰，不应出现"准×星级"、"豪华"、"优秀导游（领队）服务"、"仅供参考"、"以××为准"、"与××同级"等不确定性用语。

第三条　签订合同

旅游者应当认真阅读本合同有关条款、《计划书》和《境外自费项目表》，在旅游者明晰本合同条款及有关附件内容的情况下，组团社和旅游者应当签订书面合同。

第四条　旅游广告及宣传制品

组团社的旅游广告及宣传制品应当遵循诚实信用的原则，其内容符合《合同法》要约规定的，视为本合同的组成部分，对组团社和旅游者双方具有约束力。

第五条　合同效力

本合同一式两份，双方各持一份，具有同等法律效力，自双方当事人签字或者盖章之日起生效。

三、合同双方的权利义务

第六条　组团社的权利

1. 根据旅游者的身体健康状况及相关条件决定是否接纳旅游者报名参团。

2. 有权核实旅游者提供的相关信息资料。

3. 按照合同约定向旅游者收取全额旅游费用。

4. 旅游团队遇紧急情况时，可采取紧急避险措施。

5. 有权拒绝旅游者提出的超出合同约定的不合理要求。

第七条　组团社的义务

1. 按照合同和《计划书》约定的内容和标准，为旅游者提供质价相符的旅游服务。对可能危及旅游者人身、财产安全的项目和须注意的问题，应当事前向旅游者作出真实说明和明确警示，并采取防止危害发生的措施。

2. 在出团前召开说明会，把根据《计划书》细化的《行程表》和《行程须知》发给旅游者，如实告知旅游的具体行程安排和各项服务标准，所到国家或地区的重要规定、风俗习惯、安全避险措施，境外收取小费的惯例及支付标准、外汇兑换事项，应急联络方式（包括我驻外使领馆及组团社境内、境外的应急联系人及联系方式）。

3. 为旅游团队安排符合《出境旅游领队人员管理办法》资质要求的领队人员。

4. 妥善保管旅游者提交的各项证件。

5. 按照《旅行社投保旅行社责任保险的规定》投保旅行社责任保险，并向旅游者推荐旅游个人保险及其他保险。

6. 行程中不得违反合同约定，强迫或者变相强迫安排旅游者购物、参加自费项目。

旅游者在《计划书》安排的购物点所购物品系假冒伪劣商品时，组团社应当积极协助旅游者进行索赔，自购物之日起90日内，旅游者无法从购物点获得赔偿的，组团社应当先行赔付。

7. 向旅游者提供合法的旅游费用发票。

8. 对《出境旅游报名表》的各项旅游者个人资料信息保密。

9. 积极协调处理旅游者在旅游行程中的投诉。出现纠纷时，采取适当措施防止损失扩大。

10. 由于第三方侵害等不可归责于组团社的原因导致旅游者人身、财产权益受到损害的，组团社应当履行协助义务，避免旅游者人身、财产权益损失扩大。

第八条　旅游者的权利

1. 依法享有《消费者权益保护法》和有关法律法规赋予消费者的各项权利。

2. 在支付旅游费用时有权要求组团社开具发票。

3. 有权要求组团社按照合同和《计划书》的内容和标准，兑现旅游行程服务。

4. 有权拒绝组团社未经事先协商一致的转团行为和合同约定以外的购物及自费项目安排。

第九条　旅游者的义务

1. 如实填写《出境旅游报名表》和签证/签注资料的各项内容，并对所填的内容承担责任。

2. 向组团社提交的因私护照或者通行证有效期应当在半年以上，自办签证/签注者还应当确保所持签证/签注在出游期间有效。

3. 按照合同约定支付旅游费用。

4. 遵守合同约定完成旅游行程，配合领队人员的统一管理。

5. 遵守我国和旅游目的地国家（地区）的法律法规和有关规定，不携带违禁物品出入境，不在境外滞留不归。

6. 尊重旅游目的地国家（地区）的风俗习惯，举止文明，不涉足色情场所，不参与赌博。

7. 妥善保管自己的行李物品，尤其是贵重物品。

8. 行程中发生纠纷，应当本着平等协商的原则解决，采取适当措施防止损失的扩大，不得以拒绝登机（车、船）等行为拖延行程或者脱团。

四、合同的变更

第十条　合同内容的变更

1. 组团社与旅游者双方协商一致，可以变更本合同约定的旅游内容，但应当以书面形式由双方签字确认。由此增加的旅游费用及给对方造成的损失由变更提出方承担，由此减少的旅游费用，组团社应当退还旅游者。

2. 因不可抗力或者意外事件导致无法履行或者继续履行合同的，组团社可以在征得多数旅游团队成员同意后对相应内容予以变更。因紧急情况无法征求意见时，组团社可决定内容的变更，但应当就作出的决定提供必要的说明和证据。

3. 在行前遇到不可抗力或者意外事件的，双方经协商可以取消行程或者延期出行。取消行程的，由组团社向旅游者全额退还旅游费用（但应当扣除已发生的签证/签注费用）。已发生旅游费用的，应当由双方协商后合理分担。

4. 在行程中遇到不可抗力导致无法履行或者继续履行合同的，组团社按本条第2款的约定实施变更后，将未发生的旅游费用退回旅游者，增加的旅游费用应由双方协商后合理分担。

5. 在行程中遇到意外事件导致无法履行或者继续履行合同的，组团社按本条第2款的约定实施变更后，将未发生的旅游费用退回旅游者，因此增加的旅游费用由提出变更的一方承担（但因紧急避险所致的，由受益方承担）。

第十一条　组团社转团

当组团低于成团人数不能成团时，组团社可以在保证所承诺的服务内容和标准不变的前提下，将旅游者转至其他组团社所组的出境旅游团队，但必须事先征得旅游者书面同意，在本合同协议条款中注明，并就受让出团的组团社违反本合同约定的行为先行承担责任，再行追偿。

旅游者和受让出团的组团社另行签订合同的，本合同的权利义务终止。

五、合同的解除

第十二条　不同意转团和延期出团的合同解除

在组团社低于成团人数不能成团时，旅游者既不同意转团也不同意延期出团的，视为组团社解除合同，按本合同第十三条、第十五条第 1 款相关约定处理。

第十三条　行程前的合同解除

旅游者和组团社在行前可以书面形式提出解除合同。在出发前 30 日（按出发日减去解除合同通知到达日的自然日之差计算，下同）以上（不含第 30 日）提出解除合同的，双方互不承担违约责任。组团社应当在解除合同的通知到达日起 5 个工作日内，向旅游者退还全部旅游费用。组团社提出解除合同的，不得扣除签证/签注费用；旅游者提出解除合同的，如已办理签证/签注的，应当扣除签证/签注费用。

旅游者或者组团社在旅游出发前 30 日以内（含第 30 日，下同）提出解除合同的，由提出解除合同的一方承担违约责任。

第十四条　行程中的合同解除

1. 旅游者未按约定时间到达约定集合出发地点，也未能在出发中途加入旅游团的，视为旅游者自愿解除合同，按照本合同第十六条第 1 款相关约定处理。

2. 旅游者在行程中脱团的，组团社可以解除合同。旅游者不得要求组团社退还旅游费用，如给组团社造成经济损失的，应当承担相应赔偿责任。

六、违约责任

第十五条　组团社的违约责任

1. 组团社在出发前 30 日以内（含第 30 日）取消出团的，向旅游者退还全额旅游费用（不得扣除签证/签注费），并按下列标准向旅游者支付违约金：

出发前 30 日至 15 日，支付旅游费用总额 2% 的违约金；

出发前 14 日至 7 日，支付旅游费用总额 5% 的违约金；

出发前 6 日至 4 日，支付旅游费用总额 10% 的违约金；

出发前 3 日至 1 日，支付旅游费用总额 15% 的违约金；

出发当日，支付旅游费用总额 20% 的违约金。

如上述违约金不足以赔偿旅游者的实际损失，组团社应当按实际损失对旅游者予以赔偿。

组团社应当在取消出团通知到达日起 5 个工作日内，向旅游者退还全额旅游费用，并支付上述违约金。

2. 组团社未按合同约定提供质价相符的服务，或者未经旅游者同意调整旅游行程（本合同第十条第 2 款规定的情况除外），造成项目减少、旅游时间缩短或者标准降低的，应当采取措施予以补救，未采取补救措施的，应当承担相应的赔偿责任。

3. 组团社领队或者境外导游未经旅游者签字确认，安排旅游者参加本合同约定以外的自费项目的，应当承担擅自安排的自费项目费用；擅自增加购物次数，每次按旅游费用总额的 10% 向旅游者支付违约金。

组团社强迫或者变相强迫旅游者购物的，应当按旅游费用总额的 20% 向旅游者支付违约金。

4. 组团社违反合同约定在境外终止对旅游者提供住宿、用餐、交通等旅游服务的，应当负担旅游者在被终止旅游服务期间所订的同等级别的住宿、用餐、交通等必要费用，并向旅游者支付旅游费用总额30%的违约金。如果因此给旅游者造成其他人身、财产损害的，组团社还应当承担损害赔偿责任。

5. 组团社擅自将旅游者转至其他旅行社出团，旅游者在出发前得知的，有权解除合同，要求组团社全额退回已交旅游费用，并按旅游费用总额的10%支付违约金；旅游者在出发当日或者出发后得知的，组团社应当按旅游费用总额的20%支付违约金。

如上述违约金不足以赔偿旅游者的实际损失，组团社应当按实际损失对旅游者予以赔偿。

6. 与旅游者出现纠纷时，组团社应当采取积极措施防止损失扩大。否则，应当就扩大的损失承担责任。

第十六条　旅游者的违约责任

1. 旅游者出发前30日以内（含第30日）提出解除合同的，应当按下列标准向组团社支付业务损失费：

出发前30日至15日，按旅游费用总额5%；

出发前14日至7日，按旅游费用总额15%；

出发前6日至4日，按旅游费用总额70%；

出发前3日至1日，按旅游费用总额85%；

出发当日，按旅游费用总额90%。

如上述支付比例不足以赔偿组团社的实际损失，旅游者应当按实际损失对组团社予以赔偿，但最高额不得超过旅游费用总额。

组团社在扣除上述业务损失费后，应当在旅游者退团通知到达日起5个工作日内向旅游者退还剩余旅游费用。

2. 因不听从组团社及其领队的劝谕而影响团队行程，给组团社造成损失的，应当承担相应的赔偿责任。

3. 旅游者超出本合同约定的内容进行个人活动所造成的损失，由其自行承担。

4. 由于旅游者的故意或者过失，使旅行社遭受损害的，应由旅游者赔偿损失。

5. 与组团社出现纠纷时，旅游者应当采取积极措施防止损失扩大。否则，应当就扩大的损失承担责任。

第十七条　其他责任

1. 因旅游者提供材料存在问题或者其他自身原因被有关机关拒签、缓签、拒绝入境、出境的，相关责任和费用由旅游者自行承担，组团社将未发生的费用退还旅游者。如给组团社造成损失的，旅游者还应当承担赔偿责任。

2. 由于第三方侵害等不可归责于组团社的原因导致旅游者人身、财产权益受到损害的，组团社不承担赔偿责任。但因组团社不履行协助义务致使旅游者人身、财产权益损失扩大的，应当就扩大的损失承担赔偿责任。

七、协议条款

第十八条　出发与结束日期

出发日期_____，结束日期_____；具体集合时间、地点及解散地点见《计划书》。

第十九条　旅游费用与支付

（旅游费用以人民币为计算单位）

成人：￥＿＿＿＿＿＿＿＿元/人；儿童（不满12岁的）：￥＿＿＿＿＿＿＿元/人；

合计：￥＿＿＿＿＿＿＿＿＿元（其中签证/签注费用￥＿＿＿＿＿＿＿元/人）。

旅游费用支付的方式和时间：＿＿＿＿＿＿＿＿＿＿＿＿＿＿＿＿＿＿＿＿＿。

第二十条　个人投保的旅游保险

旅游者＿＿＿＿＿＿＿＿＿（同意或者不同意，打钩无效）委托组团社办理个人投保的旅游保险。

保险产品名称：＿＿＿＿＿＿＿＿＿＿

保险金额：＿＿＿＿＿＿＿＿＿

保险费：＿＿＿＿＿＿＿＿＿

第二十一条　成团人数与不成团安排

组团社最低成团人数：＿＿＿＿＿＿＿＿；组团低于此人数不能成团时，组团社应当在出发前＿＿＿＿＿＿＿＿＿日及时通知旅游者。

如不能成团，旅游者是否同意按下列方式解决：

1. ＿＿＿＿＿＿＿＿＿（同意或者不同意，打钩无效）组团社延期出团。

2. ＿＿＿＿＿＿＿＿＿（同意或者不同意，打钩无效）转＿＿＿＿＿＿＿＿＿旅行社出团。

第二十二条　黄金周的特别约定

春节、"五一"、"十一"黄金周旅游高峰期间，组团社和旅游者约定行前退团及取消出团的提前告知时间、相关责任如下：

提前告知时间	旅游者行前退团，旅游者应当支付组团社的业务损失费占旅游费用总额的百分比	组团社取消出团，组团社应当支付旅游者的违约金占旅游费用总额的百分比
出发前　日至　日		
出发前　日至　日		
出发前　日至　日		
出发前　日至　日		
出发前　日至　日		

第二十三条　争议的解决方式

本合同履行过程中发生争议，由双方协商解决；亦可向合同签订地的旅游质量监督管理所、消费者协会等有关部门或机构申请调解解决。协商或者调解不成的，按下列第＿＿＿＿＿＿种方式解决：

1. 提交＿＿＿＿＿＿＿仲裁委员会仲裁；

2. 依法向人民法院起诉。

第二十四条　其他约定事项

　　未尽事宜，经旅游者和组团社双方协商一致，可列入补充条款。

　　（如合同空间不够，可附纸张贴于空白处，在连接处需双方盖章。）

_____

_____

_____

_____

_____

旅游者代表签字（盖章）：_____　　　　组团社签字（盖章）：_____

　　　　　　　　　　　　　　　　　　　　　　　　签约代表：_____

　　电话：　　　　　　　　　　　　　　　　　　　　电话：

　　传真：　　　　　　　　　　　　　　　　　　　　传真：

　　地址：　　　　　　　　　　　　　　　　　　　　地址：

　　邮编：　　　　　　　　　　　　　　　　　　　　邮编：

　　电子信箱：　　　　　　　　　　　　　　　　　　电子信箱：

　　　　　　　　　　　　　　　　　　　　　签约日期：_____年_____月_____日

　　　　　　　　　　　　　　　　　　　　　签约地点：_____

本章小结

本章主要阐述了旅游合同的概念，结合案例介绍了旅游合同的订立、效力、履行、变更与转让、解除与终止及旅游合同的违约责任等内容。通过本章学习，要学会运用所学的知识签订旅游合同、分析实际旅游合同纠纷的根源所在、处理实际旅游合同的有关问题。

思考与练习

一、单项选择题

1.商业广告原则上是一种（　　　）。

A.要约　　　　B.要约邀请　　　　C.承诺　　　　D.要约磋商

2.执行政府定价或政府指导价的合同在履行过程中，如果在合同约定的交付期限内政府价格发生变动时，按照（　　　）。

A.订立合同时履行地的市场价格履行　　　B.政府调整后的价格执行

C.订立合同时履行地的政府指导价履行　　　D.政府调整前的价格执行

3.当事人可以解除旅游合同的情形是（　　　）。

A.一方当事人迟延履行主要债务　　　B.一方当事人履行了主要债务的

C.一方当事人有轻微违约行为　　　D.因不可抗力致使不能实现旅游合同目的

二、多项选择题

1.书面合同的形式包括：（　　　　）

A. E-mail（电子邮件）　　　　　　B.Fax（传真）

C.telephone（电话）　　　　　　D.telegraph（电报）

2.合同生效的主要条件包括：（　　　　）

A.订立合同的行为人具有相应的民事行为能力　　　B.意思表示真实

C.具有符合条件的经济实力　　　　　　D.不违反法律或社会公共利益

3.下列属于无效合同的有：（　　　　）

A.以合法形式掩盖非法目的的合同

B.损害社会公共利益的合同

C.一方以欺诈、胁迫手段订立的，损害国家利益的合同

D.恶意串通，损害国家、集体或者第三人的利益的合同

三、案例分析

某旅行社和王先生签订了去内蒙旅游的合同，王先生交纳了全额团费。合同对住宿的约定是：住蒙古包一晚，住三星级酒店三晚。合同签订后的第四天，由于旅行社未能招徕到足够的游客，旅行社取消了团队行程。旅行社通知王先生，请他随另一家旅行社去内蒙旅游，并且住宿已经变更为蒙古包两晚，住三星级酒店两晚。王先生拒绝了组团社的要求，并向旅游管理部门投诉。

思考：这是合同的变更，还是合同的转让？

第五章
旅游饭店管理法规

导语 ★★★★★

1. 了解旅游饭店的概念及发展。
2. 掌握旅游饭店星级评定制度的主要内容。
3. 理解并掌握《中国旅游饭店行业规范》的主要内容。
4. 了解有关旅游饭店治安、娱乐和食品卫生等经营管理制度。

在旅游业的食、住、行、游、购、娱六大要素中，旅游饭店业是旅游活动中的重要环节之一，它与旅行社业、旅游交通业并称为旅游业的三大支柱，是人们在旅行游览活动中必不可少的"驿站"。对旅游饭店的管理，必须纳入法制化的轨道，依法管理。本章将对旅游饭店的星级评定、行业规范、治安管理、娱乐场所管理、食品卫生管理等法律法规进行探讨。

第一节　旅游饭店及其管理法规概述

一、旅游饭店的概念及发展

（一）旅游饭店的概念

旅游饭店是指以夜为时间单位向旅游客人提供配有餐饮及相关服务的住宿设施，按不同习惯它也被称为宾馆、酒店、旅馆、旅社、宾舍、度假村、俱乐部、大厦、中心等。

（二）旅游饭店业的发展

旅游饭店业，起源于古代罗马和中国的驿站。20世纪中叶旅游活动获得长足发展，使旅游饭店业成为国际性的经营项目和许多国家重要的经济收入。从旅游饭店业的发展历史来看，随着旅行、游览活动的出现、发展，旅游饭店业在国际上大体经历了四个阶段：设备简易、只供睡眠和食物的客栈时期；专为王室和贵族享乐而建筑豪华的大饭店时期；为商业旅行者服务的方便、舒适、价格合理的商业饭店时期；主要为旅游者提供服务及成为大众休闲、娱乐、社交重要场所的新型饭店时期。

二、我国旅游饭店业的立法情况

旅游饭店法规是调整旅游饭店开设、经营中各种法律关系的法律规范的总称。目前我国还没有专门的饭店法来调整这些关系，在实践中所适用的主要是《民法通则》和《合同法》中"民事责任"的一般性规定以及相关法律，如《消费者权益保护法》、《反不正当竞争法》、《治安管理处罚法》、《刑法》等，涉及民事、行政、刑事等各个领域；或是参照适用国际司法统一协会起草的《关于旅馆合同的协议草案》。除此以外，对饭店规定较多的就是行政法方面的内容。主要包括：公安机关制定的《旅馆业治安管理办法》，国家旅游局颁布的《旅游饭店星级的划分与评定》（GB/T14308-2003），国务院颁布的《娱乐场所管理条例》等。除国家立法外，还有中国旅游饭店业协会依据国家有关法律、法规制定的行业性自律规范《中国旅游饭店行业规范》，但它不具有国家法律的地位，没有强制执行的效力。

第二节　旅游饭店星级评定制度

一、旅游饭店星级评定制度概述

在我国旅游住宿业中，旅游饭店是主体，它在我国旅游业的发展中起着极为重要的作用。对旅游饭店进行星级评定，是国际上通行的惯例。实行这一制度，不仅能使饭店管理向正规化、科学化的目标迈进，而且也可以方便旅游者选择。星级制度以"星"来标志饭店等级，以"星"来反映饭店的硬件、软件水平，是一种国际化的通用标志。随着我国旅游业的发展，1988 年经国务院批准，国家旅游局颁布实施《中华人民共和国旅游涉外饭店星级标准》，1993 年 9 月经国家技术监督局重新审核修订作为国家标准，正式颁布了《中华人民共和国旅游涉外饭店星级划分与评定》（GB/T14308 – 93），这是我国第一个饭店行业管理的国家标准。1997 年国家技术监督局再次修订并以国家标准颁布（GB/T14308 – 1997）。2003 年国家旅游局第三次重新修订并作为国家标准颁布了《旅游饭店星级的划分与评定》（GB/T14308 – 2003），用"旅游饭店"取代了"旅游涉外饭店"，对星级评定作出了新的规定。

二、星级评定制度的主要内容

（一）旅游饭店星级的划分

《旅游饭店星级的划分与评定》规定，旅游饭店星级评定实行五星制，划分为五个等级，用星的数量和设色表示旅游饭店的等级。即一星级、二星级、三星级、四星级、五星级（含白金五星级）。最低为一星级，最高为白金五星级。星级越高，表示旅游饭店的档次越高。预备星级作为星级的补充，其等级与星级相同。旅游饭店星级的标志和证书由全国旅游饭店星级评定机构统一制作、核发。旅游饭店星级的标志须置于饭店前厅最明显位置。

（二）旅游饭店星级的有效期

饭店开业一年后可申请星级，经星级评定机构评定批复后，可以享有五年有效的星级及其标志使用权。开业不足一年的饭店可以申请预备星级，有效期一年。

● 小贴士

经过一年多的创建工作，2007年8月16日，北京中国大饭店、上海波特曼丽嘉酒店、广州花园酒店三家饭店通过全国旅游星级饭店评定委员会专家组的验收，成为国内首获殊荣的"白金五星级饭店"，而处于酒店业金字塔的顶端的"白金五星"将在总体数量上受到严格控制。根据新的标准，酒店要获得"白金五星"须先符合以下几个必备条件：已具备两年以上五星级酒店资格，地理位置处于城市中心商务区，对行政楼层提供24小时管家式服务，整体氛围豪华气派，内部功能布局与装修装饰及所在地历史、文化、自然环境相结合等。

（三）旅游饭店星级评定的机构及其权限

旅游饭店星级评定工作由全国旅游饭店星级评定机构统筹负责，其责任是制定星级评定工作的实施办法和检查细则，授权并督导省级以下旅游饭店星级评定机构开展星级评定工作，组织实施五星级饭店的评定与复核工作，保有对各级旅游饭店星级评定机构所评定饭店星级的否决权。

省、自治区、直辖市旅游饭店星级评定机构按照全国旅游饭店星级评定机构的授权和督导，组织本地区旅游饭店星级评定与复核工作，保有对本地区下级旅游饭店星级评定机构所评饭店星级的否决权，并承担推荐五星级饭店的责任。同时，负责将本地区所评星级饭店的批复和评定检查资料上报全国旅游饭店星级评定机构备案。

其他城市或行政区域旅游饭店星级评定机构按照全国旅游饭店星级评定机构的授权和所在地区省级旅游饭店星级评定机构的督导，实施本地区旅游饭店星级评定与复核工作，保有对本地区下级旅游饭店星级评定机构所评饭店星级的否决权，并承担推荐较高星级饭店的责任。同时，负责将本地区所评星级饭店的批复和评定检查资料逐级上报全国旅游饭店星级评定机构备案。

（四）旅游饭店星级评定的程序

1. 申请

旅游饭店申请星级，应向相应评定权限的旅游饭店星级评定机构递交星级申请材料；申请四星级以上的饭店，应按属地原则逐级递交申请材料。申请材料包括：饭店星级申请报告、自查自评情况说明及其他必要的文字和图片资料。

2. 受理

接到饭店星级申请后，相应评定权限的旅游饭店星级评定机构应在核实申请材料的基础上，于14天内作出受理与否的答复；对申请四星级以上的饭店，其所在地旅游饭店星级评定机构在逐级递交或转交申请材料时应提交推荐报告或转交报告。

3. 检查

受理申请或接到推荐报告后，相应评定权限的旅游饭店星级评定机构应在一

个月内以明查或暗访的方式安排评定检查。检查合格与否，检查员均应提交检查报告，对检查未予通过的饭店，相应星级评定机构应加强指导，待接到饭店整改完成并要求重新检查的报告后，于一个月内再次安排评定检查。

对申请四星级以上的饭店，检查分为初检和终检：初检由相应评定权限的旅游饭店星级评定机构组织，委派检查员以暗访或明查的形式实施检查，并将检查结果及整改意见记录在案，供终检时对照使用。初检合格，方可安排终检。终检由相应评定权限的旅游饭店星级评定机构组织，委派检查员对照初检结果及整改意见进行全面检查。终检合格，方可提交评审。

4. 评审

接到检查报告后的一个月内，旅游饭店星级评定机构应根据检查员意见对申请星级的饭店进行评审。评审的主要内容有：审定申请资格；核实申请报告；认定本标准的达标情况；查验违规及事故、投诉的处理情况等。

5. 批复

对于评审通过的饭店，旅游饭店星级评定机构应给予评定星级的批复，并授予相应星级的标志和证书。对于经评审认定达不到标准的饭店，旅游饭店星级评定机构不予批复。

（五）旅游饭店星级的评定原则

在饭店星级评定中，一般来说，饭店所取得的星级表明该饭店所有建筑物、设施设备及服务项目均处于同一水准。如果饭店由若干座不同建筑水平或设施设备标准的建筑物组成，旅游饭店星级评定机构应按每座建筑物的实际标准评定星级，评定星级后，不同星级的建筑物不能继续使用相同的饭店名称。例如，一家名为"滨海"的饭店是由三座不同的建筑物所构成。在星级评定中，该饭店的主楼被评为三星级，而另外两座建筑物则分别被评为二星级和一星级。在这种情况下，被评为二星、一星级的建筑物不得继续使用"滨海"饭店名称。否则，旅游饭店星级评定机构应不予批复或收回星级标志和证书。

饭店取得星级后，因改造发生建筑规格、设施设备和服务项目的变化，关闭或取消原有设施设备、服务功能或项目，导致达不到原星级标准的，必须向原旅游饭店星级评定机构申报，接受复核或重新评定。否则，原旅游饭店星级评定机构应收回该饭店的星级证书和标志。

某些特色突出或极具个性化的饭店，若自身条件与本标准规定的条件有所区别，可以直接向全国旅游饭店星级评定机构申请星级。全国旅游饭店星级评定机构应在接到申请后一个月内安排评定检查，根据检查和评审结果给予评定星级的批复，并授予相应星级的证书和标志。

（六）旅游饭店星级复核及处理制度

星级复核是星级评定工作的重要补充部分，其目的是督促已取得星级的饭店持续达标。对已经评定星级的饭店，旅游饭店星级评定机构应按照标准每年进行一次复核。复核工作应在饭店对照星级标准自查自纠、并将自查结果报告旅游饭店星级评定机构的基础上，由旅游饭店星级评定机构以明查或暗访的形式安排抽查验收。旅游饭店星级评定机构应于本地区复核工作结束后进行认真总结，并逐级上报复核结果。

对严重降低或复核认定达不到相应标准星级的饭店，具体处理方法如下：

1. 旅游饭店星级评定机构根据情节轻重给予签发警告通知书、通报批评、降低或取消星级的处理，并在相应范围内公布处理结果。

2. 凡在一年内接到警告通知书三次以上或通报批评两次以上的饭店，旅游饭店星级评定机构应降低或取消其星级，并向社会公布。

3. 被降低或取消星级的饭店，自降低或取消星级之日起一年内不予恢复或重新评定星级；一年后方可重新申请星级。

4. 已取得星级的饭店如发生重大事故，造成恶劣影响，其所在地旅游饭店星级评定机构应立即反映情况或在权限范围内作出降低或取消星级的处理。

5. 饭店接到警告通知书、通报批评、降低星级的通知后，必须认真整改并在规定期限内将整改情况报告处理机构。凡经旅游饭店星级评定机构决定提升或降低、取消星级的饭店，应立即将原星级标志和证书交还授予机构，由旅游饭店星级评定机构作出更换或没收的处理。

第三节　旅游饭店行业规范

一、旅游饭店行业规范概述

近年来，随着旅游饭店的大量增加，老百姓生活水平的提高，到旅游饭店消费的客人越来越多，旅游饭店与客人之间所产生的纠纷也随之不断增多。由于目前我国旅游法规还不够完善，一般的法律法规均未考虑到饭店行业的特殊性，饭店与客人出现纠纷后，往往各执一词，无据可依，客人的权益得不到保护，一定程度上也影响了饭店的经营。2002年，为了倡导履行诚信准则，保障客人和旅游饭店的合法权益，维护旅游饭店业经营管理的正常秩序，促进中国旅游饭店业的健康发展，中国旅游饭店业协会依据国家有关法律、法规制定了《中国旅游饭店行业规范》（以下简称《规范》）。

中国旅游饭店行业协会是经民政部门登记的饭店行业的行业组织，通过该组织实现饭店企业的行业自律，促进饭店行业的健康发展。因而旅游饭店业的行业规范是旅游饭店自律的行为规范，不具有国家法律的地位。该《规范》适用于中国旅游饭店业协会会员饭店。会员饭店如果同客人发生纠纷应参照《规范》

的有关条款协商解决；协商不成的，双方按照国家有关法律、法规和规定处理。尚未加入中国旅游饭店业协会的旅游饭店可参照该《规范》执行。

二、旅游饭店行业规范的主要内容

（一）总则

旅游饭店包括在中国境内开办的各种经济性质的饭店，含宾馆、酒店、度假村等（以下简称为饭店）。饭店应当遵守国家的有关法律、法规和规章，遵守社会道德规范，诚信经营，维护中国旅游饭店行业的声誉。

（二）预订、登记、入住的规定

1. 饭店应与客人共同履行住宿合同，因不可抗力不能履行双方住宿合同的，任何一方均应当及时通知对方；双方另有约定的，按约定处理。由于饭店出现超额预订而使客人不能入住的，饭店应当主动替客人安排本地同档次或高于本饭店档次的饭店入住，所产生的有关费用由饭店承担。

2. 饭店应当同团队、会议、长住客人签订住房合同。合同内容应包括客人进店和离店的时间、房间等级与价格、餐饮价格、付款方式、违约责任等款项。

3. 饭店在办理客人入住手续时，应当按照国家的有关规定，要求客人出示有效证件，并如实登记。

（三）饭店的权利

1. 一定情况下不接待客人的权利

旅游饭店可以按照实际情况来决定是否接待客人。旅游饭店在拒绝接待客人时，应当注意行为的方式，要以足够的谨慎、合理方式，尽量避免使旅客受到不必要的强制或不适当的屈辱，否则容易引起纠纷。根据《规范》规定，饭店在以下情况可以不接待客人：

（1）携带危害饭店安全的物品入店者。如携带危险品进入饭店。

（2）从事违法活动者。如在饭店内卖淫、嫖娼、赌博。

（3）影响饭店形象者。如醉酒滋事者、衣冠不整者等。

（4）无支付能力或曾有过逃账记录者。

（5）饭店客满。即饭店无能力接待新的旅客和接受新的预订时，饭店可以拒绝旅客。

（6）法律、法规规定的其他情况。例如投宿旅客患有精神病或传染病的；旅客不遵守饭店规章的，如未经允许携带宠物等饭店不接受的物品进入饭店的，饭店均有权拒绝其入住。

2. 谢绝客人自带酒水和食品进入餐厅等场所享用的权利

根据《规范》规定："饭店可以谢绝客人自带酒水和食品进入餐厅、酒吧、舞厅等场所享用，但应当将谢绝的告示设置于有关场所的显著位置。"显而易见，此项规定是为了保护饭店行业的利益，保障饭店行业在市场竞争中正常有序的发展。一般来讲，消费者到酒店消费自带酒水而付出一定的费用是合理的，毕竟这会涉及酒店提供的酒具和相关服务，关键问题是这个费用的收取比例要合理。目前这个费用多以"开瓶费"的名义按酒水市价的百分比收取。既然是提供相关服务，就该称之为"服务费"，而非"开瓶费"；称"开瓶费"，则费用会因瓶（酒）而异，若是"服务费"就会以提供服务的档次而异。因而这项规定在现实中引发了很多争议。

3. 向客人收取费用的权利

旅游饭店的商业性质决定了它是以营利为目的的企业，在向客人提供了约定的有偿服务后，有权按照有关规定向旅客收取约定的费用。

（1）饭店客房收费以"间/夜"为计算单位（钟点房除外）。即在计算旅客的住宿费用时，通常是从旅客入店至第二天的中午 12 点前，过一夜计一天，以此标准来收费。

● 案例

两位海南游客到广州探亲旅游，凌晨才入住广州一家宾馆，早上 11 点多结账时，宾馆却要求他们按照住宿一天结账。两位游客觉得这项收费不合理，明明只住了半天，不到 11 个小时，却需要支付一天的费用，实在有失公平，认为饭店的行为属于强制交易。而饭店则认为，饭店最主要的功能就是让旅客住宿休息，对于住宿饭店的客人来说，真正有价值和有意义的时间是在夜晚。只要饭店提供了过夜的服务，即完成了其主要义务，客人也就达到了其主要目的，实现了其支付一天房费的价值。两位客人虽然只住宿了不到 11 个小时的时间，但是已经享受了饭店最重要的服务。另外，如果他们在早上 6 点入店，并在第二天中午 12 点离店的话，其住宿时间就超过了 24 小时，但饭店也会依照 1 天的标准向客人收取费用，因为"间/夜"的计算方法是饭店收费的国际惯例。

《规范》第 10 条规定："饭店客房收费以'间/夜'为计算单位（钟点房除外），按客人住一'间/夜'，计收一天房费；次日 12 时以后、18 时以前办理退房手续者，饭店可以加收半天房费；次日 18 时以后退房者，饭店可以加收一天房费。依照此规定，会员饭店和旅客所签订的住宿合同是以"间/夜"的方式计费的，因此本案例中该饭店就是按此标准收费的。然而，由于《规范》中没有对入住的具体时间作出统一规定，新一天的计算方法也是五花八门，这便在实践中引起了不少的争端。如有的宾馆、酒店以凌晨 2 时为新一天的计算界限，有的则是 4 时、6 时或 7 时、8 时。可以看出，由于国内各酒店还没有一个明确的入住时间收费规定，因此每个酒店的做法可能都不一样。所以旅客应对酒店的"行规"有所了解，并且在入住前与酒店进行沟通，以免产生纠纷。

（2）饭店应当将房价表置于总服务台显著位置，供客人参考；饭店如给予客人房价折扣，应当书面约定。

（3）饭店可以对客房、餐饮、洗衣、电话等服务项目加收服务费，但应当在房价表及有关服务价目单上注明。客人在饭店商场内购物，不应加收服务费。

4. 向客人索赔的权利

在旅游饭店内住宿的旅客，不遵守合同的约定和有关规定，损坏了饭店的物品，饭店有权要求客人赔偿。

（1）饭店有义务提醒客人在客房内遵守国家有关规定，不得私留他人住宿或者擅自将客房转让给他人使用及改变使用用途。对违反规定造成饭店损失的，饭店可以要求下榻该房间的客人承担相应的赔偿责任。

（2）饭店可以口头提示或书面通知客人不得自行对客房进行改造、装饰。未经饭店同意进行改造、装饰并因此造成损失的，饭店可以要求客人承担相应的赔偿责任。

（3）饭店有义务提示客人爱护饭店的财物。由于客人的原因造成损坏的，饭店可以要求客人承担赔偿责任。由于客人原因维修受损设施设备期间导致客房不能出租、场所不能开放而发生的营业损失，饭店可视其情况要求客人承担责任。

（4）对饮酒过量的客人，饭店应恰当、及时地劝阻，防止客人在店内醉酒。客人醉酒后在饭店内肇事造成损失的，饭店可以要求肇事者承担相应的赔偿责任。

（四）饭店的义务

1. 提供与本饭店档次相符的产品与服务的义务

如果存在瑕疵，饭店应当采取措施及时加以改进；由于饭店的原因而给客人造成损失的，饭店应当根据损失程度向客人赔礼道歉，或给予相应的赔偿。

2. 保护客人人身安全的义务

提供安全的住宿环境，保证客人在住店期间的人身安全，是饭店在安全方面最基本的职责之一。客人在饭店可能受到人身伤害的原因很多，例如火灾、设施设备故障、食物中毒、服务员疏忽大意、第三人行凶抢劫和其他侵权行为等。为保护客人人身安全，饭店应当建立、健全一套安全管理制度。《规范》做了如下规定：

（1）饭店客房内的设施设备应能保障客人的人身安全。客房门应当装置防盗链、门镜、应急疏散图；卫生间内应当采取有效的防滑措施；客房内应当放置服务指南、住宿须知和防火指南；有条件的饭店应当安装客房电子门锁和公共区域安全监控系统。

（2）饭店应当确保健身、娱乐等场所设施、设备的完好和安全。对可能损害客人人身安全的场所，饭店应当采取防护、警示措施；警示牌应当中外文对照。

3. 维护客人财物安全的义务

（1）保护客人财物安全的一般义务

到饭店住宿或进行其他消费的客人都会携带一些物品，饭店有保护客人财物安全的义务。饭店应当采取措施，防止客人放置在客房内的财物灭失、毁损。由于饭店的原因造成客人财物灭失、毁损的，饭店应当承担责任；由于客人自己的行为造成损害的，饭店不承担责任；双方均有过错的，应当各自承担相应的责任。

（2）保管客人贵重物品的义务

饭店应当在前厅处设置有双锁的客人贵重物品保险箱，其位置应当安全、方便、隐蔽，能够保护客人的隐私，并应当按照规定的时限免费提供住店客人贵重物品的保管服务。

客人寄存贵重物品时，饭店应当要求客人填写贵重物品寄存单，并办理有关手续。饭店应当对住店客人贵重物品的保管服务作出书面规定，并在客人办理入住登记时予以提示。违反规定，造成客人贵重物品灭失的，饭店应当承担赔偿责任。

客房内设置的保险箱仅为客人提供存放一般物品之用，对没有按规定存放在饭店前厅贵重物品保险箱内而在客房里灭失、毁损的客人的贵重物品，如果责任在饭店一方，可视为一般物品予以赔偿。

● **案例**

某国外旅游团的一位客人在 A 饭店住宿期间，声称其放在客房内的一条非常贵重的项链被窃，并认定是客房服务员所为。饭店服务员感到很委屈，否认有偷窃行为。饭店慎重地搜查客房的每个角落和服务员可能到过的地方，均未能找到项链。该客人不依不饶，并多次声言项链之贵重，如饭店不能付出巨额赔偿，将向警方报案。

根据《规范》规定："对没有按规定存放在饭店前厅贵重物品保险箱内而在客房内灭失、损毁的贵重物品，如果责任在饭店一方，可视为一般物品予以赔偿。"由于本案中该客人没有按规定将贵重项链寄存而造成丢失，即使责任在酒店一方，饭店也只会按一般物品进行赔偿。如果是由于客人自己的行为造成财物损失的，饭店则不承担责任。

（3）保管客人寄存物品的义务

饭店保管客人寄存在行李寄存处的行李物品时，应当检查其包装是否完好、安全，询问有无违禁物品，并经双方当面确认后签发给客人行李寄存牌。

客人在餐饮、康乐、前厅行李处等场所寄存物品时，饭店应当当面询问客人物品中有无贵重物品。客人寄存的行李中如有贵重物品的，应当向饭店声明，由饭店员工验收并交饭店贵重物品保管处免费保管；客人事先未声明或不同意核实而造成物品灭失、毁损的，如果责任在饭店一方，饭店按照一般物品予以赔偿；客人对寄存物品没有提出需要采取特殊保管措施的，因为物品自身的原因造成毁损或损耗的，饭店不承担赔偿责任；由于客人没有事先说明寄存物的情况，造成饭店损失的，除饭店知道或者应当知道而没有采取补救措施的以外，饭店可以要求客人承担其所受损的赔偿责任。

4. 尊重客人隐私权的义务

饭店应当保护客人的隐私权。除日常清扫卫生、维修保养设施设备或者发生火灾等紧急情况外，饭店员工未经客人许可不得随意进入客人下榻的房间；未经客人的同意，不能将客人的房号告知他人，更不得将客人房间钥匙交付他人；如果是国家机关工作人员出于执行公务的需要，对客人房间进行搜查，也必须出示相关证件，依照合法的程序进行。

● 案例

王女士与同事孙先生因公事至某地出差，入住当地宾馆。进入客房不久，房间电话突然响起，王女士接起一听，原来是推销化妆品。起初也没太在意，但在之后的一个小时内，王女士陆陆续续接到近10个类似的电话，这使她感到十分不安，索性搁起电话。第二天，王女士听孙先生说他也同样接到了这些骚扰电话，并且除了一些推销电话外，还有一些关于不正当交易的来电，令孙先生不堪其扰；更令人恼火的是，很大一部分来电者知道两人的姓名、工作单位等多种资料。由于不知道这样的情况是否算是自己权益受到损害，故两人向质监局来电进行询问。

《旅游饭店行业规范》中明确规定：饭店应当保护客人的隐私权。同时，我国宪法规定，公民的隐私权受法律保护，任何组织和个人非经法定程序，不得公开公民的秘密。质监所认为，宾馆出于安全考虑，规定游客必须进行身份登记。但宾馆不得随意向第三方透露游客的各类信息，否则无论为何目的，都造成侵权，应当承担法律责任。而此案中，来电者能够对王女士与孙先生的个人信息了如指掌，显然是宾馆有人私下透露出去的，据此认为王女士和孙先生可以向宾馆投诉并提出索赔要求。

（五）服务有瑕疵所导致的责任

1. 洗衣服务

客人送洗衣物，饭店应当要求客人在洗衣单上注明洗涤种类及要求，并应当检查衣物状况有无破损。客人如有特殊要求或者饭店员工发现衣物破损的，双方应当事先确认并在洗衣单上注明。客人事先没有提出特殊要求，饭店按照常规进行洗涤，造成衣物损坏的，饭店不承担赔偿责任。客人的衣物在洗涤后即时发现破损等问题，而饭店无法证明该衣物是在洗涤以前破损的，饭店承担相应责任。饭店应当在洗衣单上注明，要求客人将衣物内的物品取出。对洗涤后客人衣物内物品的灭失，饭店不承担责任。

2. 停车场管理

饭店应当保护停车场内饭店客人的车辆安全。由于保管不善，造成车辆灭失或者毁损的，饭店承担相应责任，但因为客人自身的原因造成车辆灭失或者毁损的除外。双方均有过错的，应当各自承担相应的责任。饭店应当提示客人保管好放置在汽车内的物品。对汽车内放置的物品的灭失，饭店不承担责任。

（六）对会员饭店违反《规范》的处理

会员饭店违反《规范》，造成不良后果和影响的，除按照有关规定进行处理外，中国旅游饭店业协会将给予内部通报批评；给客人的人身造成较大伤害或者给客人的财产造成严重损失且情节严重的，除按规定进行赔偿外，中国旅游饭店业协会将给予公开批评；给客人人身造成重大伤害或者给客人的财产造成重大损失且情节特别严重的，除按规定进行赔偿外，经中国旅游饭店业协会常务理事会通过，将对该会员饭店予以除名。

第四节　旅游饭店经营管理制度

一、旅游饭店经营中的治安管理

改革开放以来，我国旅游业包括旅游饭店业有了很大发展，社会安定、治安良好，旅游者有安全感是旅游业发展的基本条件之一，特别是旅游饭店业治安状况的好坏，对旅游业的发展至关重要。1987年11月10日，公安部发布了《旅馆业治安管理办法》（下称《办法》），这是我国旅游饭店业治安管理的基本行政法规，也是我国旅游饭店业健康发展的一个法制保障。旅游饭店经营中治安管理的主要内容包括：

（一）开办旅游饭店的治安管理

《办法》规定，开办旅馆，其房屋建筑、消防设备、出入口和通道等，必须符合消防治安法规的有关规定，并且具备必要的防盗安全设施。申请开办旅馆，经主管部门审查批准，经当地公安机关签署意见，向工商行政管理部门申请登记，领取营业执照后，才可以开业。经批准开业的旅馆，如有歇业、转业、合并、迁移、改变名称等情况，应当在工商行政管理部门办理变更登记后3日内，向当地的县、市公安局、公安分局备案。

（二）旅游饭店经营中的治安管理

旅馆的经营，必须遵守国家的法律，要建立各项安全管理制度，设置治安保卫组织或者指定安全人员。具体内容包括：

1. 住宿登记制度。为了加强治安管理，《办法》规定旅馆接待旅客住宿必须登记；登记时，旅馆必须查验旅客的身份证件，并要求旅客按规定的项目如实登记。在接待境外旅客住宿时，除了要履行上述查验身份证件、如实登记规定项目外，旅馆还应当在 24 小时内向当地公安机关报送住宿登记表。

2. 财物保管制度。为了保障旅客财物的安全，减少失窃、被盗等治安案件的发生，《办法》规定，旅馆业必须设置旅客财物保管箱、保管柜或者保管室、保险柜，并指定专人负责保管工作。对旅客寄存的财物，要建立严格、完备的登记、领取和交接制度。

3. 遗留物品处理制度。旅馆对旅客遗留的物品应当妥善保管，设法归还原主或揭示招领；经招领 3 个月后仍然无人认领的，则应当登记造册，并送当地公安机关按拾遗物品处理。对于旅客遗留物品中的违禁物品和可疑品，旅馆应当及时报告公安机关处理。

4. 危险品报告制度。旅馆在经营中如果发现旅客将违禁的易燃、易爆、剧毒、腐蚀性和放射性等危险品带入旅馆，必须加以制止并及时报告公安机关处理，以避免安全事故的发生。公安机关对违禁将上述危险品带入旅馆的旅客，可以依照《中华人民共和国治安管理处罚法》有关条款的规定予以处罚。如果因此造成重大事故、造成严重后果并构成犯罪的，由司法机关依法追究刑事责任。

5. 违法犯罪活动报告制度。旅馆内严禁卖淫、嫖娼、赌博、吸毒、传播淫秽物品等违法犯罪活动，对于上述违法犯罪活动，公安机关可以依照《中华人民共和国治安管理处罚法》的有关规定处罚有关人员，对于情节严重构成犯罪的，由司法机关依照《中华人民共和国刑法》追究刑事责任。同时，旅馆工作人员发现违法犯罪分子、形迹可疑的人员和被公安机关通缉的罪犯，应当立即向当地公安机关报告，不得知情不报或隐瞒包庇，否则公安机关可以酌情予以处罚。如果旅馆负责人参与违法犯罪活动，其所经营的旅馆已成为犯罪活动场所，公安机关除依法追究刑事责任外，还应当会同工商行政管理部门对该旅馆依法处理。

二、旅馆企业开办娱乐服务场所的管理

随着旅游业的发展，旅馆也从以往单纯提供住宿、餐饮服务，发展为提供住宿、餐饮、娱乐、健身等多项服务。因此，在饭店内开办舞厅等娱乐、服务场所的，除执行《旅馆业治安管理办法》有关规定外，还应当遵守国务院 2006 年 1 月发布的《娱乐场所管理条例》（以下简称《条例》）的有关规定，该《条例》对娱乐场所的管理内容主要如下：

（一）《条例》适用范围

娱乐场所是指以营利为目的，并向公众开放、消费者自娱自乐的歌舞、游艺等场所，主要包括歌舞厅、卡拉 OK 场所等各类歌舞娱乐场所和以操作游戏、游艺设备进行娱乐的各类游艺娱乐场所。

兼营娱乐项目的场所，其兼营部分适用《条例》规定。由于旅游饭店在提供给旅客的服务设施中含有娱乐场所，故适用于该法涉及的范围。只对本单位内部员工开放的福利性娱乐场所和非营利性舞会、卡拉OK演唱等文化娱乐活动，不属于《条例》调整的范围。

（二）娱乐场所的设立与审批

1. 不得开办娱乐场所的人员规定

第一，国家机关及其工作人员不得开办娱乐场所，不得参与或者变相参与娱乐场所的经营活动；与文化主管部门、公安部门的工作人员有夫妻关系、直系血亲关系、三代以内旁系血亲关系以及近姻亲关系的亲属，不得开办娱乐场所，不得参与或者变相参与娱乐场所的经营活动。

第二，《条例》第五条规定，有下列情形之一的人员，不得开办娱乐场所或者在娱乐场所内从业：（1）曾犯有组织、强迫、引诱、容留、介绍卖淫罪，制作、贩卖、传播淫秽物品罪，走私、贩卖、运输、制造毒品罪，强奸罪，强制猥亵、侮辱妇女罪，赌博罪，洗钱罪，组织、领导、参加黑社会性质组织罪的；（2）因犯罪曾被剥夺政治权利的；（3）因吸食、注射毒品曾被强制戒毒的；（4）因卖淫、嫖娼曾被处以行政拘留的。

2. 娱乐场所的设立地点

《条例》规定，娱乐场所不得设在下列地点：（1）居民楼、博物馆、图书馆和被核定为文物保护单位的建筑物内；（2）居民住宅区和学校、医院、机关周围；（3）车站、机场等人群密集的场所；（4）建筑物地下一层以下（不含地下一层）；（5）与危险化学品仓库毗连的区域。

3. 娱乐场所的设立申请

（1）外国投资者可以与中国投资者依法设立中外合资经营、中外合作经营的娱乐场所，不得设立外商独资经营的娱乐场所。

（2）设立娱乐场所，应当向所在地县级人民政府文化主管部门提出申请；设立中外合资经营、中外合作经营的娱乐场所，应当向所在地省、自治区、直辖市人民政府文化主管部门提出申请。申请设立娱乐场所，应当提交投资人员、拟任的法定代表人和其他负责人没有本条例第五条规定情形的书面声明。

（3）受理申请的文化主管部门应当就书面声明向公安部门或者其他有关单位核查，公安部门或者其他有关单位应当予以配合；经核查属实的，文化主管部门应当进行实地检查，作出决定。予以批准的，颁发娱乐经营许可证，并根据国务院文化主管部门的规定核定娱乐场所容纳的消费者数量；不予批准的，应当书面通知申请人并说明理由。

4. 娱乐场所的审批

（1）文化主管部门审批娱乐场所应当举行听证。有关听证的程序，依照《中华人民共和国行政许可法》的规定执行。

（2）申请人取得娱乐经营许可证和有关消防、卫生、环境保护的批准文件后，方可到工商行政管理部门依法办理登记手续，领取营业执照。娱乐场所取得营业执照后，应当在 15 日内向所在地县级公安部门备案。

（3）娱乐场所改建、扩建营业场所或者变更场地、主要设施设备、投资人员，或者变更娱乐经营许可证载明的事项的，应当向原发证机关申请重新核发娱乐经营许可证，并向公安部门备案；需要办理变更登记的，应当依法向工商行政管理部门办理变更登记。

（三）娱乐场所的经营管理

1. 禁止娱乐场所内的娱乐活动含有下列内容：

（1）违反宪法确定的基本原则的；

（2）危害国家统一、主权或者领土完整的；

（3）危害国家安全，或者损害国家荣誉、利益的；

（4）煽动民族仇恨、民族歧视，伤害民族感情或侵害民族风俗、习惯，破坏民族团结的；

（5）违反国家宗教政策，宣扬邪教、迷信的；

（6）宣扬淫秽、赌博、暴力以及与毒品有关的违法犯罪活动，或者教唆犯罪的；

（7）违背社会公德或者民族优秀文化传统的；

（8）侮辱、诽谤他人，侵害他人合法权益的；

（8）法律、行政法规禁止的其他内容。

2. 娱乐场所及其从业人员不得实施下列行为，不得为进入娱乐场所的人员实施下列行为提供条件：

（1）贩卖、提供毒品，或者组织、强迫、教唆、引诱、欺骗、容留他人吸食、注射毒品；

（2）组织、强迫、引诱、容留、介绍他人卖淫、嫖娼；

（3）制作、贩卖、传播淫秽物品；

（4）提供或者从事以营利为目的的陪侍；

（5）赌博；

（6）从事邪教、迷信活动；

（7）其他违法犯罪行为。

3. 娱乐场所的设施规定

（1）歌舞娱乐场所应当按照国务院公安部门的规定在营业场所的出入口、主要通道安装闭路电视监控设备，并将闭路电视监控录像资料留存 30 日备查，不得删改或者挪作他用；同时应当保证闭路电视监控设备在营业期间正常运行，不得中断。

（2）歌舞娱乐场所的包厢、包间内不得设置隔断，并应当安装展现室内整体环境的透明门窗；包厢、包间的门不得有内锁装置。

（3）营业期间，歌舞娱乐场所内亮度不得低于国家规定的标准。

（4）娱乐场所使用的音像制品或者电子游戏应当是依法出版、生产或者进口的产品。

（5）游艺娱乐场所不得设置具有赌博功能的电子游戏机机型、机种、电路板等游戏设施设备，不得以现金或者有价证券作为奖品，不得回购奖品。

4. 娱乐场所的安全规定

（1）娱乐场所应当确保其建筑、设施符合国家安全标准和消防技术规范，定期检查消防设施状况，并及时维护、更新。娱乐场所的法定代表人或者主要负责人应当对娱乐场所的消防安全和其他安全负责。

（2）娱乐场所应当制定安全工作方案和应急疏散预案。营业期间，娱乐场所应当保证疏散通道和安全出口畅通，不得封堵、锁闭疏散通道和安全出口，不得在疏散通道和安全出口设置栅栏等影响疏散的障碍物；并应当在疏散通道和安全出口设置明显指示标志，不得遮挡、覆盖指示标志。

（3）任何人不得非法携带枪支、弹药、管制器具或者携带爆炸性、易燃性、毒害性、放射性、腐蚀性等危险物品和传染病病原体进入娱乐场所。

（4）迪斯科舞厅应当配备安全检查设备，对进入营业场所的人员进行安全检查。

5. 娱乐场所经营活动的规定

（1）歌舞娱乐场所不得接纳未成年人。除国家法定节假日外，游艺娱乐场所设置的电子游戏机不得向未成年人提供。

（2）娱乐场所不得招用未成年人；招用外国人的，应当按照国家有关规定为其办理外国人就业许可证。营业期间，娱乐场所的从业人员应当统一着工作服，佩戴工作标志并携带居民身份证或者外国人就业许可证。

（3）每日凌晨2时至上午8时，娱乐场所不得营业。

（4）娱乐场所提供娱乐服务项目和出售商品，应当明码标价，并向消费者出示价目表；不得强迫、欺骗消费者接受服务、购买商品。

（5）娱乐场所应当在营业场所的大厅、包厢、包间内的显著位置悬挂含有禁毒、禁赌、禁止卖淫嫖娼等内容的警示标志、未成年人禁入或者限入标志；标志应当注明公安部门、文化主管部门的举报电话。

（6）娱乐场所应当建立巡查制度，发现娱乐场所内有违法犯罪活动的，应当立即向所在地县级公安部门、县级人民政府文化主管部门报告。

（四）娱乐场所的监督管理

县级以上人民政府文化主管部门负责对娱乐场所日常经营活动的监督管理；县级以上公安部门负责对娱乐场所消防、治安状况的监督管理。

文化主管部门、公安部门和其他有关部门的工作人员依法履行监督检查职责时，有权进入娱乐场所，娱乐场所应当予以配合，不得拒绝、阻挠；需要查阅闭路电视监控录像资料、从业人员名簿、营业日志等资料的，娱乐场所应当及时提供。

文化主管部门、公安部门和其他有关部门及其工作人员违反本条例规定的，任何单位或者个人可以向依法有权处理的本级或者上一级机关举报。接到举报的机关应当依法及时调查、处理。

（五）法律责任

对于违反《娱乐场所管理条例》的责任人，不管是娱乐场所经营单位的从业人员，还是进入娱乐场所的顾客，都应承担相应的法律责任。工商管理部门、文化主管部门和公安机关都有权对其予以惩处，处罚的方式包括罚款、没收非法所得、责令停业整顿、吊销营业执照；情节严重构成犯罪的，还应追究其刑事责任。

三、旅游饭店经营中的食品卫生管理

"食"是旅游业六大要素之一，食品卫生直接关系到旅游者的身体健康和生命安全。为保证食品卫生，防止食品污染和有害因素对人体的危害，保障人民身体健康，增强人民体质，我国于 1995 年 10 月 30 日公布实施了《中华人民共和国食品卫生法》（以下简称《食品卫生法》），对食品卫生的监督和管理以法律的形式作了规定。而旅游饭店的食品卫生也无疑必须遵守这些规定，下面即对这些规定予以简要阐述。

（一）《食品卫生法》的适用范围

《食品卫生法》规定：凡在中华人民共和国领域内从事食品生产经营的，都必须遵守本法。本法适用于一切食品，食品添加剂、食品容器、包装材料和食品用工具、设备、洗涤剂、消毒剂；也适用于食品的生产经营场所、设施和有关环境。

（二）食品卫生的内容

1. 食品的含义

食品是指各种供人食用或者饮用的成品和原料以及按照传统既是食品又是药品的物品，但是不包括以治疗为目的的物品。

2. 食品卫生的基本要求

《食品卫生法》规定，食品应当无毒、无害，符合应有的营养要求，具有相应的色、香、味等感官性状。专供婴幼儿的主、辅食品，必须符合国务院卫生行政部门制定的营养、卫生标准。

3. 食品生产经营的卫生要求

食品生产经营是指从事一切食品的生产（不包括种植业和养殖业）、采集、收购、加工、贮存、运输、陈列、供应、销售等活动。根据《食品卫生法》的规定，食品生产经营过程中的卫生要求主要包括以下几个方面：

第一，对环境设施的要求。食品生产经营必须保持内外环境整洁，采取消除苍蝇、老鼠、蟑螂和其他有害昆虫及其孳生条件的措施，与有毒、有害场所保持规定的距离；食品生产经营企业应当有与产品品种、数量相适应的食品原料处理、加工、包装、贮存等厂房或者场所；应当有相应的消毒、更衣、盥洗、采光、照明、通风防腐、防尘、防蝇、防鼠、洗涤、污水排放、存放垃圾和废弃物的设施。

第二，对设备布局和工艺流程的要求。设备布局和工艺流程应当合理，防止待加工食品与直接入口食品、原料与成品交叉污染，食品不得接触有毒物、不洁物。

第三，对容器及包装的要求。餐具、饮具和盛放直接入口食品的容器，使用前必须洗净、消毒，饮具用后必须洗净，保持清洁；贮存、运输和装卸食品的容器包装、工具、设备和条件必须安全、无害、保持清洁，防止食品污染；直接入口的食品应当有小包装或者使用无毒、清洁的包装材料。

第四，对食品生产经营人员的卫生要求。食品生产经营者是指一切从事食品生产经营的单位或者个人，包括职工食堂、食品摊贩等。食品生产经营人员应当经常保持个人卫生，生产、销售食品时，必须将手洗净，穿戴清洁的工作衣帽；销售直接入口食品时，必须使用售货工具。

第五，对用水及洗涤剂、消毒剂的要求。生产经营食品离不开水，而水也是造成食品污染和传播疾病的媒介。所以，食品生产经营企业的用水必须符合国家规定的城乡生活用水卫生标准；使用的洗涤剂、消毒剂应当对人体安全、无害。

4. 禁止生产经营的食品

食品对人类造成的危害，主要是食品本身含有毒素和食品受到污染。食品污染，是指原材料在生长到成熟的过程中，以及从加工、贮藏、运输、销售、烹调直到食用前的每个环节，由于各种条件和因素的作用，可能使某些有害物质进入动植物体内或者直接进入食品，使食品的营养价值、卫生质量下降，甚至对人体带来不同程度的危害，为此，我国《食品卫生法》禁止生产经营下列食品：

（1）腐败变质、油脂酸败、霉变、生虫、污秽不洁、混有异物或者其他感官性状异常，可能对人体健康有害的。"腐败变质"是指食品经过微生物作用使食品中某些成分发生变色、感官性状发生改变而丧失可食性的现象；"油脂酸败"是指油脂和含油脂的食品，在储存过程中经微生物、酶、空气的作用而发生变化、变味等变化；"霉变"则是指霉菌污染繁殖。

（2）含有毒、有害物质或者被有毒、有害物质污染、可能对人体健康有害的。"有毒、有害物质"指食品本身含有毒物质，如河豚毒、土豆发芽后产生的龙葵毒等；而"被有毒、有害物质污染"是指食品在生长、制造、贮存、运输、销售等过程中，被有害、有毒物质污染。

（3）含有致病性寄生虫、微生物的，或者微生物毒素含量超过国家限定标准的。

（4）未经兽医卫生检验或者检验不合格的肉类及其制品。

（5）病死、毒死或者死因不明的禽、畜、兽、水产动物等及其制品。

（6）容器包装污秽不洁、严重破损或者运输工具不洁造成污染的。

（7）掺假、掺杂、伪造，影响营养卫生的。

（8）用非食品原料加工的，加入非食品用化学物质的或者将非食品当作食品的。

（9）超过保质期限的食品。保质期，必须从产品加工结束当日起算，并在生产厂内包装工序结束时加盖保质期限印记，不得从发货之日或销售单位收货之日起计算。

（10）为防病等特殊需要，国务院卫生行政部门或者省、自治区、直辖市人民政府专门规定禁止出售的；含有未经国务院卫生行政部门批准使用的添加剂的或者农药残留超过国家规定容许量的；其他不符合食品卫生标准和卫生要求的。

此外，食品不得加入药物，但是按照传统既是食品又是药品的以及作为原料、调料或者营养强化剂加入的除外。

（三）食品卫生的管理

我国《食品卫生法》规定，各级人民政府的食品生产经营管理部门应当加强食品卫生管理工作，并对执行本法情况进行检查。食品生产经营管理部门，是指国家各级人民政府的粮食、轻工和商业、农牧、渔业等有关行政部门。此外，在城乡集市贸易中，各级工商行政管理部门负责食品卫生管理工作；卫生行政部门负责食品卫生监督检验工作。具体来说，食品卫生的管理主要包括以下几方面内容：

1. 食品生产经营企业的卫生管理

食品生产经营企业的卫生状况是保证食品卫生、防止食品污染和食物中毒最重要的部分，必须明确责任，严格管理。具体做到：

（1）食品生产经营企业应当健全本单位的食品卫生管理制度。

（2）食品生产经营企业要配备专职或兼职食品卫生管理人员。

（3）食品生产经营企业要加强对所生产经营食品的检验工作。

2. 对食品生产经营人员健康的管理

《食品卫生法》规定，食品生产经营人员每年必须进行健康检查；新参加工作和临时参加工作的食品工作经营人员必须进行健康检查，取得健康证明后方可参加工作。凡患有痢疾、伤寒、病毒性肝炎等消化道传染病（包括病原携带者），活动性肺结核，化脓性或者渗出性皮肤病以及其他有碍食品卫生的疾病的，不得参加接触直接入口食品的工作。

对食品生产经营人员每年进行一次健康检查，目的是为了及时发现患有有碍食品卫生疾病的生产经营人员，以便及时采取调离治疗等措施。

3. 食品生产经营的卫生许可证管理

我国对生产经营食品的企业和食品摊实行卫生许可证制度，卫生许可证的发放管理办法由省、自治区、直辖市人民政府卫生行政部门制定。依据《食品卫生法》的规定，食品生产经营企业和食品摊贩必须先取得卫生行政部门发放的卫生许可证，方可向工商行政管理部门申请登记；未取得卫生许可证的，不得从事食品生产经营活动；食品生产经营者也不得伪造、涂改、出借卫生许可证。

4. 食品的标志管理

《食品卫生法》规定，食品包装标志必须清楚，容易辨识；在国内市场销售的食品，必须有中文标志。定型包装食品和食品添加剂，必须在包装标志或者产品说明书上根据不同产品分别按规定标出品名、产地、厂名、生产日期、批号或者代号、规格、配方或者主要成分、保存期限、食用或者使用方法等。食品、食品添加剂的产品说明书，不得有夸大或者虚假的宣传内容。

（四）食品卫生监督

我国《食品卫生法》规定："国家实行食品卫生监督制度。国家鼓励和保护社会团体和个人对食品卫生的社会监督。对违反本法的行为，任何人都有权检举和控告。"

1. 食品卫生监督机构及其职责

我国《食品卫生法》规定，"国务院卫生行政部门主管全国食品卫生监督管理工作。国务院有关部门在各自的职责范围内负责食品卫生管理工作。"该法还规定："县级以上地方人民政府卫生行政部门在管辖范围内行使食品卫生监督职责。铁道、交通行政主管部门设立的食品卫生监督机构，行使国务院卫生行政部门会同国务院有关部门规定的食品卫生监督职责。"

食品卫生监督机构的职责主要包括：（1）进行食品卫生监测、检验和技术指导；（2）协助培训食品生产经营人员，对食品生产经营人员进行监督和检查；（3）宣传食品卫生、营养知识，进行食品卫生评价，公布食品卫生情况；（4）对食品卫生经营企业的新建、扩建、改建工程的选址和设计进行卫生审查，并参加工程验收；（5）对食品中毒和食品污染事故进行调查，并采取控制措施；（6）对违反本法的行为追究责任，依法进行行政处罚；（7）对违反本法的行为进行巡回监督检查；（8）负责其他食品卫生监督事项。

2. 食品卫生监督员制度

我国《食品卫生法》规定，县级以上人民政府卫生行政部门设立卫生监督员。食品卫生监督员由合格的专业人员担任，由同级卫生行政部门发给证书；铁道、交通的食品卫生监督员，由其上级主管部门发给证书。

食品卫生监督员执行卫生行政部门交付的任务，必须秉公执法、忠于职守，不得利用职权谋取私利；食品卫生监督员在执行任务时，可以向食品生产经营者了解情况，索取必要的资料，进入生产经营场所检查，按照规定无偿采样，生产经营者不得拒绝或者隐瞒；食品卫生监督员对生产经营者提供的技术资料负有保密的义务。

3. 食品卫生监督机构对食物中毒事故的处理

（1）食物中毒及其特征

所谓食物中毒是指由细菌性、化学性和有毒动植物等引发的爆发性中毒。食物中毒的特点是，许多人同时发病，病状相似，病情急，进展快，有食用某种食物的历史。

（2）食物中毒的报告义务

《食品卫生法》规定，发生食物中毒的单位和接收病人进行治疗的单位，除采取抢救措施外，应当根据国家有关规定，及时向所在地卫生行政部门报告。报告食物中毒，是当事人和接收病人单位的义务；不报告就是违反法定义务，应负法律责任。

报告的内容主要有：食物中毒的发生日期、中毒单位、中毒人数、就医时间、中毒症状、出现症状时间、进食地点、可疑的带毒食物、食物来源等。

（3）食物中毒事故的处理

根据《食品卫生法》规定，县级以上地方人民政府卫生行政部门接到报告后，应当及时进行调查处理，并采取控制措施。县级以上地方人民政府卫生行政部门对已造成食物中毒事故或者有证据证明可能导致食物中毒事故的，可以对食品生产经营者采取下列临时控制措施：封存造成食物中毒或者可能导致食物中毒的食品及其原料；封存被污染的食品用工具及用具，并责令进行清洗消毒。经检验，属于被污染的食品予以销毁；未被污染的食品予以解封。

调查结束后，食品卫生监督机构应根据所发现的问题提出改进措施，并监督执行。对违反卫生法律制造或销售腐败变质有毒食品而引起中毒事故的单位和有关人员，依法予以追查、惩处。

（五）违反食品卫生法的法律责任

1. 对生产经营不符合卫生标准的食品，造成食物中毒事故或者其他食源性疾患的处罚

责令停止生产经营、销毁导致食物中毒或者其他食源性疾患的食品；没收违法所得，并处以违法所得1倍以上5倍以下的罚款；没有违法所得的，处以1000元以上5万元以下的罚款；对人体健康造成严重危害的，或者在生产经营的食品中掺入有毒、有害的非食品原料的，依法追究刑事责任。

2. 对未取得或者伪造卫生许可证从事食品生产经营活动的处罚

予以取缔，没收违法所得，并处以违法所得1倍以上5倍以下的罚款；涂改、出借卫生许可证的，收缴卫生许可证，没收违法所得，并处以违法所得1倍以上3倍以下的罚款；没有违法所得的，处以500元以上1万元以下的罚款。

● 案例

　　刘先生等一行23人参加由J旅行社组织的二日游，团队餐饮和住宿安排在景区的农家宾馆。早饭过后3小时，个别游客出现恶心、呕吐现象，随即又有多个游客出现腹痛、腹泻症状。导游员立即将患病游客送往当地急救中心，实施抢救治疗，并为全队其他游客发放预防药品，经医生诊断是食物中毒。事情发生后，旅行社立即通知当地防疫部门、保险公司及旅游管理部门，待大部分游客的病情基本控制后旅游团队返程，其中两位症状较重的游客转入当地医院继续治疗。游客对此遭遇深感委屈，投诉到旅游质监所，要求处理。经调查，造成此次团队游客食物中毒的原因，是该旅行社将游客安排在景区农家就餐，误食了有毒蘑菇。质监所认定：景区农家未执行有关规定，餐饮质量上出现严重问题，危害了游客的切身利益，也使旅行社在经济上受到损失，应首先对受损害旅行社进行直接赔偿。被投诉旅行社在此次事件中虽然也是受害者，但应当承担相应的过失责任。

　　根据《食品卫生法》第四十八条的规定，造成食物中毒事故或者其他食源性疾患的，或者因其他违反本法行为给他人造成损害的，应当依法承担民事赔偿责任。所以，旅行社应对受害游客的医疗费、误工费进行赔偿，且退还未实现的行程中的旅游费用。

　　3. 对食品生产经营过程中不符合卫生要求的处罚

　　责令改正，给予警告，可以处以5000元以下的罚款；拒不改正或者有其他严重情节的，吊销卫生许可证。

　　4. 对生产经营"禁止生产经营食品"及不符合营养卫生标准的专供婴幼儿的主、辅食品的处罚

　　责令停止生产经营，立即公告收回已售出的食品，并销毁该食品，没收违法所得，并处以违法所得1倍以上5倍以下的罚款；没有违法所得的，处以1000元以上5万元以下的罚款。情节严重的，吊销卫生许可证。

　　5. 对生产经营或者使用不符合卫生标准和卫生管理办法规定的食品添加剂、食品容器、包装材料和食品用工具、设备以及洗涤剂、消毒剂的处罚

　　责令停止生产或者使用，没收违法所得，并处以违法所得1倍以上3倍以下的罚款；没有违法所得的，处以5000元以下的罚款。

　　6. 对未经审查批准而生产经营具有特定保健功能的食品或者该食品的产品说明书内容虚假的处罚

　　责令停止生产经营，没收违法所得，并处以违法所得1倍以上5倍以下的罚款；没有违法所得的，处以1000元以上5万元以下的罚款。情节严重的吊销卫生许可证。

7. **对虚假标注生产日期、保质期，国内市场销售食品未标明中文标志的处罚**

定型包装食品和食品添加剂的包装标志或者产品说明书上不表明或者虚假标注生产日期、保质期限等规定事项的，或者违反规定不标注中文标志的，责令改正，可以处以 500 元以上 1 万元以下的罚款。

8. **对食品生产经营人员未取得健康证者的处罚**

食品生产经营人员未取得健康证明而从事食品生产经营的，或者对患有疾病不得接触入口食品的生产经营人员不按规定调离的，责令改正，可以处以 5000 元以下的罚款。

9. **对其他相关人员的处罚**

卫生行政部门违反本法规定，对不符合条件的生产经营者发放卫生许可证的，对直接责任人员给予行政处分；收受贿赂，构成犯罪的，依法追究刑事责任。

食品卫生监督管理人员滥用职权、玩忽职守、营私舞弊，造成重大事故，构成犯罪的，依法追究刑事责任；不构成犯罪的，依法给予行政处分。

以暴力、威胁方法阻碍食品卫生监督管理人员依法执行职务的，依法追究刑事责任；拒绝、阻碍食品卫生监督管理人员依法执行职务未使用暴力、威胁方法的，由公安机关依照《治安管理处罚法》的规定处罚。

此外，违反本法规定，造成食物中毒事故或者其他食源性疾患的，或者因其他违反本法行为给他人造成损害的，应当依法承担民事赔偿责任。

本法规定的行政处罚由县级以上地方人民政府卫生行政部门决定。当事人对行政处罚决定不服的，可以在接到处罚通知之日起 15 日内向作出处罚决定的机关的上一级机关申请复议或在接到处罚通知之日起 15 日内直接向人民法院起诉。当事人逾期不申请复议也不向人民法院起诉，又不履行处罚决定的，作出处罚决定的机关可以申请人民法院强制执行。

本章小结

本章介绍了旅游饭店的概念及发展、旅游饭店星级评定制度、《中国旅游饭店行业规范》的具体内容以及有关旅游饭店治安、娱乐和食品卫生等经营管理制度的规定，通过学习，要树立良好的法律意识，学会运用所学知识正确应对旅游饭店中发生的各种纠纷。

思考与练习

一、单项选择题

1.依据《旅游饭店星级的划分与评定》的规定，旅游饭店申请星级经批复后，享有（　　）有效的星级及其标志使用权。

A.半年　　　　B.一年　　　　C.三年　　　　D.五年

2.某客人凌晨1点入住饭店，第二天上午10点退房，依据《中国旅游饭店行业规范》的规定，该饭店可以向客人（　　）

A.收半天房费　B.收一天房费　C.加收半天房费　D.加收一天房费

3.《食品卫生法》规定，新参加工作和临时参加工作的食品工作经营人员必须进行健康检查，取得（　　）后方可参加工作。

A.卫生许可证　B.卫生证明　　C.健康证明　　　　D.经营许可证

二、多项选择题

1.星级饭店经复核不能达到标准规定的，星级饭店评定机构可根据具体情况作出（　　）的处理。

A.停业整顿　　　　　　　　B.签发警告通知书

C.通报批评　　　　　　　　D.降低或取消星级

2.《食品卫生法》规定，食品卫生的基本要求包括：（　　）

A.食品应当无毒、无害　　　　　　B.食品应以治疗为目的

C.食品具有相应的色、香、味等感官性状　D.食品符合应有的营养要求

3.《娱乐场所管理条例》规定，有下列情形之一的人员，不得开办娱乐场所或者在娱乐场所内从业：（　　）

A.曾犯有盗窃罪的　　　　　　B.因犯罪曾被剥夺政治权利的

C.因吸食、注射毒品曾被强制戒毒的　D.因卖淫、嫖娼曾被处以行政拘留的

三、案例分析

王某到某市出差，住在当地的某宾馆。晚上他在外面吃饭时，喝了不少酒。回到宾馆，他准备洗澡后即休息。在洗澡时，由于浴室地板是大理石的，又未经过防滑处理，地板很滑，也没有"小心"的警示，王某一下子摔倒在地，造成脑震荡、股骨骨折，花去治疗费7650元。三某向该宾馆要求赔偿，遭到拒绝，于是起诉至当地法院。

思考：（1）宾馆应否承担赔偿责任？为什么？

（2）王某自己应否承担责任？为什么？

（3）饭店在日常的经营管理中应如何尽量避免此类事件的发生？

第六章
旅游安全与保险法规

导语 ★★★★★

1. 了解旅游安全管理的概念、方针、原则及旅游经营企业安全管理工作的内容。
2. 掌握旅游安全事故的概念及分类，理解旅游安全事故的处理程序。
3. 了解漂流旅游安全管理的相关规定。
4. 了解旅游保险的概念、特点及常见的险种。
5. 掌握旅行社责任保险的相关内容，树立保险意识。

　　旅游安全是旅游业持续、健康、稳定发展的基础，旅游者在尽情游览的同时，往往忽视了其中存在的各种不安全因素，对于旅游过程中面临的各种风险也缺乏必要的防范意识。因此，学习有关旅游安全和旅游保险的一些基本法律制度对于旅游者和旅游从业人员都是十分必要的。

第一节　旅游安全管理法规

　　安全是旅游的生命线，没有安全就没有旅游业的发展。据统计，全球每年因旅游死亡的人数超过 10 万。旅游安全已成为旅游出行者最需要关注的问题。我国和世界上大多数国家一样，十分重视旅游者的安全问题。为了使我国旅游安全管理工作规范化和制度化，国家旅游局自 1990 年以来先后制定了《旅游安全管理暂行办法》、《旅游安全管理暂行办法实施细则》以及《重大旅游安全事故报告制度试行办法》、《重大旅游安全事故处理程序试行办法》等一系列旅游安全规章制度，从而将我国的旅游安全管理工作初步纳入规范化和制度化轨道，使旅游安全管理工作有法可依，有章可循。1998 年国家旅游局又发布了《漂流旅游安全管理暂行办法》，使我国的安全管理工作从一般性管理走向了具体化管理。

一、旅游安全管理工作概述

（一）旅游安全管理的概念

　　旅游安全管理是旅游行政管理部门及旅游企事业单位为保障旅游者人身、财物安全，对旅游安全工作进行计划、组织、协调、控制的活动。

（二）旅游安全管理工作的方针及原则

　　对旅游业来说，安全问题不仅影响到旅游业的形象和信誉，也关系到旅游业的生存和发展。没有安全，就没有旅游的发展，也就没有对外开放、经济繁荣和社会稳定。

　　《旅游安全管理暂行办法》规定，为了切实加强旅游安全管理工作，保障旅游者人身、财物安全，旅游安全管理应当贯彻"安全第一、预防为主"的方针。"安全第一"，是指在旅游活动中，无论是旅游行政管理部门，还是旅游经营单位或旅游从业人员，都必须自始至终把安全工作放在首位，丝毫不得有懈怠的思想。"预防为主"，是指旅游行政管理部门、旅游经营单位和旅游从业人员对旅游活动中可能发生的安全事故，事先采取安全防范措施，彻底消除不安全隐患，防患于未然。

　　旅游安全管理工作应当遵循"统一领导，分级管理，以基层为主"的原则，实行在国家旅游局的统一领导下，各级旅游行政管理部门分级管理的体制，重点做好基层旅游企业的管理工作。旅行社、旅游饭店、旅游车船公司、旅游景点景区、旅游购物商店、旅游娱乐场所和其他旅游经营企业，是旅游安全管理工作的基层单位，必须切实做好各项安全管理工作，保证旅游安全工作收到实效。

● 案例

2004年2月5日晚，在北京市密云县密虹公园举办的密云县第二届迎春灯展的第六天，因游人拥挤致使云虹桥上人流密度过大，秩序混乱，部分游人在桥西侧跌倒后相互挤压，造成37人死亡，37人受伤。造成该起特大伤亡事故的原因主要是由于主办方对活动的安全方案没有做足够的事前安排和应急预案，负责安全保卫的派出所存在渎职失职行为，最终导致了悲剧的发生。事后经法院审理判决，派出所负责人以玩忽职守罪被判处三年有期徒刑，其他事故责任人也分别受到党纪、政纪处分。

本案的教训说明：任何大型集会活动如开晚会、搞庆祝、节假日的旅游景区等组织管理，首先考虑的应该是如何保障安全。作为基层单位旅游企业必须把安全工作放在首位。

（三）旅游经营企业安全管理工作的内容

1. 设立安全管理机构，配备安全管理人员；

2. 建立安全规章制度，并组织实施；

3. 建立安全管理责任制，将安全管理的责任落实到每个部门、每个岗位、每个职工；

4. 接受当地旅游行政管理部门对旅游安全管理工作的行业管理和检查、监督；

5. 把安全教育、职工培训制度化、经常化，培养职工的安全意识，普及安全常识，提高安全技能，对新招聘的职工必须经过安全培训，合格后才能上岗；

6. 新开业的旅游企事业单位，在开业前必须向当地旅游行政管理部门申请对安全设施设备、安全管理机构、安全规章制度的检查验收，检查验收不合格者不得开业；

7. 坚持日常的安全检查工作，重点检查安全规章制度的落实情况和安全管理漏洞，及时消除不安全隐患；

8. 对用于接待旅游者的汽车、游船和其他设施，要定期进行维修和保养，使其始终处于良好的安全技术状况，在运营前进行全面的检查，严禁带故障运行；

9. 对旅游者的行李要有完备的交接手续，明确责任，防止损坏或丢失；

10. 在安排旅游团队的游览活动时，要认真考虑可能影响安全的诸项因素，制定周密的行程计划，并注意避免司机处于过分疲劳状态；

11. 负责为旅游者投保旅游保险。

12. 直接参与处理涉及单位的旅游安全事故，包括事故处理、善后处理及赔偿事项等；

13. 开展登山、自驾车、狩猎、探险等特殊旅游项目时，要事先制定周密的安全保护预案和急救措施，重要团队需按规定报有关部门审批。

二、旅游安全事故

（一）旅游安全事故的概念

旅游安全事故是指在旅游过程中，涉及旅游者人身、财物安全的事故。

现实中引起旅游安全事故的原因主要包括两个方面：一是自然原因，如洪水、地震、海啸、火山爆发等严重自然灾害；二是人为原因，如战争、恐怖主义、社会动乱、犯罪活动、火灾、旅游设施管理差错、旅游企业工作人员的过错行为引起的灾难或损害等。

（二）旅游安全事故的等级划分

《旅游安全管理暂行办法》规定，根据旅游安全事故所造成的损害结果，可将旅游安全事故分为轻微、一般、重大和特大事故4个等级，如表6-1所示。

表6-1 旅游安全事故的等级划分

安全事故等级	旅游者伤亡程度	经济损失
轻微事故	轻伤	1万元以下
一般事故	重伤	1万元至10万（含1万）元
重大事故	重伤致残或死亡	10万元至100万（含10万）元
特大事故	死亡多名	100万元以上

（三）旅游安全事故的处理

1. 旅游安全事故处理的一般程序

根据《旅游安全管理暂行办法》规定，事故发生单位在事故发生后，应当按下列程序处理：

（1）陪同人员应当立即上报主管部门，主管部门应当及时报告归口管理部门；

（2）会同事故发生地的有关单位严格保护现场；

（3）协同有关部门进行抢救、侦查；

（4）有关单位负责人应及时赶赴现场处理。

2. 重大旅游安全事故的处理程序

根据《重大旅游安全事故处理程序试行办法》规定，重大旅游安全事故包括：造成海外旅游者人身重伤、死亡的事故；涉外旅游住宿、交通、游览、餐饮、娱乐、购物场所的重大火灾及其他恶性事故；其他经济损失严重的事故。

重大安全事故的处理原则是由事故发生地的人民政府牵头协调有关部门以及事故责任方及其主管部门负责处理，必要时可成立事故处理领导小组。具体处理程序包括：

（1）报告事故，组织抢救。在重大旅游安全事故发生后，报告单位应当立即派赴现场，组织抢救工作，并及时报告当地公安部门。报告单位如不属事故方或责任方的主管部门，应按照事故处理领导小组的部署做好有关工作。

（2）保护现场，做好登记。公安部门人员尚未进入事故现场前，如因现场抢救工作需要移动物证时，应做出标记，并尽量保护事故现场的客观、完整。如有伤亡情况，应立即组织医护人员进行抢救，并及时报告当地卫生部门；与此同时，事故报告单位应当确认伤亡人员的身份以及在国内外的保险情况，并进行登记。如有死亡事故，应注意保护好遇难者的遗骸、遗体。对事故现场的行李和物品，要认真清理和保护，并逐项登记造册。

（3）出具证明，处理善后。在伤亡事故的处理过程中，责任方及主管部门要认真做好伤亡家属的接待、遇难者的遗体和遗物的处理及其他善后工作；负责联系有关部门为伤残者或伤亡者家属提供有关证明文件，并妥善处理好对伤亡人员的赔偿问题，包括协助伤亡者家属向有关保险公司索取保险赔偿等。如果伤亡者中有来自海外的旅游者，责任方和报告单位在对伤亡人员核查清楚后，要及时报告当地外事部门及国家旅游局，由当地外事部门或国家旅游局负责通知外方，而有关组团旅行社应及时抚慰伤亡者家属。

3. 特大旅游安全事故处理的程序

根据《特别重大事故调查程序暂行规定》，特大事故是指一次事故造成旅游者死亡多名或者经济损失在100万元以上，或者性质特别严重、产生重大影响的事故。特大事故处理程序包括：

（1）事故报告。特大事故发生单位应立即将所发生特大事故的情况报告上级归口管理部门和所在地地方人民政府，并报告所在地的省、自治区、直辖市人民政府和国务院归口管理部门，并且在24小时内写出书面事故报告，报送上述部门；若涉及军民两个方面的特大事故，还必须立即将所发生事故的情况报告当地警备司令部或最高军事机关；省、自治区、直辖市人民政府和国务院归口管理部门在接到特大事故报告后，应当立即向国务院作出报告。

（2）现场保护。特大事故发生地公安部门得知发生特大事故后，应当立即派人赶赴现场，负责事故现场的保护和证据收集工作。对于特大事故现场的勘查工作，由特大事故发生单位所在地地方人民政府负责组织有关部门进行。

（3）事故调查。特大事故发生后，按照事故发生单位的隶属关系，由省、自治区、直辖市人民政府或者国务院归口管理部门组织成立特大事故调查组，负责特大事故调查工作。对于某些特大事故，国务院认为应当由国务院调查的，则可以决定由国务院或者国务院授权的部门组织成立特大事故调查组。

4．外国旅游者在华旅游期间发生伤亡情况的处理

随着我国旅游业的迅速发展，外国来华旅游者日益增多，外国游客意外伤亡事故也时有发生。对于涉及外国旅游者伤亡的事故，应当特别注意下列事项：

（1）立即通过外事管理部门通知有关国家驻华使馆和组团单位；

（2）为前来了解、处理事故的外国使领馆人员和组团单位及伤亡者家属提供方便；

（3）与有关部门协调，为国际急救组织前来参与对在国外投保的旅游者（团）的伤亡处理提供方便；

（4）对在华死亡的外国旅游者严格按照外交部"外国人在华死亡后的处理程序"进行处理。

三、漂流旅游安全管理规定

（一）漂流旅游安全事故

根据《漂流旅游安全管理暂行办法》的规定，漂流旅游是指漂流经营企业组织旅游者在特定的水域，乘坐船只、木筏、竹筏、橡皮艇等漂流工具进行的各种旅游活动。

凡在漂流过程中发生旅游者伤亡事故或危及旅游者安全的其他事故，均为漂流旅游安全事故。

（二）漂流旅游安全管理工作

漂流旅游属特种旅游活动，其安全管理工作以保障旅游者人身及财产安全为原则，实行"安全第一，预防为主"的方针。

国务院旅游行政管理部门负责全国范围内漂流旅游活动的安全监督管理工作。县级以上地方人民政府旅游行政管理部门负责本地区内漂流旅游活动的安全监督管理工作。

（三）经营漂流旅游的企业职责

1．根据旅游安全管理的有关规定及有关部门的规章制度，建立健全的安全管理规章制度。

2．设置专门的安全管理机构或确定专人负责安全管理工作。

3．对从业人员特别是漂流工具操作人员进行旅游服务和旅游安全培训。

漂流工具的操作人员的职责主要包括：上岗前必须由旅游管理部门或经营企业进行旅游服务和旅游安全培训，经当地水运管理部门考试合格后方可上岗；须向旅游者宣讲漂流旅游安全知识，介绍漂流工具上的安全设施及使用方法，说明漂流旅游中的安全注意事项和发生意外事故后的应急办法。

4．保证所提供的漂流旅游服务符合保障旅游者在漂流旅游活动中的人身及财产安全的要求；在码头、漂流工具上应放置足够的救生设备；组织旅游者乘坐

漂流工具时，应要求旅游者穿救生衣或使用其他救生装备。

5. 保证漂流工具安全可靠，严格遵守核定的载客量，严禁违章操作。

6. 明确告示患有精神病、心脏病、高血压、痴呆病等病症的患者以及孕妇、老人、小孩和残疾人等不宜参加漂流旅游。

7. 开展漂流旅游应在有关部门考察核定的、符合安全标准的水域内进行，经营漂流旅游的企业应配合有关部门，保持漂流水域的畅通及航道标志明显。

8. 由旅游者自行操作漂流工具进行漂流的，经营企业的工作人员应事先将有关注意事项详细告知旅游者，并在易发生事故的危险地段安排专人负责安全监护。

● 案例

　　徐某等人参加某旅行社组团前往英德市暗河（又名"老虎谷"）漂流，每人支付98元的旅游费。由于水流很急，徐某摔伤，医院诊断为左手第三掌指关节开放性脱位，左环指近节、中指中节指骨骨折，多处软组织挫裂伤，鉴定为十级伤残。医疗费由旅行社全部支付，但双方就赔偿问题产生分歧，徐某一纸诉状将旅行社起诉至越秀区法院。一审法院判决：旅行社赔偿徐某各项费用合计共35633.85元。旅行社不服，上诉至广州市中级人民法院，认为该事故产生的直接原因在于徐某过于紧张，违反操作要点，将安全绳过紧地捆绑于自己的手上，以致游艇翻倒时无法脱手，拉伤手指。意外发生后，旅行社也进行了及时救治，对于法律规定的安全注意义务已完全履行。因此，他们认为河道漂流旅游活动本身就是一项带有危险性的体育活动，若是意外发生后不分因由一概要求组织者承担赔偿责任，无异于参加足球活动因踢球扭伤脚后要求对方或活动组织者承担赔偿一样无理，有失民事活动中的公平原则。

　　但广州中院审理后认为，徐某是在旅游过程中受伤，旅行社作为漂流活动旅游服务的提供者，未能提供证据证明其已经向徐某进行过漂流前必要的安全指导，且在徐某漂流过程中也未采取足够有效的安全保障措施。因此法院最后驳回上诉，维持原判。

（四）漂流旅游安全事故的处理

经营漂流旅游的企业应根据有关规定和当地具体情况制定意外事故处理预案。一旦发生安全事故，经营漂流旅游的企业应立即采取措施，组织救助，并向当地旅游行政管理部门及其他有关部门报告。

地方旅游行政管理部门在接到事故报告后，应立即将情况向上级旅游行政管理部门报告，并积极配合公安、交通、卫生等部门组织事故调查、伤员的救治和其他善后工作。

事故处理结束后，当地旅游行政管理部门应责成漂流旅游的经营者整理出事故处理报告，内容包括：事故发生的时间、地点、事故原因、伤亡情况及财产损失、经验教训、处理结果等。当地旅游行政管理部门在将事故处理报告核定后，报上级旅游行政管理部门备案。

第二节 旅游保险法规

随着我国旅游业的快速发展，外出旅游人数迅速增长，旅游安全已成为人们普遍关心的问题。在旅游活动中，无论是旅游者还是旅游经营者都会存在着各种风险。因此，旅游保险成为旅游者和旅游企业分散风险、避免及补偿旅游活动损失的主要手段。与欧美发达国家相比，我国的旅游保险起步较晚，自 20 世纪 80 年代末才开办旅游保险业务。近年来由于旅游各环节中的自然灾害、意外事故、法律风险和违约责任等风险日益突出，旅游保险成为实现旅游安全发展的重要保障。

一、旅游保险的概念及特点

（一）旅游保险的概念

旅游保险是指旅游者或旅游经营者与保险公司订立保险合同，向保险公司支付保险费，一旦在旅游过程中发生保险事故，由保险公司根据合同约定承担赔偿保险金责任的商业保险行为。

（二）旅游保险的特点

旅游保险是保险的一种，具有以下特点：

1. 短期性

旅游保险相对于其他保险而言，保险期限是很短的。如在乘坐各种交通工具时，保险期限是从购票登上交通工具时起，至抵达目的地离开交通工具时止。在这种情况下，近距离的旅行只需要几个小时，远距离的旅行也只需要几天。

2. 强制保险与自愿保险相结合

旅游保险合同的种类繁多，凡是以国家的有关法律为依据而建立保险关系的保险称为强制保险，例如旅行社购买的旅行社责任险；凡是保险人和投保人在自愿原则基础上通过签订保险合同而建立保险关系的保险称为自愿保险，即是否参加保险由投保人自行决定，是否接受投保由保险人决定，如旅游者个人购买的旅游意外保险。

3. 财产保险与人身保险相结合

保险根据保险标的的不同，分为财产保险和人身保险，一般而言，投保时要根据具体情况投保财产或人身险。在旅游保险中，以旅游者人身作为保险对象的称为旅游人身保险；以旅游者携带的财物为对象的保险称为旅游财产保险。财产险和人身险往往联系紧密，因而在有的险种中，旅游投保人可以在一份合同中同时投保财产险和人身险。

二、常见的旅游保险险种

根据我国有关法律、法规的规定，从 2001 年 9 月 1 日开始，旅行社从事旅游业务经营活动，必须投保旅行社责任险，并推荐旅游者购买旅游意外保险。旅游过程中发生的旅游事故，有些是旅行社的责任，但更多时候是由于意外原因导致的。因此，为了在外出旅游时获得更多的保障，合理转移出游风险，不仅旅行社应该积极推荐和协助旅游者合理购买个人旅游意外保险，而且旅游者在出行前也应主动选择购买所需的旅游保险。常见的旅游保险险种主要包括：

（一）旅游人身意外伤害保险

这类保险对所有外出的游客都很实用，现在多数保险公司都已开设这种险种，每份保险费为 1 元，保险金额 1 万元，一次最多投保 10 份。保险期限从游客购买保险进入旅游景点时起，至离开景点时止。

（二）旅游意外伤害保险

这类保险主要为游客在乘坐交通工具出行时提供风险防范服务，游客购买车票、船票时，实际上就已经投了该险，其保费是按照票价的 5% 计算的，每份保险的保险金额为人民币 2 万元，其中意外事故医疗金 1 万元。保险期从检票进站或中途上车上船起，至检票出站或中途下车下船止，在保险有效期内因意外事故导致旅客死亡、残废或丧失身体机能的，保险公司除按规定付医疗费外，还要向伤者或死者家属支付全数、半数或部分保险金额。

（三）住宿旅客人身保险

该险种每份保费为 1 元，一次可投多份。从住宿之日零时起算，保险期限为 15 天。每份保险责任分三个方面：一是住宿旅客保险金 5000 元，二是住宿旅客见义勇为保险金 1 万元，三是旅客随身物品遭意外损毁或盗抢而丢失的补偿金 200 元。在保险期内，旅客因遭意外事故、外来袭击、谋杀或为保护自身或他人生命财产安全而致自身死亡、残废或身体机能丧失或随身携带物品遭盗窃、抢劫等而丢失的，保险公司按不同标准支付保险金。

（四）旅游救助保险

这类保险是国内各保险公司与国际救援中心（SOS）或其他国际救援机构联手推出的，将原先的旅游人身意外保险的服务扩大，将传统保险公司的一般事后理赔向前延伸，变为事故发生时提供及时的有效的救助，做到保险和救援一体化，对被保险人风险实行全程管理。旅游者在旅行中遇到任何困难，都可拨打援助机构的热线电话获得咨询和帮助，得到有效援助。特别是在出境游时更要购买这种保险，比如紧急救援旅行保险。旅游者一旦发生意外事故或者由于不谙当地习俗法规引起法律纠纷，只要拨打电话，就会获得救助。作为收费性质的商业性机构，国际救援机构会向国内的保险公司收取一定的费用后（而保险公司则通过保费的形式向单个客户收费），向用户提供针对性的救护服务，包括紧急状况发生时，为客户提供紧急医疗转运、医疗遣返、担保住院期间医疗押金、健康状况监控、亲属探视、未成年家属回国等专业服务；同时会与遍布世界各地的报警中心、医疗服务机构联手，向用户提供包括电话医疗咨询、行李遗失协同找寻、意外突发事件、酒店预订、安排住院、紧急医疗转送、住院费用垫付等在内的全球范围旅行援助服务。

● 案例

　　刘女士在法国里昂滑雪时发生意外，造成头颅挫伤、视网膜下腔出血。由于她在出国前花了 580 元投保了某保险公司的"境外旅游救援保险"，保险公司得知后立即启动境外紧急救援机制，授权 SOS 国际救援中心用直升机把受伤客户送往医院，并委托其向医院提前垫付了所有医疗费用，让客户得到了及时治疗。刘女士病情稳定后，保险公司又安排其回国，并表示将在其病情进一步稳定后立即进行理赔工作。按照约定，自合同签订之日起 60 天内，如果发生意外伤害身故和意外伤害残疾，刘女士将最高分别获得 30 万元理赔；同时，刘女士可以最高分别获得 35 万元的医疗费用保障和救援服务费用保障。

　　境外旅游保险很重要的一项是紧急援助。国际紧急救援保险是出国保险产品中最畅销的险种之一，由于游客一般对目的地国家不太熟悉，如果再加上语言障碍，一旦发生意外，很容易出现求助无门的情况。鉴于以上原因，大多数保险公司都采取与国际救援组织合作的方式推出国际紧急救援保险，为投保人提供包括一般援助到意外伤害等一系列的保障。

● 小贴士

　　将"保险"与"救援"相结合的做法已经成为国际上的一种趋势。一般欧洲人出国，必定随身携带护照、信用卡和紧急救援卡。日本人没有紧急救援卡就不敢出国，购买率高达 100%。虽然我国已与多家保险公司和国际救援组织合作，但市场认知效果并不明显。例如在某公司执行印尼海啸救援任务当中，竟然没有一个中国人拨打国际 SOS 的报警电话。这一方面说明中国公民对国际 SOS 的服务还不了解，另一方面也说明境外旅游保险的购买比例过低，或者有的人虽然购买了，但并没有意识到可以使用。

　　从 2008 年 1 月起，中国公民只需办一个申根签证，就能游遍欧洲 24 个主要国家。去欧洲申根国家旅行，必须投保境外旅游保险，否则拿不到签证。根据欧盟理事会的规定，办理申根签证需先投保境外医疗保险，在递交签证申请资料时附上保险单，并要求：必须是附带全球紧急救援功能的保险；保险责任必须包括由于生病可能送返回国的费用及急救和紧急住院费用，保险金额不得低于 3 万欧元，一般为 30 万元人民币以上；且保险期限不能少于在旅游国家的停留期限。俄罗斯、白俄罗斯等国家也有类似要求。

三、旅行社责任保险

2001 年 5 月国家旅游局发布了《旅行社投保旅行社责任险保险规定》（以下简称《规定》）。该《规定》要求从 2001 年 9 月 1 日起，旅行社从事旅游业务经营活动，必须投保旅行社责任保险。这说明旅行社责任保险是一种强制性保险。2006 年 3 月，国家保监会和国家旅游局调研后，出台《关于进一步做好旅游保险工作的意见》，进一步强调要求各旅行社必须投保旅行社责任险，另外规定了保险最低限额，从而保护游客和旅行社的利益。

（一）旅行社责任保险概念

旅行社责任保险，是指旅行社根据保险合同的约定，向保险公司支付保险费，保险公司对旅行社在从事旅游业务经营活动中，致使旅游者人身、财产遭受损害，应由旅行社承担的责任，承担赔偿保险金责任的行为。

（二）旅行社责任保险合同

旅行社责任保险合同是在旅行社责任保险中旅行社和保险公司双方订立的，明确双方权利义务关系的协议。

1. 旅行社责任保险合同的主体

（1）保险人：又称承保人，是指依法成立的，在保险合同成立时，有权收取保险费，并于保险事故发生时，承担赔偿责任的人，即经营保险事业的组织。依据《规定》，旅行社责任险的保险人是我国境内经营责任保险的保险公司。

（2）投保人：又称要保人，是指对保险标的具有保险利益，向保险人申请订立保险合同，并负有支付保险费义务的人。旅行社根据保险公司的约定，就自己可能需承担的损害责任，向保险公司支付保险费，从而成为责任保险的投保人。因此，旅行社责任险的投保人是旅行社。

（3）被保险人：是指保险事故发生时，遭受损害并享有赔偿请求权的人。旅行社一旦在旅游经营活动中发生责任事故，则由保险公司代表旅行社向旅游者支付赔偿金。因此，旅行社责任险的被保险人是旅行社。

（4）受益人：又称保险金受领人，是指由投保人或被保险人在保险合同中指定的，于保险事故发生时享有赔偿请求权的人。旅行社责任保险实质上是旅行社为自己投保，以此来转嫁赔偿风险，因此其受益人是旅行社。

2. 旅行社责任保险合同的客体

保险合同的客体，又称保险标的。它是指保险合同中载明的投保对象，可以是人的生命、身体、财产、利益、责任。旅行社责任险的保险标的是旅行社应当依法对旅游者承担的民事赔偿责任，既包括人身责任，也包括财产责任。

（三）旅行社责任保险的保险范围

旅行社责任保险的保险范围，也就是旅行社因其疏忽或过失造成其接待的境内外旅游者遭受经济损失，所应当依法对旅游者承担的民事赔偿的责任范围。

1. 旅行社责任保险的投保范围

根据《规定》的第五条，旅行社应当对依法承担的下列责任投保旅行社责任险：

（1）旅游者人身伤亡赔偿责任；

（2）旅游者因治疗支出的交通、医药费赔偿责任；

（3）旅游者死亡处理和遗体遣返费用赔偿责任；

（4）对旅游者必要的施救费用，包括必要时近亲属探望需支出的合理的交通、食宿费用，随行未成年人的送返费用，旅行社人员和医护人员前往处理的交通、食宿费用，行程延迟需支出的合理费用等赔偿责任；

（5）旅游者行李物品的丢失、损坏或被盗所引起的赔偿责任；

（6）由于旅行社责任争议引起的诉讼费用；

（7）旅行社与保险公司约定的其他赔偿责任。

● 案例

　　游客王某等人参加某旅行社组织的前往武当山的旅游团，由武当山某地接社负责接待。游客们游览之后回到由地接社安排的车辆上时，发现放在车上的物品均被盗，价值约3000元，游客要求地接社予以赔偿。地接社请求保险公司按旅行社责任险给予赔偿。经查，地陪导游未提醒游客保管好自己的财物，车上窗户也未关好。

　　根据《旅行社管理条例》的规定，旅行社组织旅游活动，对可能危及旅游者人身、财物安全的事宜，应当向旅游者作出真实的说明和明确的警示，并采取防止危害发生的措施。本案中，地陪未就妥善保管财物向游客作出明确的警告和提示，而且没有采取相应防盗措施，所以，地接社应承担赔偿责任。同时，游客的损失可以向保险公司请求赔偿。因为根据旅行社投保旅行社责任险的有关规定，因旅行社的责任造成旅游者行李物品丢失、损坏或被盗引起的赔偿，属于旅行社责任险的保险范围，所以，地接社可以就游客的损失向保险公司请求赔偿。

2. 旅行社不承担责任的情形

依据《规定》，只有因旅行社的责任造成旅游者经济损失，责任保险才适用。因此，下列损失或损害旅行社不承担赔偿责任，不在责任保险的范围之内：

（1）旅游者在旅游行程中，由自身疾病引起的各种损失或损害，旅行社不承担赔偿责任。有些旅游者出团时就有某种慢性病，如心脏病、慢性肠胃炎、哮喘、糖尿病等，这些疾病都有可能由于旅游者旅途中的劳累或不慎导致病症的急性发作。这类损失或损害只能通过旅游者本人投保旅游意外险来获得赔偿。

（2）由于旅游者个人过错导致的人身伤亡和财产损失，以及由此导致需支出的各种费用，旅行社不承担赔偿责任。只要旅行社已对可能危及旅游者人身、财产安全的事宜向旅游者作出如实的说明和明确的警示，或者已对旅游地可能引起旅游者误解或产生冲突的法律规定、风俗习惯、宗教信仰等，给旅游者以明确的说明和忠告，如果旅游者不听劝阻，一意孤行，则一切由此而导致的后果，只能旅游者自己承担。

（3）旅游者在自行终止旅行社安排的旅游行程后，或在不参加双方约定的活动而自行活动的时间内发生的人身、财产损害，旅行社不承担赔偿责任。旅游者不参加旅行社安排的或双方约定的活动而产生的损害，理所当然与旅行社无关，由旅游者自行负责。

● 小贴士

2006 年 7 月，中国人民财产保险公司推出了新版旅行社责任险，保险责任首次扩大到由于交通事故、自然灾害或食物中毒等三类非旅行社过错造成的游客身故、残疾、医疗费用损失的无责赔付，涵盖了旅游过程中面临的 90% 以上的风险。该产品不仅首次将海啸等自然灾害，蹦极、滑雪、潜水、滑板等高危运动写进合同，而且如果人们在境外需要紧急救助，以及由于预定的旅行行程延迟导致旅行延误等，保险公司也将负责买单。

2006 年版旅行社责任险由主险和附加险组成。主险承保的责任有三部分：第一部分承保因旅行社过错导致的人身伤亡或财产损失，是传统旅行社责任保险的内容；第二部分承保由交通事故、自然灾害、食物中毒三类非旅行社过错责任造成的游客身故、残疾、医疗费用损失；第三部分是紧急救援保险，出险后由专业救援机构及时到达现场，包括紧急医疗转运、医疗遣返、担保住院期间医疗押金等。附加险则包括蹦极、跳伞等高危运动以及旅行社取消、延误损失保险等一系列可选险种。新版通过附加险的形式，新增赛马、攀岩、潜水、漂流等特殊旅游项目，并将过去一直属于保险除外责任的蹦极等高危运动及由于自然灾害等原因导致旅游取消，或者旅行行程延误造成旅行社的额外支出纳入到保险责任中。

（四）旅行社责任保险的保险期限和保险金额

旅行社责任保险的保险期限为 1 年。依据《规定》，旅行社办理旅行社责任保险的保险金额不得低于一定的标准，如果组织高风险旅游项目可另行与保险公司协商投保附加保险事宜。保险金额标准见表 6 - 2。

表 6 - 2　旅行社责任险保险金额标准（2001 年）

	国内社	国际社
每人责任赔偿限额	人民币 8 万元	国内游：人民币 8 万元 入、出境游：人民币 16 万元
每次事故责任赔偿限额	人民币 200 万元	人民币 400 万元
每年累计责任赔偿限额	人民币 200 万元	人民币 400 万元

需要明确的是，以上限额均为最低限额，即旅行社购买旅行社责任险的最低标准，低于该标准，旅行社就会受到旅游行政管理部门的相应处罚。对保险公司而言，旅行社购买了该标准的责任保险，则该限额为保险公司赔付给旅行社的最高限额。当然，旅行社可以根据实际需要，购买高于上述标准的责任保险，多买多保。

● 小贴士

中国人民财产保险公司推出的 2006 年新版旅行社责任险对旅行社和游客的保障大大加强，赔偿限额与旧版相比有了大幅度提高。旧版国内游的赔偿标准为 8 万元，国外游的赔偿标准为 16 万元，新版统一提高到 30 万元。按国家旅游局要求，旅行社在为消费者投保时必须强制投保基本险，然后咨询游客意见选择投保附加险。只要是在旅行社规定的行程中发生的意外，包括游客自身原因导致的危险都可以获赔。若是游客在旅行社安排的行程中发生交通事故、自然灾害、食物中毒三类旅行社没有责任的情况下，游客每人最高也可获赔 20 万元，紧急救援保险保额为 100 万元。

（五）旅行社责任保险的投保和索赔规定

1. 旅行社投保旅行社责任保险，必须向在境内经营责任保险的保险公司投保；并应当选择保险业务信誉良好、服务网络面广、无不良经营记录的保险公司投保。

2. 旅行社应当按照《中华人民共和国保险法》规定的保险合同内容，与承保保险公司签订书面合同。

3. 旅行社投保旅行社责任保险采取按年度投保的方式，按照旅行社责任保险的最低限额标准，向保险公司办理本年度的投保手续。

4. 旅行社对保险公司请求赔偿或者给付保险金的权利，自其知道保险事故发生之日起两年不行使而消灭。

5. 旅行社投保旅行社责任保险的保险费，不得在销售价格中单独列项。

6. 在保险期限内发生保险责任范围内的事故时，旅行社应及时取得事故发生地公安、医疗、承保保险公司或其分公司、支公司等单位的有效凭证，向承保保险公司办理理赔事宜。

（六）违规责任

从性质上看，旅行社责任保险属于强制保险，因此，旅行社在组织旅游时必须履行这一强制性义务，否则就会受到旅游行政管理部门的行政处罚。具体内容包括：

1. 旅行社未投保旅行社责任保险的，由旅游行政管理部门责令限期改正；逾期不改正的，责令停业整顿 15 天至 30 天，可以并处人民币 5000 元以上 2 万元以下的罚款；情节严重的，还可以吊销其《旅行社业务经营许可证》。

2. 旅行社投保旅行社责任保险的责任范围，小于《规定》所要求的，或者投保旅行社责任保险的金额低于《规定》的基本标准的，由旅游行政管理部门责令限期改正，给予警告；逾期不改正的，可处以人民币 5000 元以上 1 万元以下的罚款。

3. 旅行社违反《规定》，拒不接受旅游行政管理部门的管理和监督检查的，由旅游行政管理部门责令限期改正，给予警告；逾期不改正的，责令停业整顿 3 天至 15 天，可以并处人民币 3000 元以上 1 万元以下的罚款。

本章小结

本章内容涉及我国旅游安全法律制度和旅游保险法律制度。介绍了旅游安全管理的概念、方针、原则、内容及漂流旅游安全管理的相关规定；着重阐述了旅游安全事故的概念、分类及处理程序；重点论述了旅行社责任保险的概念、投保范围、保险期限、保险金额、投保和索赔、罚则等内容。通过本章学习，要明确旅游安全管理工作的重要性和投保旅游保险的必要性，增强安全意识和保险意识。

思考与练习

一、单项选择题

1.根据《旅游安全管理暂行办法》的规定，旅游安全管理工作实行的方针是（　　）

A.安全第一，预防为主　　　　　B.统一领导，分级管理

C.以基层为主，重点在企业　　　D.没有安全便没有旅游业的发展

2.一般旅游安全事故是指一次事故造成旅游者重伤或经济损失在（　　）者。

A.1万元以上　　　　　　　　　B.1至10万元（含1万元）

C.5万元以下　　　　　　　　　D.3万元以下

3.旅行社未投保旅行社责任保险的，可以处以人民币（　　）的罚款。

A.3000元以上1万元以下罚款　　B.3000元以上2万元以下罚款

C.5000元以上1万元以下罚款　　D.5000元以上2万元以下罚款

二、多项选择题

1.《旅游安全管理暂行办法》规定，根据旅游安全事故所造成的损害结果，可将旅游安全事故分为：（　　）

A.轻微事故　　　B.一般事故　　　C.重大事故　　　D.特大事故

2.旅游安全事故处理的一般程序是：（　　）

A.陪同人员应立即上报主管部门，主管部门应及时报告归口管理部门

B.要会同事故发生地的有关单位严格保护现场

C.协同有关部门进行抢救、侦查

D.必要时成立事故处理领导小组

3.根据旅行社责任险的有关规定，旅行社对旅游者参团期间不承担赔偿责任的情形有：（　　）

A.王某因自己一时大意而将随身携带的背包丢失

B.李某在泰国旅游，竟上自由活动期间参加非法赌博损失1万元

C.刘某在导游再三的警告下还去参加危险的活动项目

D.陈某在云南旅游期间因导游事前未作正确的警示而受伤

三、案例分析

1994年3月31日傍晚，在浙江淳安千岛湖风景游览区，有3名歹徒洗劫了一艘游船，抢走了游客的钱物，然后放火烧毁了游船，船上24名台湾游客、2名大陆导游员、6名船员全部遇难。这就是震惊中外的"千岛湖事件"。此后，千岛湖风景区的台湾游客骤减，来中国观光旅游的外国客人也一度降到最低点，中国旅游业遭受重大损失。

思考：（1）安全问题对旅游业的作用如何？

（2）安全问题对一个国家的形象有怎样的影响？

（3）此事故属于哪个等级的安全事故？为什么？

第七章
旅游交通运输管理法律法规

导语 ★★★★★

1. 了解旅游交通的概念及旅游交通法规的基本原则。
2. 了解旅客航空运输的概念及分类，理解旅客航空运输的经营准则及禁运规定。
3. 理解客票、行李票的性质，掌握航空运输承运人的责任。
4. 理解有关航班延误的主要法律规定，掌握承运人赔偿责任限额制度。
5. 了解铁路运输企业的职责及旅客乘车条件的规定，理解铁路运输合同及其违约责任的承担，掌握铁路旅客运输损害赔偿的规定。

作为旅游业三大支柱之一的旅游交通，是现代旅游业的一个重要组成部分，是旅游业发展的先决条件，被人们称为"旅游业的大动脉"。了解旅游交通方面的法律法规，有利于维护旅游者与旅游经营者的合法权益，促进旅游业和旅游交通业的健康发展。

第一节　旅游交通运输法律法规概述

一、旅游交通的概念

旅游交通是为旅游者实现旅游目的而提供的空间位移服务的经营活动，主要包括航空运输、铁路运输、公路运输、水路运输等。

旅游交通是随着交通运输业与旅游业的发展而发展的，它是在社会生产力发展到一定程度以后，在人们对非生活必需和非生产性质的旅行游览活动的需求日益迫切，而公共客运交通工具与形式不能完全满足人们需要的情况下，逐渐产生与发展的特殊交通运输形式。

二、我国现行的旅游交通法规

旅游交通法是指调整与旅行游览相关的在交通运输过程中形成的各种社会关系的法律、法规和规章的总称。它由一系列法律规范组成，既有国内法、也包括国际运输公约，还有地方性旅游交通法规。

我国现行的旅游交通法律体系涵盖了航空、铁路、公路、水路等领域的法律法规，主要包括：在航空运输方面，颁布了《中华人民共和国民用航空法》、《国内民航旅客、行李运输规则》、《中国民航旅客、行李国际运输规则》、《国内航空运输承运人赔偿责任限额规定》、《中国民用航空安全检查规则》、《中国民用航空危险品运输管理规定》等；在铁路运输方面，颁布了《中华人民共和国铁路法》、《铁路旅客运输损害赔偿规定》等；在公路运输方面，颁布了《中华人民共和国公路法》等；在水路运输方面，颁布了《中华人民共和国内河交通安全管理条例》等。这些法律、法规、规章的颁布对旅游交通的发展有着重大的指导意义。

三、旅游交通法规的基本原则

（一）安全运输原则

安全运输是旅游交通的基本要求，亦是旅游交通法规的重要内容与原则。旅游交通运输的目的，是使旅游者及其行李物品实现安全、准时、快捷、舒适、方便的空间转移，确保旅游者得以进行正常的旅行、游览活动。如果旅游交通安全得不到保障，意味着不能实现旅游交通的目的和意义，给旅游业和旅游者造成损失与危害。例如，1994 年的"千岛湖事件"，给我国旅游入境市场造成极大的负面影响；1999 年 10 月 3 日，贵州省兴义市马岭风景区发生的缆车坠毁特大恶性事故造成 14 人死亡、22 人受伤，给旅游者带来了巨大损失，给旅游地声誉、形象造成极大损害。

（二）计划运输原则

计划运输原则是旅游交通法规的一项重要原则。计划运输原则是由旅游活动的性质以及旅游交通产品的特点决定的。散客的旅游活动在时间、地点的安排上有一定的计划性，团体旅游者更具有严格的游览计划，旅游者游览计划的实现程度如何，在很大程度上取决于旅游交通运输计划的配合与支持。如果旅游交通运输的计划不周密，往往会造成各旅游地运力的空间分布失调，引起旅游热点地区交通拥挤与温、冷点地区运力过剩的矛盾，影响旅游接待合同的全面履行，诱发旅游纠纷。

（三）合理运输原则

合理运输是旅游交通法规的基本原则，也是旅游部门与交通部门的共同任务。它是指通过科学管理手段，根据旅游空间流向与流量特征，合理选择各种旅游交通工具，精心编排旅游线路，以最小的成本，取得最佳的社会经济效益的运输。合理运输的意义，从宏观上看，能节约旅游交通运力，经济使用运输工具，提高交通运输效率，节省交通运输费用，促进旅游交通业发展；从微观上看，可使旅游者减少旅游交通费用、空间转移时间，赢得更多的时间进行游览活动。

在实际的旅游交通运营生产过程中，除必须坚持安全运输、计划运输、合理运输三大原则外，还应根据旅游交通运输生产的特点，遵循正点运输、快捷运输、舒适运输、灵活运输以及游览性运输五项原则。

第二节　旅客航空运输管理

一、旅客航空运输概述

旅客航空运输，又称民用航空运输，是使用航空器运送人员、货物、邮件的一种运输方式，通常分为国内航空运输和国际航空运输。

根据《中华人民共和国民用航空法》规定，国内航空运输是指根据当事人订立的航空运输合同，运输的出发地点、约定的经停地点和目的地点均在中华人民共和国境内的运输；而国际航空运输则是根据当事人订立的航空运输合同，无论运输有无间断或者有无转运，运输的出发地点、约定的经停地点和目的地点之一不在中华人民共和国境内的运输。

二、旅客航空运输法律规定的有关内容

（一）经营准则

我国《民用航空法》规定："公共航空运输企业应当以保证飞行安全和航班正常、提供良好服务为准则，采取有效措施，提高运输服务质量。""旅客运输航班延误的，应当在机场内及时通告有关情况。""有关情况"，主要包括航班延误的原因（依法不能公布的除外）、航班延误的时间、对旅客的住宿安排等。这不仅是法律规定的义务，也是民航为旅客提供优质服务的要求。在特殊情况下，如天气恶劣、自然灾害等迫使飞机不能按时起飞时，机场应告知旅客，及时进行动态报告，并妥善安排旅客的餐饮、住宿等有关事宜。

● 小贴士

一个正常航班包括三个要素：一是在公布的离站时间以前关好机门；二是在公布的离站时间后1分钟内起飞；三是在公布的到达站时间正常着陆。任何航班只要不符合三个条件中的一条就为不正常航班。有些人认为航班起飞超过班期时刻表上公布的离站时间就为延误航班，这种理解是不正确的。按照国际惯例，飞机在公布时间后15分钟内起飞，均为正常航班。比如，北京飞上海的航班，班期时刻表上公布的离站时间为20:10，而飞机只要在20:25以前起飞，就算正常起飞的航班。

（二）禁运规定

1. 禁止运输、携带禁运物品

我国《民用航空法》规定：公共航空运输企业不得运输法律、行政法规规定的禁运物品。禁止旅客随身携带法律、行政法规规定的禁运物品乘坐民用航空器。禁运物品主要包括毒品、伪钞、黄色淫秽音像制品或书刊、反动宣传品等。

2. 禁止运输、携带危险品

所谓危险品，是指对运输安全构成威胁的易燃、易爆、剧毒、易腐蚀、易污染和放射性物品。我国《民用航空法》规定：禁止违反国务院民用航空主管部门的规定将危险品作为行李托运。禁止旅客随身携带危险品乘坐民用航空器。

禁止旅客携带危险品乘坐航空器，不仅是对航空安全的保障，同时也是对广大旅客生命财产安全的保障。对于拒绝接受安全检查的旅客，公共航空运输企业有权拒绝运输。这同样是保障航空运输安全以及所载旅客生命财物安全的需要。这也是世界上其他各国管理公共航空运输的通行做法。

3. 禁止携带枪支、管制刀具

我国《民用航空法》规定：除因执行公务并按照国家规定经过批准外，禁

止旅客携带枪支、管制刀具乘坐民用航空器。

4. 禁止携带、运输的其他物品

主要包括国家法律法规规定的其他禁止携带、运输的物品及威胁航空飞行安全的物品。威胁航空飞行安全的物品是指在航空运输中，可能明显地危害人身健康、安全或对财产造成损害的物品或物质。如可能干扰飞机上各种仪表正常工作的强磁化物、有强烈刺激性气味的物品等。

● **小贴士**

为了确保航空安全，中国民用航空总局自 2007 年 5 月 1 日起对我国旅客携带液体乘机作出了新的规定：乘坐中国国内航班的旅客，每人每次可随身携带总量不超过 1 升的液态物品（不含酒类），超出部分必须交运。液态物品须开瓶检查确认无疑后，方可携带。受限携带的物品主要是针对液体、凝胶以及喷雾类液态物品。像矿泉水、饮料、糖浆以及液体饮品；女士用的乳霜、护肤液、护肤油、香水、香体喷雾、定型的摩丝、啫喱膏等化妆品；男士用的剃须泡沫；日常用的牙膏和隐形眼镜药水也在此范畴。此外，就是任何稠度相似的溶液及物品都须检查。

为了更好地维护旅客生命财产安全，中国民航总局 2008 年 3 月 14 日发布《中国民用航空总局关于禁止随身携带液态物品乘坐国内航班的公告》，调整旅客随身携带液态物品乘坐国内航班的相关措施。内容如下：一是乘坐国内航班的旅客一律禁止随身携带液态物品，但可办理交运，其包装应符合民航运输有关规定；二是旅客携带少量旅行自用的化妆品，每种化妆品限带一件，其容器容积不得超过 100 毫升，并应置于独立袋内，接受开瓶检查；三是来自境外需在中国境内机场转乘国内航班的旅客，其携带入境的免税液态物品应置于袋体完好无损且封口的透明塑料袋内，并需出示购物凭证，经安全检查确认无疑后方可携带；四是有婴儿随行的旅客，购票时可向航空公司申请，由航空公司在机上免费提供液态乳制品；糖尿病患者或其他患者携带必需的液态药品，经安全检查确认无疑后，交由机组保管；五是乘坐国际、地区航班的旅客，其携带的液态物品仍执行中国民用航空总局 2007 年 3 月 17 日发布的《关于限制携带液态物品乘坐民航飞机的公告》中有关规定。

（三）运输凭证

1. 客票

客票是旅客运输的凭证。我国《民用航空法》规定："承运人运送旅客，应当出具客票。旅客乘坐民用航空器，应当交验有效客票。"

从客票性质看，它是航空运输合同订立和运输合同条件的初步证据。航空客票实行记名式管理，客票只限票面上填明姓名的旅客本人使用，不得转让和涂改，否则无效，票款不退。

客票有纸制客票和电子客票两种形式。电子客票销售是电子商务在民航运输中的应用，近年来随着我国民用航空业的发展逐步推广应用。所谓电子客票，是普通纸质机票的电子形式，它通过在电脑中储存乘客的信息实现无纸化的订票和办理乘机手续。电子客票有效降低了航空公司的成本，同时也给消费者带来诸多便利，消费者可以在异地订购机票，不必担心丢失机票，只需记住行程，凭有效证件就可直接办理登机。为了证明旅客的订座和票价，旅客应该保留一张电脑生成的行程单；除此之外，旅客应写下确认号码作为订座证明。

客票自旅行开始之日起，一年内运输有效。如果客票全部未使用，则从填开客票之日起，一年内运输有效。有效期的计算，从旅行开始或填开客票之日的次日零时起至有效期满之日的次日零时为止。由于航空公司的原因，造成旅客未能在客票有效期内旅行，其客票有效期将延长到航空公司能够安排旅客乘机为止。

● 小贴士

客票按票种划分，分为定期客票和不定期客票。定期票（也称"OK"票）是指机票在航班、座位等级、乘机日期和起飞时间均已订妥并在机票上注明"OK"字样的机票；不定期票（也称"OPEN"票）是指在航班、座位等级、乘机日期和起飞时间都没有订妥且在票面上注有"OPEN"字样的机票。一般在国际航班的联程票上会有这样的情况。需要注意的是，买"OPEN票"的乘客在确定乘机时间后，需要打电话与航空公司确认航班，才能确保有座位。如果乘客的"OPEN票"事先没有确认，而是直接赶去机场登机，如遇客运高峰，就有可能上不了飞机。客票上的"CN"代表机场建设费，"YQ"代表燃油附加费。

2. 行李票

人们外出旅游，携带行李是必需的。行李分为托运行李和随身携带行李。国家规定的禁运物品、限制运输物品、危险物品，以及具有异味或容易污损飞机的其他物品，不能作为行李或夹入行李内托运。航空公司在收运行李前或在运输过程中如发现行李中装有不得作为行李或夹入行李内运输的任何物品，可以拒绝收运或随时终止运输。

行李票是旅客行李运输的凭证。和旅客运输凭证一样，行李票不是行李运输合同本身，它只是行李托运和运输合同条件的初步证据，而不是最终证据。因此，当旅客未能出示行李票、行李票不符合规定或者行李票遗失，不影响运输合同的存在或者有效。

● 小贴士

　　依据《中国民用航空旅客、行李国内运输规则》，关于旅客携带和托运行李的规定主要包括：（1）免费行李额的规定。持成人或儿童票的头等舱旅客免费行李额为40公斤，公务舱旅客为30公斤，普通舱旅客为20公斤。持婴儿票的旅客无免费行李额。（2）随身携带物品的规定。随身携带物品的重量，每位旅客以5公斤为限，持头等舱客票的旅客，每人可随身携带两件物品；持公务舱或经济舱客票的旅客，每人只能随身携带一件物品。每件随身携带物品的体积均不得超过20×40×55厘米，超规定件数、重量或体积的物品，要按规定作为托运行李托运。（3）不准作为行李运输的物品规定。旅客不得在托运行李或随身携带物品内夹带易燃、易爆、腐蚀、有毒、放射性物品、可聚合物质、磁性物质或其他危险物品。旅客乘坐飞机不得携带武器、管制刀具、利器和凶器。托运行李必须包装完善、锁扣完好、捆扎牢固，并能承受一定压力。对包装不符合要求和不符合运输条件的行李，承运人可拒绝收运。同时，旅客不得在托运行李内夹带重要文件、资料、外交信袋、证券、货币、汇票、贵重物品、易碎易腐物品，以及其他需要专人照管的物品。承运人对托运行李内夹带上述物品的遗失或损坏，按一般托运行李承担赔偿责任。

（四）承运人的责任

1. 对旅客伤亡的责任

　　我国《民用航空法》规定："因发生在民用航空器上或者在旅客上、下民用航空器过程中的事件，造成旅客人身伤亡的，承运人应当承担责任；但是旅客的人身伤亡完全是由于旅客本人的健康状况造成的，承运人不承担责任。"

　　（1）承担责任的对象。承运人承担民事责任的对象是旅客，旅客即是航空运输客票的持票人；但承运人同意某人不经其出票而登机时，该乘机人员虽不持有客票但仍是旅客。

　　（2）承担责任的期间及原因。承运人对因发生在民用航空器上或者在旅客上、下民用航空器过程中的事件，造成的旅客人身伤亡承担责任。所谓"事件"，是指发生在民用航空器上或者发生在旅客上、下民用航空器过程中，与航空运输操作或者航空运输服务有关的，造成旅客人身伤亡的任何事情。具体包括：航空运输过程中发生的航空事故（如飞机坠毁）；也包括尚未构成事故的航空事件（如空中颠簸）；还包括与航空运输风险有关的事件（如某旅客在飞机上被劫机者杀害）；或者因承运人的受雇人或代理人的不当行为而造成的旅客伤亡。这一"事件"与旅客的人身伤亡存在着因果联系，是承运人承担民事责任的前提条件。

　　（3）承担责任的范围。承运人承担民事责任的范围仅限于旅客的人身伤亡，即旅客的死亡或者肉体上的伤害，而不包括因旅客的死亡或受伤给他人造成的精神痛苦。

（4）责任的减轻或免除。对部分由旅客本人的健康状况造成的旅客人身伤亡，承运人应当承担相应责任。例如，某旅客患有心脏病，飞行中飞机发生剧烈颠簸使该客人摔到，病发身亡。在这种情况下，承运人应对该旅客的死亡承担相应责任。对完全是由于旅客本人的健康状况或过错造成的旅客人身伤亡，承运人不承担责任。例如飞机发生空中颠簸，承运人通知旅客系好安全带，但旅客不听从吩咐，未系好安全带造成撞伤，此时可免除承运人责任。

2．对旅客行李物品损坏的责任

民航总局《中国民用航空旅客、行李国内运输规则》规定，"行李"是指旅客在旅行中为了穿着、使用、舒适或方便而携带的物品或其他个人财物。除另有规定者外，包括旅客的托运行李和自理行李。

（1）对旅客随身携带行李的责任。依据我国《民用航空法》规定，因发生在民用航空器上或者在旅客上、下民用航空器过程中的事件，造成旅客随身携带物品毁灭、遗失或者损坏的，承运人应当承担责任；旅客随身携带物品的毁灭、遗失或者损坏完全是由于行李即该随身携带物品本身的自然属性、质量或者缺陷造成的，承运人不承担责任；但是对部分因旅客随身携带物品的自然属性、质量或者缺陷造成该物品的毁灭、遗失或者损坏，承运人仍应承担责任。

（2）承运人对旅客托运行李的责任。依据我国《民用航空法》的规定，因为发生在航空运输期间的事件，造成旅客的托运行李毁灭、遗失或有损坏的，承运人应当承担责任；如果托运行李的毁灭、遗失或者损坏完全是由于托运行李本身的自然属性、质量或缺陷造成的，承运人不承担责任；但是如果托运行李的毁灭、遗失或者损坏部分是由于托运行李本身的自然属性、质量或缺陷造成的，承运人仍要承担责任。上述"航空运输期间"，是指在机场内、民用航空器上或机场外降落的任何地点、托运行李处于承运人掌管之下的全部期间。

（五）有关航班延误的主要法律规定

航班延误是一个世界性的难题，随着我国经济的发展，国民收入的增加，以飞机作为交通工具的人越来越多，从而因航班延误而发生的纠纷也越来越多。据有关报道称，国内民航每年大约有五分之一的航班不正常。我国《民用航空法》规定："旅客、行李或者货物在航空运输中因延误造成的损失，承运人应当承担责任；但是承运人证明本人或者受雇人、代理人为避免损失的发生，已经采取一切必要措施或者不可采取此种措施的，不承担责任。"

1．航班延误的定义

从性质上看，航班延误是对航空运输合同的不正常履行。"延误"是指承运人未能按运输合同约定的时间将旅客、行李或者货物运抵目的地。从国际航空司法实践看，航班的撤销也作延误处理。

运输合同约定的时间，一般指承运人的班机时刻表或者机票上载明的旅客抵达目的地的时间。

2．导致航班延误的原因

导致航班延误的原因是多方面的，在导致航班延误的因素中，主要有以下五方面：

（1）天气原因。如大雾、雷雨、风暴、跑道积雪、结冰、低云、低能见度等危及飞行安全的恶劣天气。天气这种自然不可抗拒的因素，是影响航班正常的主要原因。据权威部门统计，由于天气原因导致民航航班延误一般占延误航班的70％左右。

（2）航空公司自身原因。如运力调配、飞机故障、机务维护、机场关闭、地面通讯导航、商务、空勤人员等原因。在众多延误原因中，最易招致旅客不满的是航空公司因运力调配、机械故障等原因造成的航班延误。

（3）空中管制原因。如空中流量控制、重要飞行、科学实验、上级发出的禁航令等等。

（4）机场上空干扰原因。如由于无线电通讯干扰飞机正常运行、广告气球非法升空、机场周边居民放风筝、鸽子乱飞等造成航班延误。

（5）旅客原因。如有的旅客上了飞机突然要下飞机、旅客突发疾病等；有的旅客办完乘机手续后到附近购物、用餐、打电话，不注意听广播通知，因此不能按时登机；有的旅客违反规定行李超重不托运、堵塞通道，危及安全，当重新办理交运手续时，已造成航班延误；还有个别旅客的不配合行为也会造成航班延误，如晚到、换了登机牌后不按时登机、不按要求接受安检、戏称"带有炸弹"等恶作剧、因航班延误等其他服务问题霸占飞机或拒绝登机等过激行为都会导致航班延误。

3．发生延误时旅客的权利及航空公司的义务

当发生航班延误时，旅客享有知情权、选择权和索赔权。知情权是指发生航班延误后，乘客有权在第一时间获取尽可能详细的信息，并及时了解后续进展，以便作出最合理的选择。航空公司应该建立客户服务负责人同乘客直接对话的机制，这样可以用最低的成本达到最好的效果。选择权是指乘客既可以选择换乘同一航空公司的其他航班，也可以选择换乘其他航空公司的航班，还可以选择退票，而且应该可以在预乘航空公司的任何订票点退票。索赔权是指乘客可以要求航空公司对自己的损失进行赔偿，包括住宿、饮食、交通等费用。

在发生航班延误后，航空公司的义务主要包括三个方面：（1）告知义务。航空公司应当向旅客及时告知有关不能正常运输的重要事由和安全运输应当注意的事项。航班延误或取消时，承运人应迅速及时将航班延误或取消等信息通知旅客，做好解释工作。（2）补救义务。航空公司应当按照客票载明的时间和班次运输旅客。承运人迟延运输的，应当根据旅客的要求安排改乘其他班次或者退票。（3）对旅客的损害赔偿义务。对旅客因延误造成的损失予以赔偿。

4．延误运输的法律责任

第一，承运人承担责任的条件。根据《民用航空法》的规定，承运人只在

因延误造成损失时才承担责任，如果延误没有造成任何损失，承运人就不承担责任。这就要求旅客负责对由延误给其所造成的损失举证，如果旅客不能证明这一点，就不能要求承运人承担责任。并且，因延误造成的损失必须是实际的经济损失，不包括因延误给旅客造成的精神损失。

第二，承运人承担赔偿责任的范围。依照相关法律规定，承运人应当对因延误造成的旅游者的下列损失承担责任：旅客在等候另一航班过程中所支出的特殊费用；旅客误乘下一经停地点航班的损失；旅客购买另一航空公司机票而额外支出的票款。

具体来说，当发生航班延误时：（1）造成旅客逗留机场，由此产生的合理食宿费，航空公司应负担。根据《中国民用航空旅客、行李国内运输规则》的规定，由于机务维护、航班调配、商务、机组等承运人的原因，造成航班在始发地延误或取消，承运人应当向旅客提供餐食或住宿等服务；由于天气、突发事件、空中交通管制、安检以及旅客等非承运人原因，造成航班在始发地延误或取消，承运人应协助旅客安排餐食和住宿，费用可由旅客自理；航班在经停地延误或取消时，无论何种原因，承运人均应负责向经停旅客提供膳宿服务。（2）旅客选择其他航班时，原定航班与新选航班之间存在机票差价，若原定航班机票价格高于新选航班，其差价航空公司应予以赔偿；若原定航班机票价格低于新选航班，航空公司无权要求旅客予以补足。（3）旅客在能够证明航班延误导致其错过商机，且依据合同法的规定，能够证明造成该商机损失是在航空公司因违反合同造成的可预见到的损失范围内，航空公司应予以赔偿。

● 小贴士

　　最近几年，各地不断发生因航班延误引发的乘客拒绝登机、霸机的事件。乘客如果要维护自己的权利，可通过投诉方式和法律手段等来维护自身的权益，而不要超过合理的限度，不要采取过激的行为。损失赔偿范围事先可以由旅客与航空公司商定，也可以由法律规定。但实践中，具体到航空公司应当如何承担责任，我国《民用航空法》仅作了原则规定，并无细则。民航总局早在2004年出台的《航班延误经济补偿指导意见》，也没有制定统一的"民航延误航班赔偿标准"。除深航推出《现金补偿实施细则》外，国航、东航、南航等6家航空公司虽已公布"旅客服务承诺"，但对航班延误后具体的赔偿标准都纷纷予以回避。2003年11月生效的《1999年蒙特利尔公约》，对因延误造成的损失赔偿，规定了一个最高数额：4150特别提款权（约6000美元），这是赔偿的上限。

第三，承运人的免责条件。承运人如果能够举证证明其本人或者其受雇人、代理人已经采取一切必要措施以避免损失的发生，或者不可能采取此种措施，可以不承担责任。具体来讲，承运人在下列三种情况下不承担责任：（1）延误没有造成任何损失。（2）承运人及其受雇人、代理人已经采取一切必要措施以避免损失的发生。如在航班因机械故障造成延误的情况下，承运人为旅客安排食宿、交通和通讯等，或者给旅客改签其他航空公司的航班。（3）延误是承运人无法预料、无法控制的原因造成的，即延误是因不可抗力因素造成的，承运人不可能采取必要措施控制或阻止延误的发生。如天气原因、航空器的机械故障、机组人员或机械人员的罢工等。

● 案例

乘客谢某购买了某航空公司某航班的机票，该航班延误了 5 小时 37 分才起飞。在候机期间，乘客们得到了机场提供的饮料和晚餐，但谢某等认为，航空公司并未向乘客提供退票或改乘其他航班的服务，也未告知本次航班延误的真实原因，因此，他以违约之由将航空公司告上法院，要求该航空公司公开赔礼道歉，并赔偿其经济损失人民币 500 元、精神损失 500 元。被告航空公司认为，此次航班延误系天气原因所致，而非调度不当。航班延误后其已履行了告知义务，并提供了晚餐和饮料，要求法院驳回谢某的诉讼请求。

审理的法院认为，根据天气资料和权威部门证明，应当认定航班因雷雨、空中管制等原因而发生延误，属不可抗力。航班延误后，航空公司虽然向旅客提供了饮料、晚餐等非常服务，但对于导致航班延误的原因，该航空公司直至近两小时后才通过机场广播告知旅客，也未在合理时间内通知旅客可以签转其他航班或者退票，因此，该航空公司对航班延误而采取的补救措施存在瑕疵。在此情况下，受损害的乘客可以追究航空公司的违约责任。根据原告减免票价的要求，法院酌情确定由被告航空公司返还谢某票价款 135 元人民币，原告的其余诉讼请求未得到法院支持。

（六）承运人赔偿责任限额制度

1. 国内航空运输承运人的赔偿责任

为了保护承运人利益、使承运人不致因过度赔偿而破产，《民用航空法》规定实行承运人赔偿责任限额制度，最高责任限额由民航总局报请国务院公布。根据这一制度，当航空运输过程中发生的旅客人身伤亡、行李物品灭失和损坏的损失数额没有超出法定责任限额时，承运人应当按实际损失赔偿旅客或者托运人；当损失数额超过责任限额时，承运人仅在法定责任限额内承担赔偿责任，对法定限额以外的损失数额则不予以赔偿。

当然，赔偿责任限额制度不仅考虑到对承运人利益的保护，也要考虑到合同对方当事人利益的保护，这种对合同对方当事人利益的保护，一般体现在允许合同对方当事人另行约定高于法定责任限额的赔偿责任限额，一旦发生损失且损失数额巨大时，承运人将要在双方约定的赔偿责任限额的范围内承担责任。

2006 年 2 月 28 日，民航总局发布了《国内航空运输承运人赔偿责任限额规

46

定》，自 2006 年 3 月 28 日起施行。这一规定提高了旅客、旅客随身携带物品、托运行李和货物三个方面的赔偿限额，使航空运输承运人责任制度在内容上趋于完善。该《规定》主要内容包括：

（1）适用范围的规定："本规定适用于中华人民共和国国内航空运输中发生的损害赔偿。"

（2）承运人赔偿责任限制。国内航空运输承运人应当在下列规定的赔偿责任限额内按照实际损害承担赔偿责任，但是《民用航空法》另有规定的除外：对每名旅客的赔偿责任限额为人民币 40 万元；对每名旅客随身携带物品的赔偿责任限额为人民币 3000 元；对旅客托运的行李和对运输的货物的赔偿责任限额，为每公斤人民币 100 元。

2. 国际航空运输承运人的赔偿责任

依据《民用航空法》的规定，在国际航空运输中也实行赔偿责任限额制度，主要依据的是《蒙特利尔公约》。国际航空运输承运人的赔偿责任限额按照下列规定执行：

（1）对旅客的人身伤亡承担 10 万特别提款权（约合 13.5 万美元）。

（2）在行李运输中造成毁灭、遗失、损坏或者延误的，承运人的责任以每名旅客 1000 特别提款权为限，除非旅客在向航空公司交运托运行李时，特别声明在目的地点交付时的利益，并在必要时支付附加费。按照国际货币基金组织的规定，每一单位特别提款权，是以美元、欧元、日元和英镑四种货币综合成的一个"一篮子"货币的计价单位。由于四种货币的汇率在不断变化，因此特别提款权的价格每天都会不同。

无论是在国内航空运输中还是在国际航空运输中的赔偿责任限制，只要能够证明在航空运输中的损失是由于承运人的故意或重大过失造成的，那么承运人无权援用约定的赔偿责任限额。也就是说，在这种情况下，承运人将承担无限责任。此外，旅客可以自行向保险公司投保航空旅客人身意外伤害险，此项保险金额的给付，不免除或减少承运人应当承担的赔偿责任。

● 小贴士

《蒙特利尔公约》是 1999 年国际民航组织通过的一部统一国际航空运输规则的公约。在形式上，它是一个多边的国际条约，主要有六方面的内容：一是规定了旅客、行李和货物运输的有关凭证和当事人的义务；二是规定了承运人的责任和赔偿范围；三是规定了任何保存所作运输的记录的方法，包括电子手段，都可作为运输凭证；四是规定了承运人现行偿付的义务；五是规定了因旅客伤亡而产生的索赔诉讼管辖；六是规定了旅客、行李和货物的损坏、丢失、延误的赔偿责任。2005 年 7 月 31 日《蒙特利尔公约》对中国生效，该公约只适用于国际航班和国际航班的国内段。

第三节　旅游铁路运输管理

一、旅客铁路运输概述

铁路运输在我国交通运输中占有特别重要的地位。国家规范铁路运输管理的法律、法规主要是 1990 年通过的《中华人民共和国铁路法》（以下简称《铁路法》），明确了铁路运输部门的义务，规范了铁路运输合同，对乘车条件、禁运物品等作了明确规定。同时，为了明确铁路运输企业对旅客的赔偿责任以维护旅客的合法权益，经国务院批准，铁道部于 1994 年发布了《铁路旅客运输损害赔偿规定》。

二、铁路运输企业的职责

我国《铁路法》规定："铁路运输企业应当保证旅客和货物运输的安全，做到列车正点到达。"依照这一法律规定，铁路运输企业对旅客承担以下两个方面的责任：一方面铁路运输企业应当按照合同的规定，将旅客及其行李物品安全、正点地运送到目的地点；另一方面，铁路运输企业应当尽到保护旅客人身和行李物品安全的职责。

三、铁路运输合同及其违约责任的承担

（一）铁路运输合同的概念及内容

我国《铁路法》规定："铁路运输合同是明确运输企业与旅客、托运人之间权利义务关系的协议。"旅客车票、行李票、包裹票和货物运单是铁路运输合同或者合同的组成部分。旅客单独或者同时购买了车票、办理了行李票和货物运单，就与铁路运输企业建立了运输合同，从而确立了双方的权利义务关系。

（二）铁路运输合同违约责任的承担

1. 铁路运输企业违约

在实际生活中，有时旅客不能按时乘车或不能正点到达目的地，可能是由于铁路运输企业的原因，如列车晚点、车次取消等。《铁路法》规定："铁路运输企业应当保证旅客按车票载明的日期、车次乘车，并到达目的站。因铁路运输企业的责任造成旅客不能按车票载明的日期、车次乘车的，铁路运输企业应当按照旅客的要求，退还全部票款或者安排改乘到达相同目的站的其他列车。"在这种情况下，旅客改乘列车，铁路运输企业不得收取任何费用。

2. 旅客违约

由于旅客自身的原因造成不能按时乘车的法律后果应当由旅客自己负责，铁

路运输企业不承担法律责任；但是，旅客可以按照铁路的规定，办理退票或改乘其他列车的手续，并缴纳规定的退票或改乘的签证费用。旅客退票实际上是向铁路运输企业提出解除铁路运输合同的请求，铁路运输企业按照旅客的要求办理了退票手续，则双方之间的合同即告解除。由于是旅客单方解约，则应向铁路交纳违约费用，即所谓的"退票费"。旅客要求办理改乘手续，实际上是向铁路运输企业提出变更合同的请求，铁路运输企业按照旅客的要求改签了旅客车票的乘车车次、日期，则是与旅客之间成立了新的旅客运输合同，双方当事人应当按照改签后的合同履行各自的权利和义务。在变更合同的情况下，旅客也应承担相应的法律责任，即向铁路支付签证费以及其他规定的手续费。

上述法律规定要求铁路运输合同双方当事人都应当信守合同，按照合同约定履行义务，无论是哪一方违反合同、不履行合同义务，都要承担相应法律责任。

● 小贴士

旅客退票在始发站，开车前退还全部票价，核收退票费。特殊情况可在开车后两小时内办理。但直达特别快车必须在开车前两小时以前办理。团体旅客必须在开车前六小时前办理。中途站不能退票。如有特殊情况，在客票、加快票有效期内能到达车站时，提出证明及经车站同意，可退还以收票价同已乘车区间时的差额，核收退票价。旅客因特别事故而不能按票面指定的日期和班次乘车，可在不延长票面有效期的条件下办理一次提前或改乘晚车手续。办理改签时间最迟不得超过开车后两小时。直达特快车票、卧铺票不办理改签。旅客中途下车，可在有效期内恢复旅行。直达列车票和卧铺票在中途下车时失效。

四、旅客乘车条件的规定

我国《铁路法》规定："旅客乘车应当持有效车票，对无票乘车或者持失效车票乘车的，应当补收票款，并按照规定加收票款；拒不交付的，铁路运输企业可以责令其下车。"

（一）旅客乘车的必备条件

旅客乘车旅行必须具备的条件是应当持有效车票。所谓"有效车票"，是指铁路车站出售的、有规定的乘车期限、上下车站和票面指定的乘车车次的车票。无票乘车是指没有购买有效车票而混入列车内，或者持有站台票送客上车后没有及时下车，或者有意通过购买站台票乘车。持失效车票是指持涂改的过期票、假票乘车。

从实际情况看，旅客无票乘车的原因是多种多样的。例如有的旅客有紧急事务而来不及购买车票，有的旅客是家中有急事而临时要求乘车。这些情况，如果是经列车长同意上车的，则可以按照正常的票价补票即可，因为在这种情况下乘车是经过铁路运输企业同意的。对于未经列车长允许而旅客自己上车的，旅客应承担相应的责任，即除补收票款外，还需加收票款及有关手续费。因为旅客持失效车票或者无票乘车，实际上是一种侵害铁路运输企业合法权益的行为，应当承担相应的法律责任。通常情况下，铁路运输企业可以根据有关规章的规定补收票款，并加收一定的票款。

（二）对于不符合乘车条件的处理规定

根据铁道部《铁路旅客及行李包裹运输规程》的规定，对于不符合乘车条件的，按下列规定处理：

1. 无票或者持失效火车票乘车的，应自乘车站起至发现时的最近前方停车站止，加倍补收所乘列车的票款。如继续乘车时，可另补收票款。

2. 持有伪造车票或者涂改车票的，除加倍核收所乘列车区间的票款外，并交公安机关处理。持用过期车票，借用、涂改市郊定期客票乘车的，从有效期终了的次日起至发现日止，按票面记载的区间每日往返各一次，加倍核收所乘列车的票款，同时收回原票，并通知其单位。

3. 持用票价低的车票、越席乘坐票价高的座席、卧铺或者越级乘坐高等级别列车的，如是经列车和车站同意的，只补收乘车区间车票的票价差额；如是未经同意的，则加倍核收乘车区间的票价差额。

4. 持失效客票乘坐非指定列车的，按无票处理，并加倍补收所乘列车的票款。持失效客票中途下车前失效，但持市郊定期客票中途下车时，应另行补收所乘区间的票价。

5. 旅客使用减价票，但没有减价凭证或者不符合减价条件，加倍补收全价票价与减价票价的差额。旅客未按票面指定的车次、日期乘车，车票又未经剪口，应另行补收所乘列车乘车区间的票款；如经车站剪口，应换发代用票，但对错乘后乘车两小时以上的旅客的车票则应按失效车票处理。

6. 持站台票送客的人员不准上车。如已经上车未及时声明的，应在最近前方停车站下车，并补收所乘列车的票款。如在开车后 20 分钟内仍不声明的，或者有意持站台票上车的，则按无票乘客处理。确因时间来不及买票的，经车站发给补票证或者因特殊情况经列车长同意上车的旅客，应补收旅客所乘列车至下车站时止的票款。应买票而未买票的小孩，补收小孩票；超过 140 厘米而持有小孩票乘车的，应补收小孩票与全价票的差额。

7. 对违章乘车拒绝补款的人员，列车工作人员可以责令其下车，并编制客运记录，交由县、市所在地或三等以上车站处理。车站对列车和本站发现的上述人员，应通知其单位，并追缴应收票款。

五、铁路旅客运输损害赔偿的规定

为了加强铁路交通事故的应急救援工作，规范铁路交通事故调查处理，减少人员伤亡和财产损失，保障铁路运输安全和畅通，2007 年 6 月 27 日，国务院出台了《铁路交通事故应急救援和调查处理条例》（以下简称《条例》），该《条例》于 2007 年 9 月 1 日起施行，同时废止了 1979 年 7 月 16 日国务院批准发布的《火车与其他车辆碰撞和铁路路外人员伤亡事故处理暂行规定》和 1994 年 8 月 13 日国务院批准发布的《铁路旅客运输损害赔偿规定》，标志着铁路交通事故人身损害赔偿有了新的规则。《条例》的主要内容包括：

（一）适用范围

铁路机车车辆在运行过程中与行人、机动车、非机动车、牲畜及其他障碍物相撞，或者铁路机车车辆发生冲突、脱轨、火灾、爆炸等影响铁路正常行车的铁路交通事故（以下简称事故）的应急救援和调查处理，适用本条例。

● **案例**

2008 年 4 月 28 日凌晨，北京开往青岛的 T195 次列车运行到胶济铁路周村至王村之间时脱轨，与上行的烟台至徐州 5034 次列车相撞。该事故造成 72 人死亡，416 人受伤。在这种意外事故发生后，如果旅客发生意外，旅客及其家属有两项权利：由保险金产生保险赔偿，以及由事故所产生的承运方过错赔偿。这次事故中，只有不到 1/3 的乘客单独买了人身意外保险，保险公司给予客户的单笔最高赔付额是 50 万元。而按照规定，坐火车遭遇伤亡，理赔并不高。根据 1992 年颁布的《铁路旅客意外伤害强制保险条例》，每张火车票票价内包含 2% 的意外伤害保险费，但它不是商业保险，其最高赔偿额不超过 2 万元。根据《铁路交通事故应急救援和调查处理条例》规定，事故造成铁路旅客人身伤亡和自带行李损失的，铁路运输企业对每名铁路旅客人身伤亡和自带行李损失的赔偿责任限额分别为 15 万元和 2000 元。也就是说，除了旅客自己从商业保险公司购买保险外，一位旅客如果死亡最多只能获赔 17.2 万元。当然，伤亡旅客及其家属也可以依照我国《民法通则》及最高人民法院关于人身损害赔偿司法解释的规定，提出索赔。在我国，死亡赔偿金是按照受诉法院所在地上一年度城镇居民人均可支配收入或者农村居民人均收入标准，再乘以 20 年计算的，依据我国现行的法律，赔偿的最高标准为 40 万元左右。而国外的死亡赔偿大多实行霍夫曼计算法，也就是在评估因车祸或其他事故致被保险人死亡时，为请求民事诉讼赔偿而假定他享受天年时可能得到的金钱利益的一种方法。即以死亡人的年收入，减除其必要的生活费用，乘以估摸的生存年期和一定年利率而得出应当赔偿的金额。在此前，韩国利川冷库爆炸事件中每位中国公民获赔 195 万元人民币，就是采用这一计算方法。

（二）限额赔偿规定

《条例》规定，事故造成铁路旅客人身伤亡和自带行李损失的，铁路运输企业对每名铁路旅客人身伤亡的赔偿责任限额为人民币 15 万元，对每名铁路旅客自带行李损失的赔偿责任限额为人民币 2000 元。而此前的赔偿限额分别为 4 万元和 800 元。另外，铁路运输企业与铁路旅客可以书面约定高于上述规定的赔偿责任限额。对铁路交通事故造成铁路运输企业承运的货物、包裹、行李损失，《条例》规定由铁路运输企业依照《中华人民共和国铁路法》的规定承担赔偿责任。

（三）赔偿责任规定

《条例》规定，铁路交通事故造成人身伤亡的，铁路运输企业应当承担赔偿责任；若人身伤亡是不可抗力或者受害人自身原因造成的，铁路运输企业不承担赔偿责任。违章通过平交道口或者人行过道，或者在铁路线路上行走、坐卧造成的人身伤亡，属于受害人自身的原因造成的人身伤亡，铁路运输企业对此不承担赔偿责任。

（四）救济途径

《条例》规定，铁路交通事故当事人对事故损害赔偿有争议的，可以通过协商解决，或者请求组织事故调查组的机关或者铁路管理机构组织调解，也可以直接向人民法院提起民事诉讼。

本章小结

本章着重介绍了航空运输、铁路运输等方面的法律法规，在学习中，要重点理解和掌握一些基本常识，即民用航空法禁运规定的具体内容、对客票和行李票的法律规定、航空运输承运人的责任及赔偿责任限额制度、铁路旅客运输损害赔偿的有关规定等。通过本章的学习，要求具备一定的交通法律知识，学会在旅游活动中自觉运用法律武器维护旅游者的自身合法权益。

思考与练习

一、单项选择题

1.根据《国内航空运输承运人赔偿责任限额规定》，国内航空运输承运人对每名旅客及其随身携带物品的赔偿责任限额分别为人民币（　　）和（　　）。

A.7万元，2000元　　　　　B.10万元，2000元

C.20万元，3000元　　　　D.40万元，3000元

2.根据我国《民用航空法》的规定，因航班延误，航空公司应当对旅客承担责任的赔偿范围包括（　　）。

A.因大雾天气撤销航班导致的损失

B.对尚未造成损失的延误行为，也要承担赔偿责任

C.因延误导致的直接经济损失

D.航空公司采取了必要措施之后仍不能避免的损失

3.根据《铁路旅客运输损害赔偿规定》，铁路运输企业对每名旅客人身伤亡的赔偿责任限额为人民币（　　）。

A.2万元　　　　　B.4万元　　　　　C.7万元　　　　　D.10万元

二、多项选择题

1.制定和实施旅游交通法规必须遵循的原则有：（　　）

A.安全运输的原则　　　　B.计划运输的原则

C.快速运输的原则　　　　D.合理运输的原则

2.依据我国《民用航空法》的规定，禁止旅客随身携带下列物品：（　　）

A.毒品　　　　　　　　　B.手机

C.伪钞　　　　　　　　　D.黄色淫秽音像制品或书刊

3.因铁路运输企业的责任造成旅客不能按车票载明的日期、车次乘车时，旅客有权要求铁路运输企业（　　）。

A.退还全部票款　　　　　B.安排改乘到达相同目的地的其他列车

C.支付票款2倍的赔偿　　D.赔偿所有直接损失

三、案例分析

张某是广州某公司经理，百忙之中抽出几天时间去哈尔滨旅游。当他正玩得尽兴时，公司工作人员打来电话，说有一大笔生意需要他马上赶回去谈判。如果这笔生意能够谈成，公司会赚一大笔钱。张某急忙购买了第二天的机票，准备尽快赶回广州。不料，第二天因大雾，飞机被迫推迟起飞。眼看就要到手的买卖泡汤了，张某又急又恼。这时，有人建议他向航空运输部门提出索赔。

思考：你认为张某如果向航空公司索赔有法律依据吗？请说明具体的理由。

第八章
旅游出入境管理法律法规

导语 ★★★★★

1. 掌握中国旅游者出入境的有效证件及出入境的法律限制规定。
2. 理解外国旅游者入出境的有效证件及入出境的法律限制规定。
3. 了解外国旅游者在中国居留、住宿的管理规定。
4. 掌握 "一关四检" 的出入境检查制度。

　　随着旅游业的不断发展壮大，我国旅游者出境旅游日趋频繁，外国旅游者及其他有关人员入出我国国境的数量也在不断增加，因此，了解国家有关出入境方面的法律法规十分必要。本章从中国旅游者出入境和外国旅游者入出境两个方面，阐述我国出入境管理法律法规和边防检查制度。

第一节　旅游者出入境管理法律法规概述

　　自 20 世纪 80 年代初以来，我国入境、出境旅游得到了迅速发展。为此，我国先后制定了一系列的规范出入境管理活动的法律法规，主要有：《中华人民共和国公民出境入境管理法》、《中华人民共和国公民出境入境管理法实施细则》、《中华人民共和国外国人入境出境管理法》、《中华人民共和国外国人入境出境管理法实施细则》、《中华人民共和国国境卫生检疫法》、《中华人民共和国海关法》、《中华人民共和国出境入境边防检查条例》、《中国公民出国旅游管理办法》、《中华人民共和国护照法》等。这些法律法规的颁布促进了我国出入境旅游业的持续、健康、和谐发展。

第二节　中国旅游者出入境管理

一、中国旅游者出入境的有效证件

（一）护照

　　2006 年 4 月全国人大常委会第二十一次会议审议通过了《中华人民共和国护照法》，并于 2007 年 1 月 1 日起正式实施。该法是规范护照签发管理工作的专门法律，是我国出入境管理法律体系的重要组成部分。

　　1. 护照的概念

　　依照《中华人民共和国护照法》的规定，中华人民共和国护照是中华人民共和国公民出入国境和在国外证明国籍及身份的证件。任何组织或者个人不得伪造、变造、转让、故意损毁或者非法扣押护照。

　　2. 护照的种类及签发机关

　　我国护照分为普通护照、外交护照和公务护照。普通护照由公安部规定式样并监制；外交护照、公务护照由外交部规定式样并监制。不同种类的护照由不同的机关签发，具体见表 8 - 1。

表 8 - 1　护照种类、颁发对象及其签发机关

护照种类	护照的颁发对象	护照的签发机关
普通护照	因前往外国定居、探亲、学习、就业、旅行、从事商务活动等非公务原因出国的公民	由公安部出入境管理机构或公安部委托的县级以上地方人民政府公安机关出入境管理机构以及中华人民共和国驻外使馆、领馆和外交部委托的其他驻外机构签发
外交护照	外交官员、领事官员及其随行配偶、未成年子女和外交信使	由外交部签发
公务护照	在中华人民共和国驻外使馆、领馆或者联合国、联合国专门机构以及其他政府间国际组织中工作的中国政府派出的职员及其随行配偶、未成年子女	由外交部、中华人民共和国驻外使馆、领馆或外交部委托的其他驻外机构以及外交部委托的省、自治区、直辖市和设区的市人民政府外事部门签发

3．**普通护照的申办程序、签发时限及有效期**

中国公民出境旅游应申请办理普通护照。公民申请普通护照，应当提交本人的居民身份证、户口簿、近期免冠照片以及申请事由的相关材料。公安机关出入境管理机构应当自收到申请材料之日起十五日内签发普通护照；对不符合规定不予签发的，应当书面说明理由，并告知申请人享有依法申请行政复议或者提起行政诉讼的权利。在偏远地区或者交通不便的地区或者因特殊情况不能按期签发护照的，经护照签发机关负责人批准，签发时间可以延长至三十日。

普通护照的有效期为：护照持有人未满十六周岁的五年，十六周岁以上的十年。

4．**护照的变更、换发及补发**

护照持有人所持护照的登记事项发生变更时，应当持相关证明材料，向护照签发机关申请护照变更加注。

有下列情形之一的，护照持有人可以按照规定申请换发或者补发护照：护照有效期即将届满的；护照签证页即将使用完毕的；护照损毁不能使用的；护照遗失或者被盗的；有正当理由需要换发或者补发护照的其他情形。

护照持有人申请换发或者补发普通护照，在国内，由本人向户籍所在地的县级以上地方人民政府公安机关出入境管理机构提出；在国外，由本人向中华人民共和国驻外使馆、领馆或者外交部委托的其他驻外机构提出。定居国外的中国公民回国后申请换发或者补发普通护照的，由本人向暂住地的县级以上地方人民政府公安机关出入境管理机构提出。

5. 不予签发护照的情况

依照《中华人民共和国护照法》的规定，申请人有下列情形之一的，护照签发机关不予签发护照：不具有中华人民共和国国籍的；无法证明身份的；在申请过程中弄虚作假的；被判处刑罚正在服刑的；人民法院通知有未了结的民事案件不能出境的；属于刑事案件被告人或者犯罪嫌疑人的；国务院有关主管部门认为出境后将对国家安全造成危害或者对国家利益造成重大损失的。

申请人有下列情形之一的，护照签发机关自其刑罚执行完毕或者被遣返回国之日起六个月至三年以内不予签发护照：因妨害国（边）境管理受到刑事处罚的；因非法出境、非法居留、非法就业被遣返回国的。

6. 护照的效力与法律责任

依照《中华人民共和国护照法》的规定，护照持有人丧失中华人民共和国国籍，或者护照遗失、被盗等情形，由护照签发机关宣布该护照作废。伪造、变造、骗取或者被签发机关宣布作废的护照无效。

弄虚作假骗取护照的，由护照签发机关收缴护照或者宣布护照作废；由公安机关处二千元以上五千元以下罚款；构成犯罪的，依法追究刑事责任。

为他人提供伪造、变造的护照，或者出售护照的，依法追究刑事责任；尚不够刑事处罚的，由公安机关没收违法所得，处十日以上十五日以下拘留，并处二千元以上五千元以下罚款；非法护照及其印制设备由公安机关收缴。

持用伪造或者变造的护照或者冒用他人护照出入国（边）境的，由公安机关依照出境入境管理的法律规定予以处罚；非法护照由公安机关收缴。

（二）签证

签证是一个主权国家为维护本国主权、尊严、安全和利益而采取的一项措施，是世界各国普遍采用的一种出入境管理法律制度。它是一个国家的主权机关在本国或外国公民所持的护照或其他旅行证件上的签注、盖印，以表示允许其出入本国国境或者经过国境的手续，也可以说是颁发给他们的一项签注式的证明。各国签证种类有所不同，目前世界上大多数国家的签证主要有三种，即外交签证、公务（官员）签证和普通签证。

中国旅游者凭护照或其他有效证件出入中国国境，无需办理签证。但中国旅游者如果前往、中途经过或停留某国，则应申办欲前往国的签证或入境许可证。申请出境旅游的我国旅游者，应持有效证件，提前向前往国驻华使、领馆提出申请，办理出国签证。办好签证要特别注意有效期和停留期。各国颁发护照和签证的机关，对不同的签证，规定不同的有效期限，一般分为一个月、两个月、三个月、半年、一年和两年以上，最短为一周。签证的有效期限不得超过护照的有效期。

到与我国订有互免签证协议的国家旅游，可以免办入境签证。免签证是随着国际关系和各国旅游事业的不断发展，为便利各国公民之间的友好往来而发展起来的，是根据两国间外交部签署的协议，双方公民持有效的本国护照可自由出入对方的国境，而不必办理签证。到与我国订有落地签证协议的国家旅游，我国旅游者可以在前往国的入境口岸办理签证。

● 小贴士

1985 年 6 月 24 日，法国、德国、荷兰、比利时和卢森堡五国在卢森堡边境小镇申根签署，故名申根协定（Schengen Accord）。该协定规定，其成员国对短期逗留者颁发统一格式的签证，即"申根签证"，申请人一旦获得某个国家的签证，便可在签证有效期和停留期内在所有申根成员国内自由旅行，但从第二国开始，需在 3 天内到当地有关部门申报。协定签订以后不断有新的国家加入进来，截至 2007 年，申根的成员国增加到 24 个。根据该协定，旅游者如果持有其中一国的有效签证即可合法地到所有其他申根国家参观。因此，我国旅游者前往申根协定 24 国中的多个国家旅游，只需获得其中一国的签证即可。中方旅行社可以向主要目的地国家（旅游团停留时间最长的国家）驻华使馆申请签证；如果主要目的地不确定或在各目的地停留时间平均，组团社则向第一站目的地使馆申请签证。申根协定国使馆将为中国旅游团签发个人申根协定国签证，标有"ADS"字样。所以根据不同的行程我们申请的签证也不同。

（三）旅行证

旅行证是中国旅游者出入境的主要证件，由中国驻外的外交代表机关、领事机关或外交部授权的其他驻外机关颁发。旅行证分 1 年一次有效和 2 年多次有效两种，由持证人保存、使用。需变更或加注旅行证的记载事项，应提供变更材料、加注事项的证明或说明材料向颁证机关提出申请。

（四）出入境通行证

出入境通行证是中国旅游者入出中国边境的通行证件，由省、自治区、直辖市公安厅（局）及其授权的公安机关签发。该证件在有效期内一次或者多次入出境有效。一次入出有效的，出境时由边防检查站收缴；多次入出有效的，在有效期限内可连续使用。

二、中国旅游者出入境的法律限制

（一）不批准出境的情形

《中华人民共和国公民出境入境管理法》规定，有下列情形之一的，不批准出境：

1. 刑事案件的被告人和公安机关或者人民检察院认定的犯罪嫌疑人。
2. 人民法院通知有未了结民事案件的。
3. 被判处刑罚正在服刑的。

4. 正在被劳动教养的。

5. 国务院有关机关认为出境后将对国家安全造成危害或者对国家利益造成重大损失的。

● 案例

某单位 30 名职工与某国际旅行社签订了参加"新马泰十日游"的旅游合同，在临出国的前三天，旅行社打电话通知其中的张某，说其出境申请未被当地公安机关批准，原因是他与妻子的离婚手续还没有正式办清。根据《中华人民共和国公民出境入境管理法》规定，王某正与妻子办理离婚手续，属于有未了结民事案件的情形，所以当地公安机关不能批准其出境。

（二）边防检查机关阻止出境的情形

《中华人民共和国公民出境入境管理法》规定，有下列情形之一的，边防检查机关有权阻止出境，并依法处理：

1. 持用无效出境证件的；

2. 持用他人出境证件的；

3. 持用伪造或者涂改的出境证件的。

（三）法律责任

中国公民包括旅游者违反《中华人民共和国公民出境入境管理法》，有非法出境、入境或伪造、涂改、冒用、转让出境、入境证件的情形的，由公安机关处以警告或者 10 日以下的拘留处罚；情节严重、构成犯罪的，依法追究刑事责任。

第三节　外国旅游者入出境管理

一、外国旅游者入出境的有效证件

（一）护照

护照是主权国家发给本国公民出入境和在国外旅行、居留的证件，用以证明其身份、国籍和出国目的。外国旅游者的护照由其所在国外交或公安机关颁发，护照载有"请各国军政机关对持照人予以通行的便利和必要的协助"字样。凡入出中国国境的外国旅游者应持有效护照，以便中国有关当局查验。

（二）中国签证

1. 签证的概念及签证机关

签证是一国外交、领事或公安机关或由上述机关授权的其他机关，根据外国

人要求入境的申请，依照有关规定在其所持证件上签注盖印，表示准其出入本国国境或过境的手续。中国签证是签证机关发给外国公民，供其入、出或过境中国的许可证明。

中国的签证机关，在国外是各驻外使领馆、处、署；在国内是外交部、外交部授权的地方外事机关和公安部、公安部授权的地方公安机关。

2．签证的种类

中国签证分外交签证、礼遇签证、公务签证或普通签证。《中华人民共和国外国人入境出境管理法》及其实施细则规定，根据外国人来中国的身份和所持护照的种类，中国政府的主管部门分别签发相应的签证。签证种类的划分，既可以明确持证人享有的权利与义务，又可以准确地识别持证人的入境身份和入境目的，外国人只能根据所持签证类别从事相应的活动。签发普通签证时，根据外国人申请来中国的事由，在签证上标明相应的汉语拼音字母，普通签证分为八种，签证的种类及颁发对象见表8－2。

表8－2　中国签证的种类及颁发对象

签 证 种 类		颁 发 对 象
（D）字定居签证		来中国定居的人员
（Z）字职业签证		来中国任职或者就业的人员及其随行家属
（X）字学习签证		来中国留学、进修、实习6个月以上的人员
（F）字访问签证		应邀来中国访问、考察、讲学、经商、进行科技文化交流及短期进修、实习等活动不超过6个月的人员
（L）字旅游签证		来中国旅游、探亲或者因其他私人事务入境的人员，其中9人以上组团来中国旅游的，可以发给团体签证
（G）字过境签证		经中国过境的人员
（C）字乘务签证		执行乘务、航空、航运任务的国际列车乘务员、国际航空器机组人员及国际航行船舶的海员及其随行家属
（J）字记者签证	（J－1）字常驻记者签证	来中国常驻的外国记者
	（J－2）字临时来华记者签证	临时来中国采访的外国记者

3．我国的签证制度

我国采取三种签证制度，通常情况下采取一次签证一次有效的方法，还有多次签证和免除签证。可以免办签证的情况主要包括：

（1）华侨回国探亲、旅游，可以免办签证。

（2）持有与我国政府签订互免签证协议的国家护照的外国人入境，可免办入境签证手续。

（3）外国人持有联程客票并已定妥联程座位搭乘国际航班从中国直接过境，在过境城市停留不超过24小时，不出机场的，免办过境签证。

（4）国际航行船舶在中国港口停泊期间，外国船员及其随行家属要求登陆，不出港口城市的，可免办入境签证，但须向边防检查站申请登陆证，要求在陆地住宿的，申请住宿证。

签证有一定的格式和内容，包括签证有效期、有效次数、停留期、入出境口岸、偕行人员。外国旅游者应在签证有效期内，按照指定的入境口岸、交通工具和路线通行，非经许可，中途不得停留。

（三）外国人的旅行证

旅行证是指外国人前往不对外国人开放地区旅行，向当地公安机关申请的旅行许可证件，由旅游者临时居留地或工作地的市、县公安局办理。外国人旅行证有效期最长为一年，但不得超过外国人所持签证或居留证件的有效期限。如需延长有效期、增加不对外国人开放的旅行地点、增加偕行人数，必须向公安机关申请延期或变更。

我国法律规定对不办理外国人旅行证、未经批准前往不对外国人开放地的外国人，可以处警告或者500元以下罚款；情节严重的，并处限期出境。

二、外国旅游者入出境的法律限制

（一）外国旅游者不准入境的情形

1. 被中国政府驱逐出境、未满不准入境年限的。
2. 被认为入境后可能进行恐怖、暴力、颠覆活动的。
3. 患有精神病、麻风病、艾滋病、性病、开放性肺结核等传染病的。
4. 被认为入境后可能进行走私、贩毒、卖淫活动的。
5. 不能保障其在中国期间所需费用的。
6. 被认为入境后可能进行危害我国国家安全和利益的其他活动的。

（二）外国旅游者不得出境的情形

1. 刑事案件的被告人和公安机关、人民检察院、人民法院认定的犯罪嫌疑人。
2. 人民法院通知有未了结民事案件不能离境的。
3. 其他违反中国法律的行为尚未处理，经有关主管机关认定需要追究的。

（三）法律责任

外国人包括旅游者，违反《中华人民共和国外国人入境出境管理法》，有下列情形之一的，县以上公安机关可以处以警告、罚款或者10日以下拘留处罚；情节严重的，公安机关可以处以限期出境或者驱逐出境；构成犯罪的，依法追究刑事责任。

1. 非法入出中国国境的。

2. 在中国境内非法居留或者停留的。

3. 未持有效旅行证件，前往不对外国人开放的地区旅行的。

4. 伪造、涂改、冒用、转让入境、出境证件的。

三、外国旅游者在中国居留、住宿的管理规定

（一）居留

外国人在中国居留，必须持有中国政府主管机关签发的身份证件或者居留证件，并应当在规定的时间内到当地公安机关缴验证件。对因为政治原因要求避难的外国人，经中国政府主管机关批准，准许在中国居留。未取得居留证件的外国人和来中国留学的外国人，未经中国政府主管机关允许，不得在中国就业。对不遵守中国法律的外国人，中国政府主管机关可以缩短其在中国停留的期限或者取消其在中国居留的资格。

居留证件包括外国人居留证、外国人临时居留证和外国人永久居留证。持标有 D、Z、X、J－1 字签证的外国人，必须自入境之日起 30 日内到居住地市、县公安局办理外国人居留证或者外国人临时居留证。持标有 F、L、G、C 签证的外国人，可以在签证注明的期限内在中国停留，不需办理居留证件。居留证件的种类、签发对象及有效期见表 8－3。

● **小贴士**

　　永久居留资格是一国政府依据本国法律规定，给予符合一定条件的外国人在本国居留而不受居留期限限制的一种资格。外国人在居留国享有永久居留资格，所取得的合法居留的身份证件，就是人们通常所称的"绿卡"。2004 年 8 月，《外国人在中国永久居留审批管理办法》的颁布，标志着中国"绿卡"制度的正式实施。被批准在中国永久居留的外国人，由公安部签发《外国人永久居留证》，它是获得在中国永久居留资格的外国人在中国境内居留的合法身份证件。获得在中国永久居留资格的外国人，可凭有效护照和《外国人永久居留证》出入中国国境。被批准在中国永久居留的外国人，每年在中国累计居留不得少于 3 个月，确因实际需要每年不能在中国累计居留满 3 个月的，需经长期居留地省、自治区、直辖市公安厅、局批准，但 5 年内在中国累计居留不得少于 1 年。

　　外国人申请在中国永久居留资格的适用对象主要有 4 类，包括：在对中国经济、科技发展和社会进步有重要推动作用的单位任职的外国籍高层次人才；在中国有较高数额直接投资的外国籍投资个人；对我国有重大突出贡献或国家特别需要的人员；夫妻团聚、未成年人投靠父母、老年人投靠亲属等家庭团聚人员。

表8-3 外国人居留证件的类别

居留证件种类	签发对象	有效期
外国人居留证	在中国居留1年以上的外国人	1年到5年
外国人临时居留证	在中国居留不满1年的外国人	
外国人永久居留证	在中国居留期限不受限制的外国人	对未成年人颁发5年有效证件,对成年人颁发10年有效证件

(二)住宿

外国人在中国境内临时住宿,应当依照规定办理住宿登记。根据住宿地点的不同,有下列不同规定:

1. 外国人在宾馆、饭店、旅馆、招待所、学校等企业、事业单位或者机关、团体及其他中国机构内住宿,应当出示有效护照或者居留证,并填写临时住宿登记表。在非开放地区住宿还要出示旅行证。

2. 外国人在中国居民家中住宿,在城镇的,须于抵达后24小时内,由留宿人或者本人持住宿人的护照、证件和留宿人的户口簿到当地公安机关申报,填写临时住宿登记表;在农村的,须于72小时内向当地派出所或者户籍办公室申报。

3. 外国人在中国的外匿机构内或者在中国的外国人家中住宿,须于住宿人抵达后24小时内,由留宿机构、留宿人或者本人持住宿人的护照或者居留证件,向当地公安机关申报,并填写临时住宿登记表。

4. 外国人在移动性住宿工具内临时住宿,须于24小时内向当地公安机关申报。为外国人的移动性住宿工具提供场地的机构或者个人,应于24小时前向当地公安机关申报。

第四节 旅游者出入境检查管理

依据国家主权,有关国家机关有权对出入境的旅游者的证件、行李物品等进行检查,以维护国家利益。出入境检查主要包括"一关四检"。

一、海关检查

海关检查是指海关在国境口岸依法对进出国境的货物、运输工具、行李物品、邮递物品和其他物品执行监督管理、代收关税和查禁走私等任务时所进行的检查。

● 小贴士

中国籍旅客带进物品限量表 （海关总署 1996 年 8 月 15 日修订）

类别	品种	限量
第一类物品	衣料、衣着、鞋、帽、工艺美术品和价值人民币1000元以下（含1000元）的其他生活用品	自用合理数量范围内免税，其中价值人民币800元以上、1000元以下的物品每种限1件
第二类物品	烟草制品酒精饮料	（1）香港、澳门地区居民及因私往来香港、澳门地区的内地居民，免税香烟200支，或雪茄50支，或烟丝250克；免税12°以上酒精饮料限1瓶（0.75升以下） （2）其他旅客，免税香烟400支，或雪茄100支，或烟丝500克；免税12°以上酒精饮料限2瓶（1.5升以下）
第三类物品	价值人民币1000元以上、5000元以下（含5000元）的生活用品	（1）驻境外的外交机构人员、我出国留学人员和访问学者、赴外劳务人员和援外人员，连续在外每满180天（其中留学人员和访问学者物品验放时间从注册入学之日起算至华结业之日止），远洋船员在外每满120天任选其中1件免税 （2）其他旅客每公历年度内进境可任选其中1件征税

注：1.本表所称进境物品价值以海关审定的完税价格为准。
　　2.超出本表所列最高限值的物品，另按有关规定办理。
　　3.根据规定可免税带进的第三类物品，同一品种物品公历年度内不得重复。
　　4.对不满16周岁者，海关只放行其旅途需用的第一类物品。
　　5.本表不适用于短期内多次来往香港、澳门地区的旅客和经常进出境人员以及边境地区居民。

　　进出中国国境的旅游者应将携带的符合规定的行李物品交海关检查。旅游者应填写"旅客行李申报表"一式两份，经海关查验行李物品后签章，双方各执一份，在旅游者回程时交海关验核。来我国居留不超过6个月的旅游者，携带海关认为必须复运出境的物品，由海关登记后放行，旅游者出境时必须将原物带出；旅游者携带的金银、珠宝、钻石等物品，如准备携带出境，应向海关登记，由海关发给证明书，以便出境时海关凭证核放。进出国境的旅游者携带的行李物品符合纳税规定的，应照章纳税。

二、边防检查

边防检查是指为维护国家主权和安全，禁止非法出入境，通过设在对外开放口岸的边防检查机关依法对出境入境的人员、交通运输工具及其携带、载运的行李物品、货物等实施检查、监督的一种行政管理活动。任何出境、入境的人员和交通运输工具，必须经对外开放的口岸或者主管机关特许的地点通行，接受边防检查、监护和管理。依据《中华人民共和国出境入境边防检查条例》，我国的边防检查工作主要由公安部主管。外国旅游者入出境时，必须按规定填写入出境登记卡，向边防检查站交验护照和其他有效证件，接受边防检查站对其行李物品的检查。不按规定接受验证、行李物品检查的，由边防检查站予以处罚。

边防检查站有权阻止有下列情形之一的旅游者出境或入境：未持入境出境证件的；持用无效出入境证件的；持用他人出入境证件的；持用伪造和涂改的出入境证件的；拒绝接受边防检查的；未在限定口岸通行的；国务院公安部门、国家安全部门通知不准出入境的；法律、法规规定不准出入境的。

三、安全检查

安全检查是指海关和边防站为保护旅游者的生命和财产安全，防止携带武器、凶器、爆炸物品，采用通过安全门、使用磁性探测检查、红外线透视、搜身开箱检查等方法，对旅游者进行的检查。

四、卫生检疫

卫生检疫是指为了防止传染病由国外传入或由国内传出，国家在出入境口岸对入出境人员、交通工具、行李、货物、货物容器、食品、微生物、生物制品、与人类健康有关的动物以及其他废旧物品等实施检疫查验、传染病监测、卫生监督和卫生处理。依据《中华人民共和国国境卫生检疫法》，国务院卫生行政部门主管全国国境卫生检疫工作。我国在国际通航的港口、机场以及陆地边境和国界江河的口岸设立了国境卫生检疫机关，依法对包括旅游者在内的有关人员及其携带的动植物和交通运输工具等实施传染病检疫、检测和卫生监督。入境和出境的人员、交通工具、运输设备以及可能传播检疫传染病的行李、货物、邮包等物品，都应当接受检疫，经国境卫生检疫机关许可，方准入境或者出境。

五、动植物检疫

动植物检疫是为了防止危害动植物的病、虫、杂草及其他有害生物由国外传入或由国内传出，对入出境的动植物、动植物产品及运载动植物的交通工具等进行的检疫检查。在我国，边境口岸设立的口岸动植物检疫站将代表国家对入出境的动物、动物产品、植物、植物产品及运载动植物的交通工具等执行检疫任务。旅游者应主动接受动植物检疫，并按有关规定入出境。

● 案例

　　某外国游客携带一篓柑橘进入我国时，海关按规定进行检疫，不允许携带柑橘入境。该游客认为柑橘是自己及朋友食用的，海关不应予以扣留。当地口岸动植物检疫站对其携带的柑橘进行了例行检疫，发现柑橘中有世界性检疫害虫地中海果蝇，便通知这名外国游客，将柑橘就地销毁。

　　本案中，该游客携带的柑橘中的地中海果蝇属世界性检疫害虫，能够危害几乎所有水果及部分蔬菜品种，一旦进入我国，将给农业、果业带来损失。根据我国政府对我国旅游者进行"一关四检"的动植物检疫制度，海关及动植物检疫局的做法是符合法律规定的，而且是非常必要的。

本章小结

　　旅游出入境管理法律法规关系到国家的主权、安全和社会秩序，旅游行业必须无条件地遵守。本章着重介绍了中国旅游者出入境的有效证件及出入境的法律限制、外国旅游者入出境的有效证件及入出境的法律限制、外国旅游者在中国居留、住宿的管理规定以及"一关四检"的出入境检查制度等内容。

思考与练习

一、单项选择题

1.依据《中华人民共和国护照法》的规定,对因前往外国定居、探亲、学习、就业、旅行、从事商务活动等非公务原因出国的公民,颁发(　　)护照。

A.普通　　　　　　B.公务　　　　　　C.商务　　　　　　D.外交

2.普通护照的有效期为:护照持有人未满十六周岁的(　　),十六周岁以上的(　　)。

A.一年,三年　　　B.三年,五年　　　C.三年,十年　　　D.五年,十年

3.来我国居留不超过(　　)的旅游者,携带海关认为必须复运出境的物品,由海关登记后放行,旅游者出境时必须将原物带出。

A.3个月　　　　　　B.6个月　　　　　　C.1年　　　　　　D.2年

二、多项选择题

1.中国旅游者出入境的有效证件包括:(　　)

A.护照　　　　　　B.旅行证　　　　　　C.签证　　　　　　D.出入境通行证

2.我国的签证制度包括:(　　)

A.一次签证一次有效　　　　　　B.一次签证两次有效

C.多次签证　　　　　　　　　　D.免除签证

3.我国出入境检查实行"一关四检"制度,"四检"的内容包括:(　　)

A.边防检　　　　　B.安全检查　　　　　C.卫生检疫　　　　　D.动植物检疫

三、案例分析

某一自费来华旅游的美国旅游者,在领取有效护照和取得我国L字普通签证后,即委托我方人员负责接待。在委托通知中,该旅游者提出的旅游目的地是我国某一不对外国人开放的地区,且其要求在该地区的居民家中居住。为此,我方接待人员应该如何办理此事?

第九章
旅游资源管理法律法规

导语 ★★★★★

1. 了解旅游资源的概念及我国旅游资源保护的主要法律法规。
2. 理解风景名胜区的法律保护的主要内容。
3. 了解自然保护区的法律保护的主要内容。
4. 掌握世界遗产的法律保护的内容。
5. 掌握人文旅游资源的法律保护的主要内容。
6. 树立自觉保护旅游资源的观念。

　　旅游资源是旅游业发展的前提和基础，如何合理地开发、利用以及有效地保护旅游资源，一直是旅游业发展中的重要问题。旅游资源法律法规的制定可以促进旅游业健康持续的发展，对旅游资源的保护、开发和利用有重要作用。本章将着重介绍风景名胜区、自然保护区、世界遗产及文物的法律保护制度。

第一节　旅游资源管理概述

一、旅游资源的概念

　　旅游资源，是构成旅游业的三大要素之一，是一个国家或者地区发展旅游业的基础条件，主要包括旅游业用以招徕或者吸引旅游者观赏的自然风光、历史古迹、建筑成就和民族风情以及人文习俗等。根据2003年颁布的《旅游资源分类、调查与评价》国家标准（GB/T18972－2003）中的界定，旅游资源是指"自然界和人类社会凡能对旅游者产生吸引力，可以为旅游业开发利用，并可产生经济效益、社会效益和环境效益的各种事物和因素"。

二、旅游资源管理法律制度

　　旅游资源管理法律制度，是国家对旅游资源保护、开发和利用的各种法律、法规和规章的总称。由于旅游资源具有不可再生性，因此在发展旅游业的同时如何保护好各类旅游资源，使之可持续发展，已成为我国政府及其立法机关十分重视的问题，为此我国制定了许多开发、利用和保护旅游资源的法律、法规。其中最主要的是《风景名胜区条例》、《中华人民共和国文物保护法》、《中华人民共和国自然保护区条例》等。

第二节　风景名胜区的法律保护

　　风景名胜资源是极其珍贵的自然文化遗产，是不可再生的资源。我国风景名胜资源丰富，一直以来十分重视对风景名胜资源的保护。国务院于1985年发布了《风景名胜区管理暂行条例》，对加强风景名胜区的保护，合理利用风景名胜资源，发挥了积极的作用。但随着我国改革的深化和社会主义市场经济的发展，《暂行条例》已经不能适应风景名胜区管理工作的需要。为了更好地保护和合理利用风景名胜资源，国务院于2006年9月颁布新的《风景名胜区条例》，主要规定了风景名胜区的设立、规划、保护、利用与管理等内容，突出了对风景名胜资源的严格保护和合理利用，自2006年12月1日起施行。

一、风景名胜区的概念

《风景名胜区条例》规定："风景名胜区，是指具有观赏、文化或者科学价值，自然景观、人文景观比较集中，环境优美，可供人们游览或者进行科学、文化活动的区域。"

二、风景名胜区的级别划分及设立

（一）风景名胜区的级别划分

根据《风景名胜区条例》的规定，风景名胜区可划分为国家级风景名胜区和省级风景名胜区。其划分标准为：自然景观和人文景观能够反映重要自然变化过程和重大历史文化发展过程，基本处于自然状态或者保持历史原貌，具有国家代表性的，可以申请设立国家级风景名胜区；具有区域代表性的，可以申请设立省级风景名胜区。

（二）风景名胜区的设立程序

设立国家级风景名胜区，由省、自治区、直辖市人民政府提出申请，国务院建设主管部门会同国务院环境保护主管部门、林业主管部门、文物主管部门等有关部门组织论证，提出审查意见，报国务院批准公布。

设立省级风景名胜区，由县级人民政府提出申请，省、自治区人民政府建设主管部门或者直辖市人民政府风景名胜区主管部门，会同其他有关部门组织论证，提出审查意见，报省、自治区、直辖市人民政府批准公布。

三、风景名胜区的规划

风景名胜区规划是做好风景名胜区工作的前提，是风景名胜区保护、利用和管理的重要依据。为规范风景名胜区规划的编制、审批和修改工作，《风景名胜区条例》对风景名胜区规划作了以下规定：

（一）风景名胜区规划分为总体规划和详细规划

1. 风景名胜区总体规划

风景名胜区总体规划的编制，应当体现人与自然和谐相处、区域协调发展和经济社会全面进步的要求，坚持保护优先、开发服从保护的原则，突出风景名胜资源的自然特性、文化内涵和地方特色。风景名胜区应当自设立之日起2年内编制完成总体规划，总体规划的规划期一般为20年。

风景名胜区总体规划的内容包括：风景资源评价；生态资源保护措施、重大建设项目布局、开发利用强度；风景名胜区的功能结构和空间布局；禁止开发和限制开发的范围；风景名胜区的游客容量；有关专项规划。

2. 风景名胜区详细规划

风景名胜区详细规划应当符合风景名胜区总体规划，应当根据核心景区和其他景区的不同要求编制，确定基础设施、旅游设施、文化设施等建设项目的选址、布局与规模，并明确建设用地范围和规划设计条件。

（二）风景名胜区规划的编制、审批机关和权限（见表9-1）

表9-1　风景名胜区规划的编制及审批

级别划分	规划的编制	审批机关	
		总体规划	详细规划
国家级风景名胜区	由省、自治区人民政府建设主管部门或直辖市人民政府风景名胜区主管部门组织编制	由省、自治区、直辖市人民政府审查后，报国务院审批	由省、自治区人民政府建设主管部门或者直辖市人民政府风景名胜区主管部门报国务院建设主管部门审批
省级风景名胜区	由县级人民政府组织编制	由省、自治区、直辖市人民政府审批，报国务院建设主管部门备案	由省、自治区人民政府建设主管部门或者直辖市人民政府风景名胜区主管部门审批

（三）风景名胜区规划的地位、修改程序

风景名胜区内的单位和个人应当遵守经批准的风景名胜区规划，服从规划管理。经批准的风景名胜区规划不得擅自修改。确需对风景名胜区范围、性质、保护目标、生态资源保护措施、重大建设项目布局、开发利用强度以及风景名胜区的功能结构、空间布局、游客容量进行修改的，应报原审批机关批准；对其他内容进行修改的，应报原审批机关备案。风景名胜区详细规划确需修改的，应报原审批机关批准。

四、风景名胜区旅游资源的保护和利用

风景名胜旅游资源具有不可再生的特点，一旦被破坏或毁灭，就将不复存在。因此，对风景名胜旅游资源的保护尤为重要。为加强对风景名胜区的保护，进一步处理好风景名胜资源保护与利用的关系，《风景名胜区条例》明确了国家对风景名胜区实行科学规划、统一管理、严格保护、永续利用的原则，并从以下方面作了规定。

（一）风景名胜旅游资源的保护

《风景名胜区条例》规定，风景名胜区内的景观和自然环境，应当根据可持续发展的原则严格保护，不得破坏或者随意改变。风景名胜区管理机构应当建立健全风景名胜资源保护的各项管理制度，应当对风景名胜区内的重要景观进行调查、鉴定，并制定相应的保护措施。其主要内容包括：

1. 在风景名胜区内禁止进行下列活动：开山、采石、开矿、开荒、修坟立碑等破坏景观、植被和地形地貌的活动；修建储存爆炸性、易燃性、放射性、毒害性、腐蚀性物品的设施；在景物或者设施上刻画、涂污；乱扔垃圾。

2. 禁止违反风景名胜区规划，在风景名胜区内设立各类开发区和在核心景区内建设宾馆、招待所、培训中心、疗养院以及与风景名胜资源保护无关的其他建筑物；已经建设的，应当按照风景名胜区规划逐步迁出。例如，九寨沟从2001年5月开始关闭并拆除宾馆、饭店，游人一律"沟内游，沟外住"。

3. 在风景名胜区内从事建设活动应经风景名胜区管理机构审核后，依法办理审批手续；在国家级风景名胜区内修建缆车、索道等重大建设工程，项目的选址方案应当报国务院建设主管部门核准。

4. 在风景名胜区内进行下列活动，应当经风景名胜区管理机构审核后，依照有关法律、法规的规定报有关主管部门批准：设置、张贴商业广告；举办大型游乐等活动；改变水资源、水环境自然状态的活动；其他影响生态和景观的活动。

5. 风景名胜区内的建设项目应当符合风景名胜区规划，并与景观相协调，不得破坏景观、污染环境、妨碍游览。在风景名胜区内进行建设活动的，建设单位、施工单位应当制定污染防治和水土保持方案，并采取有效措施，保护好周围景物、水体、林草植被、野生动物资源和地形地貌。

（二）风景名胜旅游资源的利用和管理

1. 风景名胜区管理机构应当根据风景名胜区的特点，保护民族民间传统文化，开展健康有益的游览观光和文化娱乐活动，普及历史文化和科学知识。

2. 风景名胜区管理机构应当根据规划，合理利用风景名胜资源，改善交通、服务设施和游览条件。

3. 风景名胜区管理机构应当建立健全安全保障制度，加强安全管理，保障游览安全，禁止超过允许容量接纳游客和在没有安全保障的区域开展游览活动，并督促风景名胜区内的经营单位接受有关部门依据法律、法规进行的监督检查。

4. 风景名胜区的门票，由风景名胜区管理机构负责出售，门票价格依照有关价格的法律、法规的规定执行。风景名胜区内交通、服务等项目的经营企业，应当缴纳风景名胜资源有偿使用费。风景名胜区的门票收入和风景名胜资源有偿使用费应当专门用于风景名胜资源的保护和管理以及风景名胜区内财产的所有权人、使用权人损失的补偿。

5. 风景名胜区管理机构不得从事以营利为目的的经营活动，不得将规划、管理和监督等行政管理职能委托给企业或者个人行使。风景名胜区管理机构的工作人员不得在风景名胜区内的企业兼职。

● 小贴士

　　近年来各大景区门票纷纷涨价，有的景区涨幅甚至近 20 倍，国内风景区门票越来越贵。《风景名胜区条例》规定，门票价格依照有关价格的法律、法规的规定执行。在一些景区，门票收入成为最大的经济收入，正是有了经济利益，景区才争先恐后地"涨声"一片。而门票收入的分配，通常是景区自留 40%、地方财政分成占 40%，景区维护费用仅与一小部分。为了解决维护费用来源问题，条例规定，凡是依托风景名胜区进行经营性活动的，可适当收取资源有偿使用费；门票收入和风景名胜资源有偿使用费实行收支两条线管理，应当专门用于风景名胜资源的保护和管理以及景区内财产的所有权人、使用权人损失的补偿。这一规定是为了在一定程度上抑制门票涨价的利益冲突。

　　2007 年 2 月，国家发改委发布《关于进一步做好当前游览参观点门票价格管理工作的通知》，提出"门票价格应充分体现公益性"，确定门票价格调整期限和调整幅度，"对实行政府定价和政府指导价管理的门票价格，因成本支出大幅增加确需调整的，应当在调价前 2 个月向社会公布。同一门票价格上调频率不得低于 3 年。门票价格的调整幅度，50 元以下的（不含 50 元），一次提价幅度不得超过原票价的 35%；50 元（含 50 元）至 100 元的（不含 100 元），一次提价幅度不得超过原票价的 30%；100 元（含 100 元）至 200 元的（不含 200 元），一次提价幅度不得超过原票价的 25%；200 元以上的（含 200 元），一次提价幅度不得超过原票价的 15%（以上提价幅度以旺季票价为准）。各游览参观点不得通过提高门票价格，大幅度增加职工工资、奖金和福利待遇"。

五、违反《风景名胜区条例》的法律责任

　　为了切实做好风景名胜区的保护和利用工作，《风景名胜区条例》规定了对下列违法行为的处罚：

　　1. 在风景名胜区内进行开山、采石、开矿等破坏景观、植被、地形地貌的活动，修建储存爆炸性、易燃性、放射性、毒害性、腐蚀性物品的设施，在核心景区建设宾馆、招待所、培训中心、疗养院以及与风景名胜资源保护无关的其他建筑物的，由风景名胜区管理机构责令停止违法行为、恢复原状或者限期拆除，没收违法所得，并处 50 万元以上 100 万元以下的罚款。

　　2. 在风景名胜区内从事禁止范围以外的建设活动，未经风景名胜区管理机构审核的，由风景名胜区管理机构责令停止建设、限期拆除，对个人处 2 万元以上 5 万元以下的罚款，对单位处 20 万元以上 50 万元以下的罚款。

　　3. 在国家级风景名胜区内修建缆车、索道等重大建设工程，项目的选址方案未经国务院建设主管部门核准，县级以上地方人民政府有关部门核发选址意见书的，对直接负责的主管人员和其他直接责任人员依法给予处分；构成犯罪的，

依法追究刑事责任。

4. 个人在风景名胜区内进行开荒、修坟立碑等破坏景观、植被、地形地貌的活动的，由风景名胜区管理机构责令停止违法行为、限期恢复原状或者采取其他补救措施，没收违法所得，并处1000元以上1万元以下的罚款。

5. 在景物、设施上刻画、涂污或者在风景名胜区内乱扔垃圾的，由风景名胜区管理机构责令恢复原状或者采取其他补救措施，处50元的罚款；刻画、涂污或者以其他方式故意损坏国家保护的文物、名胜古迹的，按照《治安管理处罚法》的有关规定予以处罚；构成犯罪的，依法追究刑事责任。

6. 未经风景名胜区管理机构审核，在风景名胜区内设置、张贴商业广告，举办大型游乐等活动，进行改变水资源、水环境自然状态的活动及其他影响生态和景观的活动，由风景名胜区管理机构责令停止违法行为、限期恢复原状或者采取其他补救措施，没收违法所得，并处5万元以上10万元以下的罚款；情节严重的，并处10万元以上20万元以下的罚款。

7. 施工单位在施工过程中，对周围景物、水体、林草植被、野生动物资源和地形地貌造成破坏的，由风景名胜区管理机构责令停止违法行为、限期恢复原状或者采取其他补救措施，并处2万元以上10万元以下的罚款；逾期未恢复原状或者采取有效措施的，由风景名胜区管理机构责令停止施工。

8. 国务院建设主管部门、县级以上地方人民政府及其有关主管部门有下列行为之一的，对直接负责的主管人员和其他直接责任人员依法给予处分；构成犯罪的，依法追究刑事责任。

（1）违反风景名胜区规划，在风景名胜区内设立各类开发区的。

（2）风景名胜区自设立之日起未在 2 年内编制完成风景名胜区总体规划的。

（3）选择不具有相应资质等级的单位编制风景名胜区规划的。

（4）风景名胜区规划未获批准前在风景名胜区内进行建设活动的。

（5）擅自修改风景名胜区规划的。

（6）不依法履行监督管理职责的其他行为。

9．风景名胜区管理机构有下列行为之一的，由设立该风景名胜区管理机构的县级以上地方人民政府责令改正；情节严重的，对直接负责的主管人员和其他直接责任人员给予降级或者撤职的处分；构成犯罪的，依法追究刑事责任。

（1）超过允许容量接纳游客或者在没有安全保障的区域开展游览活动的。

（2）未设置风景名胜区标志和路标、安全警示等标牌的。

（3）从事以营利为目的的经营活动的。

（4）将规划、管理和监督等行政管理职能委托给企业或者个人行使的。

（5）允许风景名胜区管理机构的工作人员在风景名胜区内的企业兼职的。

（6）审核同意在风景名胜区内进行不符合风景名胜区规划的建设活动的。

（7）发现违法行为不予查处的。

第三节　自然保护区的法律保护

1956 年，我国在广东肇庆建立了鼎湖山自然保护区，这是我国第一个国家级自然保护区。此后，自然保护区发展极为迅速。为了加强自然保护区的建设和管理，保护自然环境和自然资源，国务院于 1994 年 10 月发布了《中华人民共和国自然保护区条例》（以下简称《自然保护区条例》），该条例自 1994 年 12 月 1 日起实施，标志着我国对自然保护区的建设和管理走上了法制化的道路。

一、自然保护区的概念及设立条件

（一）自然保护区的概念

自然保护区，是指对有代表性的自然生态系统、珍稀濒危野生动植物物种的天然集中分布区和有特殊意义的自然遗迹等保护对象所在的陆地、陆地水体或者海域，依法划出一定面积予以特殊保护和管理的区域。

自然保护区因其保护的对象不同而有不同的类型，在名称上也有多种称谓，如国家公园、森林保护区、自然公园、生物保护区、动物保护区等。我国一般称自然保护区、国家森林公园。

（二）自然保护区的设立条件

《自然保护区条例》规定，凡具有下列条件之一的，应当建立自然保护区：

1. 典型的自然地理区域、有代表性的自然生态系统区域以及已经遭受破坏但经保护能够恢复的同类自然生态系统区域。

2. 珍稀、濒危野生动植物物种的天然集中分布区域。

3. 具有特殊保护价值的海域、海岸、岛屿、湿地、内陆水域、森林、草原和荒漠。

4. 具有重大科学文化价值的地质构造、著名溶洞、化石分布区、冰川、火山、温泉等自然遗迹。

5. 经国务院或者省、自治区、直辖市人民政府批准，需要予以特殊保护的其他自然区域。

二、自然保护区的等级、区域划分和建立程序

（一）自然保护区的等级

1. 国家级自然保护区：是指在国内外有典型意义、在科学上有重大国际影响或者有特殊科学研究价值的自然保护区。

2. 地方级自然保护区：是指除国家级自然保护区外，其他具有典型意义或者重要科学研究价值的自然保护区。

（二）自然保护区的区域划分

为了更好地对自然保护区实施保护和管理，自然保护区又分为核心区、缓冲区和实验区。原批准建立自然保护区的人民政府认为必要时，可以在自然保护区的外围划定一定面积的外围保护地带。

1. 核心区：是自然保护区内保存完好的天然状态的生态系统以及珍稀、濒危动植物的集中分布地区。该区非经省级以上人民政府有关自然保护区行政主管部门批准，禁止任何单位和个人进入，也不允许进入从事科学研究活动（其中，进入国家级自然保护区核心的，必须经国务院有关自然保护区行政主管部门批准）。

2. 缓冲区：是在核心区外围划定一定面积的区域，只准进入从事科学研究观测活动。

3. 实验区：指缓冲区的外围区域。这里可以进入从事科学试验、教学实习、参观考察、旅游以及驯化、繁殖珍稀、濒危野生动植物等活动。

（三）自然保护区建立的程序

1. 国家级自然保护区的建立，由自然保护区所在的省、自治区、直辖市人民政府或者国务院有关自然保护区行政主管部门提出申请，经国家级自然保护区评审委员会评审后，由国务院环境保护行政主管部门进行协调并提出审批建议，报国务院批准。

2. 地方级自然保护区的建立，由自然保护区所在的县、自治县、市、自治州人民政府或者省、自治区、直辖市人民政府有关自然保护区行政主管部门提出

申请，经地方级自然保护区评审委员会评审后，由省、自治区、直辖市人民政府环境保护行政主管部门进行协调并提出审批建议，报省、自治区、直辖市人民政府批准，并报国务院环境保护行政主管部门和国务院有关自然保护区行政主管部门备案。

3. 跨两个以上行政区域的自然保护区的建立，由有关行政区域的人民政府协商一致后提出申请，并按照前两款规定的程序审批。

4. 建立海上自然保护区，须经国务院批准。

三、自然保护区的管理

（一）自然保护区的管理机构

国家对自然保护区实行综合管理与部门管理相结合的管理体制。

国务院环境保护行政主管部门负责全国自然保护区的综合管理。国家级自然保护区，由其所在地的省、自治区、直辖市人民政府有关自然保护区行政主管部门或者国务院有关自然保护区行政主管部门管理。地方级自然保护区，由其所在地的县级以上地方人民政府有关自然保护区行政主管部门管理。县级以上人民政府环境保护行政主管部门有权对本行政区域内各类自然保护区的管理进行监督检查。

（二）自然保护区的管理

对自然保护区的管理，《自然保护区条例》主要规定了以下3个方面的内容：

1. 范围和界限的划定

自然保护区的范围和界限由批准建立自然保护区的人民政府确定，并标明区界，予以公告。

2. 自然保护区的规划

国务院环境行政主管部门会同国务院有关自然保护区行政主管部门，在对全国自然环境和自然资源状况进行调查评价的基础上，拟订国家自然保护区发展规划，经国务院计划部门综合平衡后，报国务院批准实施。

3. 活动与人员管理

（1）禁止在自然保护区内进行砍伐、放牧、狩猎、捕捞、采药、开垦、烧荒、开矿、采石、挖沙等活动，但法律、行政法规另有规定的除外。

（2）禁止在自然保护区的缓冲区开展旅游和生产经营活动。因教学科研需要进入该缓冲区进行工作的，须经保护区管理机构批准。

（3）在自然保护区的核心区和缓冲区内，不得建设任何生产设施。在自然保护区的实验区中，不得建设污染环境、破坏环境或者景观的生产设施。

（4）在国家自然保护区的实验区和地方级自然保护区的实验区经批准开展旅游、参观活动的，应当服从自然保护区管理机构的管理。

（5）外国人进入地方级自然保护区的，接待单位应事先报经省、自治区、直辖市人民政府有关自然保护区行政主管部门批准。外国人进入国家级自然保护区的，接待单位应报经国务院有关自然保护区行政主管部门批准。

四、违反《自然保护区条例》的法律责任

1. 违反《自然保护区条例》规定，有下列行为之一的单位和个人，依法给予行政处罚：

（1）擅自移动或者破坏自然保护区界标的。

（2）未经批准进入自然保护区或者在自然保护区内不服从管理机构管理的。

（3）经批准在自然保护区的缓冲区内从事科学研究、教学实习和标本采集的单位和个人，不向自然保护区管理机构提交活动成果副本的。

（4）在自然保护区进行砍伐、放牧、狩猎、捕捞、采药、开垦、烧荒、开矿、采石、挖沙等活动的。

（5）自然保护区管理机构违反《自然保护区条例》规定，拒绝环境保护行政主管部门或者有关自然保护区行政主管部门监督检查，或者在被检查时弄虚作假的。

违反《自然保护区条例》规定，给自然保护区造成损失的，由县级以上人民政府有关自然保护区行政主管部门责令赔偿损失。

2. 自然保护区管理机构有下列行为之一的，由县级以上人民政府有关自然保护区行政主管部门责令限期改正；对直接责任人员，由其所在单位或者上级机关给予行政处分：

（1）未经批准在自然保护区开展参观、旅游活动的。

（2）开设与自然保护区保护方向不一致的参观、旅游项目的。

（3）不按照批准的方案开展参观、旅游活动的。

3. 有下列行为之一的，依法追究刑事责任：

（1）妨碍自然保护区管理人员执行公务，情节严重的。

（2）造成自然保护区重大污染或者破坏事故，导致公私财产重大损失或者人身伤亡的严重后果，构成犯罪的。

（3）自然保护区管理人员滥用职权、玩忽职守、徇私舞弊，构成犯罪的。

第四节　人文旅游资源的法律保护

我国是一个历史悠久、民族众多的文明古国，名胜古迹源远流长，历史文物不计其数，风土人情奇特各异，人文旅游资源丰富多彩。我国十分重视人文旅游资源的保护工作，制定和颁布了一系列法律、法规和规范性文件，主要包括《中

华人民共和国文物保护法》、《中华人民共和国文物保护法实施细则》、《中华人民共和国文物保护法实施条例》等，为我国人文旅游资源的保护提供了法律保障。

一、人文旅游资源概述

（一）人文旅游资源的概念及范围

人文旅游资源，是指由于历史发展所产生的各种有形或无形的旧物或文化传统。它包括古代建筑、历史遗迹和民族风情等。在我国，作为人文旅游资源的有：文化遗址、历史名城、古代建筑、古典园林、帝王陵墓、宗教圣地，雕绘艺术、博物馆、革命旧址、现代建设，民族风情、工艺美术、名菜佳肴等。

文物是国家的宝贵财富，它在人文旅游资源中占有重要地位。本节所指人文旅游资源主要是《中华人民共和国文物保护法》（下称《文物保护法》）所保护的文物。

（二）文物的概念及其保护范围

文物是指人们在各个历史时期生产、生活和斗争中遗留下来的，具有历史、科学和艺术价值的遗物和遗迹。

按照《文物保护法》的规定，在中华人民共和国境内，下列文物受国家保护：

1. 具有历史、艺术、科学价值的古文化遗址、古墓葬、古建筑、石窟寺和石刻、壁画。

2. 与重大历史事件、革命运动或者著名人物有关的以及具有重要纪念意义、教育意义或者史料价值的近代现代重要史迹、实物、代表性建筑。

3. 历史上各时代珍贵的艺术品、工艺美术品。

4. 历史上各时代重要的文献资料及具有历史、艺术、科学价值的手稿和图书资料等。

5. 反映历史上各时代、各民族社会制度、社会生产、社会生活的代表性实物。

6. 具有科学价值的古脊椎动物化石和古人类化石。

二、人文旅游资源的法律保护

我国《文物保护法》规定："一切机关、组织和个人都有保护国家文物的义务。"文物工作要贯彻"保护为主、抢救第一、合理利用、加强管理"的方针，强化了文物保护的各项管理措施。对文物的法律保护体现在以下两个方面：

（一）对文物所有权的法律保护

1. 属于国家所有的文物

中华人民共和国境内地下、内河和领海中遗存的一切文物，属于国家所有。

古文化遗址、古墓葬、石窟寺属于国家所有。国家指定保护的纪念建筑物、古建筑、石刻、壁画、近代现代代表性建筑等不可移动文物，除国家另有规定的以外，属于国家所有。国有不可移动文物的所有权不因其所依附的土地所有权或者使用权的改变而改变。

下列可移动文物，属于国家所有：（1）中国境内出土的文物，国家另有规定的除外；（2）国有文物收藏单位以及其他国家机关、部队和国有企业、事业组织等收藏、保管的文物；（3）国家征集、购买的文物；（4）公民、法人和其他组织捐赠给国家的文物；（5）法律规定属于国家所有的其他文物。属于国家所有的可移动文物的所有权不因其保管、收藏单位的终止或者变更而改变。

2. 属于集体所有和私人所有的文物

属于集体所有和私人所有的纪念建筑物、古建筑和祖传文物以及依法取得的其他文物，其所有权受法律保护。文物的所有者必须遵守国家有关文物保护的法律、法规的规定。

（二）对文物保护单位的法律保护

1. 文物保护单位的级别

依照我国《文物保护法》的规定，古文化遗址、古墓葬、古建筑、石窟寺、石刻、壁画、近代现代重要史迹和代表性建筑等不可移动文物，根据它们的历史、艺术、科学价值，可以分别确定为不同级别的文物保护单位。我国《文物保护法》将我国的文物保护单位分为 3 个级别，并规定了相应的核定公布机构：

（1）县、市级文物保护单位。由设区的市、自治州和县级人民政府核定公布，并报省、自治区、直辖市人民政府备案。

（2）省级文物保护单位。由省、自治区、直辖市人民政府核定公布，并报国务院备案。

（3）全国重点文物保护单位。由国务院文物行政部门在省级，市、县级文物保护单位中，选择具有重大历史、艺术、科学价值的确定为全国重点文物保护单位，或者直接确定为全国重点文物保护单位，报国务院核定公布。

2. 文物保护单位的保护措施

依据我国《文物保护法》规定，文物保护单位的保护措施主要包括：划定保护范围并建立记录档案；制定保护措施并纳入城乡建设规划；确保文物保护单位的环境风貌不受破坏等。

3. 文物保护单位的迁移、修缮的法律保护

我国《文物保护法》规定，对不可移动文物进行修缮、保养、迁移，必须遵守不改变文物原状的原则。建设工程选址，应当尽可能避开不可移动文物；因特殊情况不能避开的，对文物保护单位应当尽可能实施原址保护。无法实施原址保护，必须迁移异地保护或者拆除的，应当报省、自治区、直辖市人民政府批准；迁移或者拆除省级文物保护单位的，批准前须征得国务院文物行政部门同

意。全国重点文物保护单位不得拆除；需要迁移的，须由省、自治区、直辖市人民政府报国务院批准。

4．文物保护单位中古建筑物的法律保护

我国《文物保护法》规定，核定为文物保护单位的属于国家所有的纪念建筑物或者古建筑，除可以建立博物馆、保管所或者辟为参观游览场所外，作其他用途的，市、县级文物保护单位应当经核定公布该文物保护单位的人民政府文物行政部门征得上一级文物行政部门同意后，报核定公布该文物保护单位的人民政府批准；省级文物保护单位应当经核定公布该文物保护单位的省级人民政府的文物行政部门审核同意后，报该省级人民政府批准；全国重点文物保护单位作其他用途的，应当由省、自治区、直辖市人民政府报国务院批准。国有未核定为文物保护单位的不可移动文物作其他用途的，应当报告县级人民政府文物行政部门。使用不可移动文物，必须遵守不改变文物原状的原则，负责保护建筑物及其附属文物的安全，不得损毁、改建、添建或者拆除不可移动文物。

（三）对历史文化名城、街区的法律保护

所谓历史文化名城，是指保存文物特别丰富并且具有重大历史价值或者革命纪念意义的城市。历史文化名城由国务院核定公布，它在我国的文物保护中居于特别重要的地位。历史文化街区是指保存文物特别丰富并且具有重大历史价值或者革命纪念意义的城镇、街道、村庄，由省、自治区、直辖市人民政府核定公布，并报国务院备案。

我国《文物保护法》规定，历史文化名城和历史文化街区、村镇所在地的县级以上地方人民政府应当组织编制专门的历史文化名城和历史文化街区、村镇保护规划，并纳入城市总体规划。截至 2007 年，中国已有 109 座国家历史文化名城（见表 9-2），157 个历史文化名村、名镇。中国历史文化名城、名镇、名村中保存了大量历史文化遗产，是宝贵的不可再生的文化资源，体现了中华民族的悠久历史、光荣的革命传统与光辉灿烂的文化。

表 9 - 2 中国的历史文化名城

批准时间	数量	历史文化名城
1982 年	24	北京、承德、大同、南京、苏州、扬州、杭州、绍兴、泉州、景德镇、曲阜、洛阳、开封、江陵、长沙、广州、桂林、成都、遵义、昆明、大理、拉萨、延安、西安
1986 年	38	天津、保定、平遥、呼和浩特、沈阳、上海、镇江、常熟、徐州、淮安、宁波、歙县、寿县、亳州、福州、漳州、南昌、济南、安阳、南阳、商丘、武汉、襄樊、潮州、重庆、阆中、宜宾、自贡、镇远、丽江、日喀则、韩城、榆林、武威、张掖、敦煌、银川、喀什
1994 年	37	正定、邯郸、新绛、代县、祁县、哈尔滨、吉林、集安、衢州、临海、长汀、赣州、青岛、聊城、邹城、临淄、郑州、浚县、随州、钟祥、岳阳、肇庆、佛山、梅州、海康、柳州、琼山、乐山、都江堰、泸州、建水、巍山、江孜、咸阳、汉中、天水、同仁
2001~2007 年	11	凤凰县、山海关区（秦皇岛）、濮阳、安庆、泰安、吐鲁番、特克斯、绩溪、金华、海口（注：海南省的"琼山"及"海口"因合并，"琼山"将不再出现在历史文化名城名单中）、无锡

三、人文旅游资源的考古发掘

人文旅游资源中的地下文物，是进行科学研究的宝贵财富，也是不可多得的旅游资源。因此，必须采取严格的保护和管理措施。我国《文物保护法》对考古发掘作了如下严格的规定：

（一）一切考古发掘工作，都必须履行报批手续

1. 从事考古发掘的单位，为了科学研究进行考古发掘，应当提出发掘计划，报国务院文物行政部门批准；对全国重点文物保护单位的考古发掘计划，应当经国务院文物行政部门审核后报国务院批准。国务院文物行政部门在批准或者审核前，应当征求社会科学研究机构及其他科研机构和有关专家的意见。

2. 需要配合建设工程进行的考古发掘工作，应当由省、自治区、直辖市文物行政部门在勘探工作的基础上提出发掘计划，报国务院文物行政部门批准。国务院文物行政部门在批准前，应当征求社会科学研究机构及其他科研机构和有关专家的意见。

3. 进行大型基本建设工程，建设单位应当事先报请省、自治区、直辖市人民政府文物行政部门组织从事考古发掘的单位在工程范围内有可能埋藏文物的地方进行考古调查、勘探。在考古调查、勘探中发现文物的，由省、自治区、直辖市人民政府文物行政部门根据文物保护的要求会同建设单位共同商定保护措施；遇有重要发现的，由省、自治区、直辖市人民政府文物行政部门及时报国务院文物行政部门处理。

4. 确因建设工期紧迫或者有自然破坏危险，对古文化遗址、古墓葬急需进行抢救发掘的，由省、自治区、直辖市人民政府文物行政部门组织发掘，并同时补办审批手续。

（二）地下埋藏的文物，任何单位和个人都不得私自发掘

在进行建设工程或者在农业生产中，任何单位或者个人发现文物，应当保护现场，立即报告当地文物行政部门，文物行政部门接到报告后，如无特殊情况，应当在 24 小时内赶赴现场，并在 7 日内提出处理意见。发现重要文物的，应当立即上报国务院文物行政部门，国务院文物行政部门应当在接到报告后 15 日内提出处理意见。

（三）考古发掘的文物，任何单位或者个人不得侵占

考古调查、勘探、发掘的结果，应当报告国务院文物行政部门和省、自治区、直辖市人民政府文物行政部门。考古发掘的文物，应当登记造册，妥善保管，按照国家有关规定移交给由省、自治区、直辖市人民政府文物行政部门或者国务院文物行政部门指定的国有博物馆、图书馆或者其他国有收藏文物的单位收藏。经省、自治区、直辖市人民政府文物行政部门或者国务院文物行政部门批准，从事考古发掘的单位可以保留少量出土文物作为科研标本。

经发掘出土的文物除根据考古需要交给科学研究部门研究以外，都必须由当地文化行政管理部门指定的单位保管，任何单位或者个人都不得侵占。

根据保证文物安全、进行科学研究和充分发挥文物作用的需要，省、自治区、直辖市人民政府文物行政部门经本级人民政府批准，可以调用本行政区域内的出土文物；国务院文物行政部门经国务院批准，可以调用全国的重要出土文物。

（四）非经国务院文物行政部门报国务院特别许可，任何外国人或者外国团体不得在中华人民共和国境内进行考古调查、勘探、发掘。

四、对馆藏文物和民间收藏文物的管理

（一）馆藏文物的管理

馆藏文物是指博物馆、图书馆和其他文物收藏单位收藏的文物。

我国《文物保护法》第三十七条规定，文物收藏单位可以通过下列方式取得文物：购买；接受捐赠；依法交换；法律、行政法规规定的其他方式。国有文物收藏单位还可以通过文物行政部门指定保管或者调拨方式取得文物。

对馆藏文物必须区分文物等级，设置藏品档案，建立严格的管理制度，并报主管的文物行政部门备案。未经批准，任何单位或者个人不得调取馆藏文物。禁止国有文物收藏单位将馆藏文物赠与、出租或者出售给其他单位、个人。

文物收藏单位应当充分发挥馆藏文物的作用，通过举办展览、科学研究等活动，加强对中华民族优秀的历史文化和革命传统的宣传教育。国有文物收藏单位

之间因举办展览、科学研究等需借用馆藏文物的，应当报主管的文物行政部门备案；借用馆藏一级文物的，应当经省、自治区、直辖市人民政府文物行政部门批准，并报国务院文物行政部门备案。非国有文物收藏单位和其他单位举办展览需借用国有馆藏文物的，应当报主管的文物行政部门批准；借用国有馆藏一级文物，应当经国务院文物行政部门批准。文物收藏单位之间借用文物的最长期限不得超过三年。

（二）民间收藏文物的管理

民间收藏文物是指文物收藏单位以外的公民、法人和其他组织收藏的文物。

我国《文物保护法》第五十条规定，民间收藏文物可以通过下列方式取得：依法继承或者接受赠与；从文物商店购买；从经营文物拍卖的拍卖企业购买；公民个人合法所有的文物相互交换或者依法转让；国家规定的其他合法方式。

文物收藏单位以外的公民、法人和其他组织通过上述方式收藏的文物可以依法流通。但是，公民、法人和其他组织不得买卖下列文物：国有文物（但经国家允许的除外）；非国有馆藏珍贵文物；国有不可移动文物中的壁画、雕塑、建筑构件等（但经依法拆除的国有不可移动文物中的壁画、雕塑、建筑构件等不属于应由文物收藏单位收藏的除外）；来源不符合《文物保护法》第五十条规定的文物。

国家鼓励文物收藏单位以外的公民、法人和其他组织将其收藏的文物捐赠给国有文物收藏单位或者出借给文物收藏单位展览和研究。国家禁止出境的文物，不得转让、出租、质押给外国人。

（三）文物商店和拍卖企业

我国《文物保护法》规定："除经批准的文物商店、经营文物拍卖的拍卖企业外，其他单位或者个人不得从事文物的商业经营活动。"

文物商店应当由国务院文物行政部门或者省、自治区、直辖市人民政府文物行政部门批准设立，依法进行管理。文物商店不得从事文物拍卖经营活动，不得设立经营文物拍卖的拍卖企业。

依法设立的拍卖企业经营文物拍卖的，应当取得国务院文物行政部门颁发的文物拍卖许可证。经营文物拍卖的拍卖企业不得从事文物购销经营活动，不得设立文物商店。禁止设立中外合资、中外合作和外商独资的文物商店或者经营文物拍卖的拍卖企业。

五、文物出境进境的管理

我国《文物保护法》规定，国有文物、非国有文物中的珍贵文物和国家规定禁止出境的其他文物，不得出境；但是依照本法规定出境展览或者因特殊需要经国务院批准出境的除外。

文物出境，应当经国务院文物行政部门指定的文物进出境审核机构审核。经审核允许出境的文物，由国务院文物行政部门发给文物出境许可证，从国务院文物行政部门指定的口岸出境。任何单位或者个人运送、邮寄、携带文物出境，应当向海关申报；海关凭文物出境许可证放行。

文物临时进境，应当向海关申报，并报文物进出境审核机构审核、登记。临时进境的文物复出境，必须经原审核、登记的文物进出境审核机构审核查验；经审核查验无误的，由国务院文物行政部门发给文物出境许可证，海关凭文物出境许可证放行。

六、违反《文物保护法》的法律责任

（一）行政责任

违反《文物保护法》的规定，情节尚不严重的，由有关机关给予行政处罚：

1. 构成违反治安管理行为的，由公安机关依法给予治安管理处罚。

2. 构成走私行为，尚不构成犯罪的，由海关依照有关法律、行政法规的规定给予处罚。

3. 刻画、涂污或者损坏文物尚不严重的，或者损毁依照本法规定设立的文物保护单位标志的，由公安机关或者文物所在单位给予警告，可以并处罚款。

4. 有下列行为之一，尚不构成犯罪的，由县级以上人民政府文物主管部门会同公安机关追缴文物；情节严重的，处五千元以上五万元以下的罚款：发现文物隐匿不报或者拒不上交的；未按照规定移交拣选文物的。

5. 非法进行文物经营活动的，由工商行政管理部门没收违法所得、非法经营的文物，并处罚款。

（二）刑事责任

违反《文物保护法》的规定，有下列行为之一，构成犯罪的，依法追究刑事责任：

1. 盗掘古文化遗址、古墓葬的。

2. 故意或者过失损毁国家保护的珍贵文物的。

3. 擅自将国有馆藏文物出售或者私自送给非国有单位或者个人的。

4. 将国家禁止出境的珍贵文物私自出售或者送给外国人的。

5. 以牟利为目的倒卖国家禁止经营的文物的。

6. 走私文物的。

7. 盗窃、哄抢、私分或者非法侵占国有文物的。

8. 应当追究刑事责任的其他妨害文物管理行为。

（三）民事责任

违反《文物保护法》的规定，造成文物灭失、损毁的，依法承担民事责任。

第五节　世界遗产的法律保护

1972 年 11 月，联合国教科文组织大会第 17 届会议在巴黎通过了《保护世界文化和自然遗产公约》（以下简称《公约》）。《公约》的宗旨是为集体保护具有突出的普遍价值的文化和自然遗产，建立一个根据现代科学方法制定的永久性有效制度，从而使这些全人类的世界遗产得以留存。自 1975 年 12 月《公约》正式生效后，在全球范围内，迄今共有 180 个国家或地区加入《公约》，成为缔约成员。

一、世界遗产的含义

世界遗产是指前代所遗留的，对人类生存和发展具有特殊价值而为国际社会特别加以保护的自然和文化遗产。

二、世界遗产的分类

（一）文化遗产

《公约》规定，属于下列各类内容之一者，可列为文化遗产：

1. 文物：从历史、艺术和科学观点来看具有突出的普遍价值的建筑物、碑雕和碑画，具有考古性质成分或结构的铭文、窟洞以及联合体，例如中国的故宫。

2. 建筑群：从历史、艺术或科学角度看，在建筑式样、分布均匀程度或与环境景色结合方面，具有突出的普遍价值的单立或连接的建筑群。

3. 遗址：从历史、审美、人种学或人类学角度看具有突出的普遍价值的人类工程或自然与人联合工程以及考古地址等地方。例如中国的长城、秦始皇陵。

文化遗产保护区包括：历史建筑、历史名城、重要考古遗址和有永久纪念价值的巨型雕塑及绘画作品。

列入世界文化遗产的条件是：具有突出普遍价值；有充分的法律依据；历史比较久远；现状保护较好。

（二）自然遗产

《公约》规定，符合下列规定之一者，可列为属于自然遗产：

1. 从审美和科学角度看，具有突出的普遍价值的由物质和生物结构或这类结构群组成的自然面貌。

2. 从科学或保护角度看具有突出的普遍价值的地质和自然地理结构以及明确划为受威胁的动物和植物生境区。

3. 从科学、保护或自然美角度看具有突出的普遍价值的自然景观或明确划分的自然区域，例如中国的三江并流、九寨沟、武陵源。

自然遗产保护区包括：国家公园和其他早已指定的物种保护区。

（三）文化与自然双重遗产

是指自然和文化价值柜结合的遗产，例如中国的泰山、黄山、峨眉山—乐山大佛。要成为世界文化和自然双重遗产，必须具有"文化"和"自然"的双重内涵，既符合文化遗产标准，同时也符合自然遗产标准。

（四）文化景观遗产

文化景观这一概念是1992年12月在美国圣菲召开的联合国教科文组织世界遗产委员会第16届会议时提出并纳入《世界遗产名录》中的。庐山风景名胜区是我国"世界遗产"中的唯一文化景观。

一般来说，文化景观有以下类型：

1. 由人类有意设计和建筑的景观。包括出于美学原因建造的园林和公园景观，它们经常（但并不总是）与宗教或其他纪念性建筑物或建筑群有联系。

2. 有机进化的景观。它产生于最初始的一种社会、经济、行政以及宗教需要，并通过与周围自然环境的相联系或相适应而发展到目前的形式。它包括两种类别：一是残遗物（或化石）景观，代表一种过去某段时间已经完结的进化过程，不管是突发的或是渐进的。它们之所以具有突出、普遍价值，还在于显著特点依然体现在实物上。二是持续性景观，它在当今与传统生活方式相联系的社会中，保持一种积极的社会作用，而且其自身演变过程仍在进行之中，同时又展示了历史上其演变发展的物证。

3. 关联性文化景观。这类景观列入《世界遗产名录》，以与自然因素、强烈的宗教、艺术或文化相联系为特征，而不是以文化物证为特征。

（五）非物质文化遗产

联合国教科文组织于2003年10月颁布了《保护非物质文化遗产国际公约》，对语言、歌曲、手工技艺等非物质文化遗产的保护作出了必要规定。目前，入选联合国教科文组织"人类口述和非物质遗产代表作"的中国项目主要有昆曲、中国古琴艺术、新疆维吾尔木卡姆艺术和蒙古族长调民歌四项。

1. 非物质文化遗产的含义

非物质文化遗产又称口头或无形遗产，是相对于有形遗产即可传承的物质遗产而言。它是指各民族人民世代相承的、与群众生活密切相关的各种传统文化表现形式（如民俗活动、表演艺术、传统知识和技能，以及与之相关的器具、实物、手工制品等）和文化空间。

2. 非物质文化遗产的范围

《保护非物质文化遗产国际公约》指出，非物质文化遗产应涵盖五个方面的项目。

（1）口头传说和表述，包括作为非物质文化遗产媒介的语言。

（2）表演艺术。

（3）社会风俗、礼仪、节庆。

（4）有关自然界和宇宙的知识和实践。

（5）传统的手工艺技能。

三、我国的世界遗产

中国于 1985 年 12 月加入《保护世界文化和自然遗产公约》，1986 年开始向联合国教科文组织申报世界遗产项目，并于 2004 年 12 月加入《保护非物质文化遗产国际公约》。自 1987 年至 2007 年 6 月，中国先后被批准列入《世界遗产名录》的世界遗产已达 35 处，数量居世界第三位（第一位为西班牙，第二位为意大利），见表 9 - 3。

表 9 - 3　中国的世界遗产

批准时间	地域名称	遗产种类
1987．12	长城	文化遗产（附1）
1987．12	明清皇宫（北京故宫、沈阳故宫）	文化遗产（附7）
1987．12	陕西秦始皇陵及兵马俑	文化遗产
1987．12	甘肃敦煌莫高窟	文化遗产
1987．12	北京周口店北京猿人遗址	文化遗产
1987．12	山东泰山	文化与自然双重遗产
1990．12	安徽黄山	文化与自然双重遗产
1992．12	湖南武陵源国家级名胜区	自然遗产
1992．12	四川九寨沟国家级名胜区	自然遗产
1992．12	四川黄龙国家级名胜区	自然遗产
1994．12	西藏布达拉宫	文化遗产（附2、附3）
1994．12	河北承德避暑山庄及周围寺庙	文化遗产
1994．12	山东曲阜的孔庙、孔府及孔林	文化遗产
1994．12	湖北武当山古建筑群	文化遗产
1996．12	江西庐山风景名胜区	文化遗产
1996．12	四川峨眉山—乐山大佛	文化与自然双重遗产
1997．12	云南丽江古城	文化遗产
1997．12	山西平遥古城	文化遗产
1997．12	江苏苏州古典园林	文化遗产（附4）

续上表

批准时间	地域名称	遗产种类
1998．11	北京颐和园	文化遗产
1998．11	北京天坛	文化遗产
1999．12	重庆大足石刻	文化遗产
1999．12	福建武夷山	文化与自然双重遗产
2000．11	四川青城山和都江堰	文化遗产
2000．11	河南洛阳龙门石窟	文化遗产
2000．11	明清皇家陵寝：明显陵（湖北钟祥市）、清东陵（河北遵化市）、清西陵（河北易县）、盛京三陵	文化遗产（附5、附6、附8）
2000．11	安徽古村落（西递、宏村）	文化遗产
2001．12	山西大同云冈石窟	文化遗产
2003．7	云南三江并流	自然遗产
2004．7	高句丽王城、王陵及贵族墓葬	文化遗产
2005．7	澳门历史城区	文化遗产
2006．7	四川大熊猫栖息地	自然遗产
2006．7	安阳殷墟	文化遗产
2007．6	中国南方喀斯特	自然遗产
2007．6	开平碉楼与村落	文化遗产

（资料来源：新华网）

附1：2002年11月中国唯一的水上长城辽宁九门口长城通过联合国教科文组织的验收，作为长城的一部分正式挂牌成为世界文化遗产。

附2：2000年11月拉萨大昭寺作为布达拉宫世界遗产的扩展项目被批准列入《世界遗产名录》。

附3：2001年12月西藏拉萨罗布林卡作为布达拉宫历史建筑群的扩展项目被批准列入《世界遗产名录》。

附4：2000年11月苏州艺圃、耦园、沧浪亭、狮子林和退思园5座园林作为苏州古典园林的扩展项目被批准列入《世界遗产名录》。

附5、附6：2003年7月北京市的十三陵和江苏省南京市的明孝陵作为明清皇家陵寝的一部分收入《世界遗产名录》。

附7：2004年7月，沈阳故宫作为明清皇宫文化遗产扩展项目列入《世界遗产名录》。

附8：2004年7月，盛京三陵作为明清皇家陵寝扩展项目列入《世界遗产名录》。

● 小贴士

　　近年来，世界遗产地的申报成功不断造就我国新的一批著名旅游目的地。世界遗产的申报成功带来的经济利益是有目共睹的，但在巨大利益面前，申遗难免迷失初衷，申遗艰难成功之日，就是旅游疯狂开发之时。遗产不幸成了"唐僧肉"之后，毁坏是必然的：武当山遇真宫毁于大火；孔庙元代石碑被车撞成六大块；泰山修建了索道像一把匕首直插泰山心脏；武陵源不断人工化、商业化、城市化，天梯直上云霄等等。如何保护世界遗产，保证它们的可持续发展，除了要遵守国际上对世界遗产保护的基本准则外，还必须从我国当前的实际国情出发，从世界遗产地居民的生存权和发展权出发，而不可以也不可能照搬西方发达国家的通常做法。有业内人士指出，目前大量资金投入到开发而不是保护上，这是因为没有一部专门针对世界遗产保护的法律法规，必定会损害世界遗产的长远利益。一部《文物法》管不了这个事，而联合国《保护世界文化和自然遗产公约》则显得有点鞭长莫及。目前最重大和最紧迫的任务，就是必须设立《中华人民共和国世界遗产保护法》，将世界遗产的保护和管理真正纳入法治轨道。

本章小结

　　本章全面介绍了我国对旅游资源保护方面的法律、法规，通过本章的学习，可以了解并掌握风景名胜区、自然保护区、世界遗产及文物保护和利用的相关法律知识，认识旅游资源的重要性，树立自觉保护旅游资源的法律意识。

思考与练习

一、单项选择题

1.在自然保护区内可以进入从事科学试验、教学实习、参观考察、旅游以及驯化、繁殖珍稀、濒危野生动植物等活动的区域是：（　　）

A.核心区　　　　　　　B.缓冲区　　　　　　C.实验区　　　　　　　D.研究区

2.文物是指人们在各个历史时期生产、生活和斗争中遗留下来的，具有（　　）价值的遗物和遗迹。

A.文化、艺术、历史　　　　　　　B.历史、科学、艺术

C.观赏、历史、文化　　　　　　　D.文化、科学、艺术

3.庐山风景名胜区是目前我国"世界遗产"中唯一的（　　）。

A.物质文化遗产　　　　　　　　　B.非物质文化遗产

C.文化景观遗产　　　　　　　　　D.文化与自然双重遗产

二、多项选择题

1.依据《风景名胜区管理条例》的规定，风景名胜区是指（　　）的地区。

A.具有观赏、文化或艺术价值

B.自然景物、人文景物比较集中

C.环境优美，具有一定规模和范围

D.可供人们游览、休息或进行科学、文化活动

2.依据我国《文物保护法》的规定，民间收藏文物可以通过下列方式取得：（　　）

A.依法继承或者接受赠与

B.从文物商店购买

C.从经营文物拍卖的拍卖企业购买

D.公民个人合法所有的文物相互交换或者依法转让

3.列入世界文化遗产的条件是：（　　）

A.具有突出普遍价值　　　　　　　B.有充足的法律依据

C.历史比较久远　　　　　　　　　D.现状保护较好

三、案例分析

云南昆明是我国著名的"春城"，夏无酷暑，冬无严寒，一年四季都适合旅游。位于昆明市区的滇池是我国著名的淡水湖之一，被誉为"云贵高原上的明珠"，是旅游的好去处。但在一个时期内，滇池污染严重，水质下降，难以吸引游人。1999年昆明世界园艺博览会举办前，云南省昆明市决心下大力气治理滇池。当地政府拿出30亿人民币治理污染，认为让滇池"脱胎换骨"绰绰有余了。但大把的钞票"扔"进去后，滇池的水质并没有达到预期的净化效果。经有关专家预计，治理滇池所需的静态投入至少要85亿人民币。

思考：从本案中我们可以得到什么启示？

第十章
旅游者合法权益保护法律法规

导语 ★ ★ ★ ★ ★

1. 理解消费者与旅游消费者的概念，了解消费者权益保护法的概念、适用范围及基本原则。
2. 掌握旅游消费者的权利与旅游经营者的义务。
3. 了解旅游消费者合法权益的含义，理解国家与社会对消费者权益保护的内容。
4. 掌握侵害旅游消费者权益的法律责任的相关规定。
5. 学会依法理性维权。

伴随着旅游业的迅速发展，旅游活动中存在的问题也日益突出，尤其是旅游者合法权益遭到侵害的事件时有发生。国内外经验证明，如果忽视对旅游者权益的保护，就会直接影响旅游企业乃至国家旅游产业的发展。如何更好地维护旅游者的合法权益是本章要探讨的主题。

第一节　旅游消费者权益保护法律制度概述

随着旅游业的迅速发展，在旅游活动中损害旅游者权益的问题日益引起人们的关注。1993 年 10 月由全国人大常委会通过，并于 1994 年 1 月 1 日起施行的《中华人民共和国消费者权益保护法》是保护消费者权利的基本法，为保护旅游消费者的合法权益提供了法律依据。

一、消费者与旅游消费者

（一）消费者

消费是社会再生产的重要环节之一，是生产、交换、分配的目的与归宿。消费包括"生产消费"和"生活消费"。在经济学上，消费者是经济运行中同政府、企业并列的三大主体之一；在法学上，是消费者权益保护法的最重要的主体。依据《消费者权益保护法》的规定，消费者是指为满足生活需要而购买、使用商品或接受服务的社会成员。

（二）旅游消费者

旅游消费属于生活消费，是满足人的发展与享受等高层次需要的消费，包括旅游者在旅游过程中所获得的物质产品、精神产品以及旅游服务。旅游消费者是消费者的一种类型，是通过购买旅游产品、接受旅游服务，从而满足其旅游需求的人。

二、消费者权益保护法

（一）消费者权益保护法的概念及适用范围

消费者权益保护法是指调整国家、经营者、消费者在保护消费者权益过程中发生的经济关系的法律规范的总称。广义的消费者权益保护法包括所有有关保护消费者权益的法律、法规，具体来讲，除《消费者权益保护法》外，还包括《产品质量法》、《反不正当竞争法》、《商标法》、《广告法》、《食品卫生法》等法律法规中有关保护消费者权益的内容。狭义的消费者权益保护法则是指有关消费者权益保护的单行法律法规，即 1993 年 10 月由全国人大常委会通过，并于 1994 年 1 月 1 日起施行的《中华人民共和国消费者权益保护法》。

《消费者权益保护法》的适用范围包括：

1. 消费者为生活消费需要购买、使用商品或者接受服务，其权益受本法保护。

2. 经营者为消费者提供其生产、销售的商品或者提供服务，应当遵守本法。

（二）消费者权益保护法的基本原则

1. 国家保护原则

这是消费者权益保护法的核心原则，是指国家对消费者提供法律保护。我国《消费者权益保护法》规定："国家保护消费者的合法权益不受侵害。国家采取措施，保障消费者依法行使权利，维护消费者的合法权益。"这项原则既体现了宪法原则，又适应了保护消费者权益的实际需要。

2. 社会保护原则

这是动员全社会力量保护消费者合法权益的原则，目的是形成消费者权益保护的社会机制，使消费者权益保护法律制度真正落到实处。保护消费者的合法权益是全社会的共同责任，因此，国家鼓励、支持一切组织和个人对损害消费者合法权益的行为进行社会监督。大众传播媒介应当做好维护消费者合法权益的宣传，对损害消费者合法权益的行为进行舆论监督。

3. 自愿、平等、公平、诚实信用原则

这是我国《民法通则》确立的民事活动的基本准则，也是经营者与消费者进行交易应当遵循的基本原则。主要内容包括：经营者与消费者进行交易时，要尊重消费者的意愿；交易双方法律地位平等，不得恃强凌弱；双方的交易符合等价交换这一商品经济的本质要求和社会商业道德规范的精神；双方在交易中应实事求是、恪守信用，不得弄虚作假、恶意欺骗。

第二节　旅游消费者的权利 与旅游经营者的义务

一、旅游消费者的权利

旅游消费者的权利是指旅游者在旅游活动过程中依法享有的各项权利。根据我国《消费者权益保护法》的规定，旅游者作为消费者享有以下 9 项权利：

（一）安全保障权

安全保障权是指旅游者在购买、使用商品和接受服务时所享有的人身、财产不受侵害的权利。为保障该权利的实现，旅游者有权要求经营者提供的商品和服务，符合保障人身和财产安全的要求。

安全保障权包括两个方面的内容：（1）人身安全权，具体包括生命安全权和健康安全权。例如，某旅游者参加旅游活动时因景点设施不安全导致死亡，表明其生命权受到威胁；某旅游者用餐时因食物不洁导致中毒，则表明其健康权受到威胁。（2）财产安全权，即旅游者的财产不受损失的权利。财产安全是旅游者顺利参加旅游活动的物质基础，也是法律保护的内容。

（二）知情权

知情权是指旅游者购买、使用商品或接受服务时，享有知悉其所购买使用的商品的真实情况的权利。

知情权具有两方面基本内涵：一是旅游者有权了解商品和服务的真实情况；二是旅游者在购买、使用商品或接受服务时，有权询问和了解商品或服务的有关情况。例如，旅游者在接受旅游服务过程中，享有了解服务内容以及其他相关信息的权利，诸如住宿饭店的星级标准、团队餐饮标准、景点景区的基本情况以及线路安排等；旅游企业负有为旅游者提供相关知识和真实信息的义务，如不得进行虚假的广告宣传等。

（三）自主选择权

自主选择权是指旅游者在购买商品或接受服务时，享有自主选择商品或者服务的权利。例如，旅游者可以对旅游商品、旅游线路、旅游项目进行自主选择。

自主选择权包括四个方面内容：（1）旅游者有权自主选择提供商品或者服务的经营者。例如旅游者外出旅游，可选择甲社也可选择乙社为其服务。（2）旅游者有权自主选择商品的品种或者服务的方式。例如旅游者可选择参团旅游，也可选择"自助游"或"自驾游"。（3）旅游者有权自主决定是否购买任何一种商品，接受或者不接受任何一项服务。（4）旅游者在选择商品或者接受服务时，有权进行比较、鉴别和挑选。例如，有极个别旅行社为了迫使旅游者在购物店里消费，使出了卑劣的手段。他们待旅游者进店后，把店门关上，旅游者不买东西就不让走。这就侵犯了旅游者的自主选择权。

（四）公平交易权

公平交易权是指旅游者在购买商品或者接受服务时享有公平交易的权利。例如，旅游者有权要求旅行社按合同约定的期限、路线、航班、车次和标准提供交通工具、住宿标准、接送、导游讲解、商品选购、娱乐等服务。

旅游者的公平交易权体现为三点：（1）公平交易必须在平等、自愿、等价有偿、公平、诚实信用等市场交易的基本原则下进行。（2）旅游者在购买商品或者接受服务时，有权获得质量保障、价格合理、计量准确等公平交易的条件。（3）旅游者在购买商品或者接受服务时，有权拒绝强制交易行为。例如，旅游者在旅游活动中对经营者尾随追堵强行兜售纪念品的行为可予以拒绝。

（五）求偿权

求偿权是指旅游者因购买、使用商品或接受服务受到人身、财产损害时，依法享有获得赔偿的权利。例如，旅游者在旅游活动中因旅游企业的责任受到人身、财产损害的，享有依法律或合同规定向旅游企业或保险公司索赔的权利；如果旅游者获得的赔偿得不到满足，有权在当地寻求可行的法律援助的权利。

（1）求偿权的主体：享有求偿权的主体是因购买、使用商品或接受服务而受到人身财产损害的人，即受害人，具体包括商品购买者、商品使用者、接受服务者、第三人。

（2）求偿权的范围：一是人身权受到侵害。既包括旅游者的人身健康权，也包括旅游者的其他人格权。二是财产权受到损害。即旅游者在财产上遭受的损失，包括直接损失和间接损失。三是旅游者因人身权受到侵害造成精神痛苦的，经营者也要根据不同情况予以赔偿。

（3）求偿的实现方式：赔偿损失是最基本最常见的方式；此外，还包括恢复原状、赔礼道歉、重作、消除影响、恢复名誉等民事责任的承担方式。

（4）求偿权的限制：通常旅游者只要购买使用商品或接受服务而受到人身、财产的损失，就可依法获得赔偿，并不需要商品生产者、销售者或提供服务者具有过错，但如果是受害者自己的过错造成损害的，商品制造者、销售者和提供服务者不承担责任。

（六）依法结社权

结社权是指消费者享有依法成立维护自身合法权益的社会团体的权利。旅游者作为消费者中的一个重要组成部分，同样享有该项权利。结社权是宪法规定的公民享有的结社权在消费领域的具体体现，也是客观实践的需要，体现了国家鼓励全社会共同保护消费者合法权益的精神。在消费领域中，消费者个人的力量和能力、见识等都是有限的，在市场交易中常常处于弱势地位，只有组织起来，才能与拥有雄厚经济实力的经营者相抗衡，更好地保护自身的合法权益。因此，依法成立消费者协会等社会团体十分必要。

消费者社会团体的作用主要表现为：（1）组织消费者，形成对商品和服务的广泛监督，促使一些侵害消费者权益的纠纷得到及时解决。（2）充当政府和消费者之间的桥梁；指导消费者的消费行为，提高消费者的自我保护意识。

（七）知识获取权

知识获取权是指旅游者享有获得有关消费和消费者权益保护方面知识的权利。

知识获取权的内容包括：（1）获得有关消费方面知识的权利。主要包括：有关消费态度的知识、有关商品和服务的基础知识、有关市场的基本知识。例如，在旅游中有权获得有关旅游目的地的风俗习惯及禁忌知识；在旅游景点应有必要的景点介绍、游览路线说明等；在危险地方有安全提示、安全须知等告示牌。（2）获得有关消费者权益保护方面知识的权利。主要包括：有关消费者权益保护法律、法规、政策、保护机构和争议解决等方面的知识。因此，旅行社及其导游人员在团队出发前，应给予旅游者有关出团事宜的正确指引，并告知有关注意事项。例如出境时过边检和海关的有关事宜，住店时酒店有关设施的维护及房间冰箱商品的消费等信息，以及出现不满意时可以向谁投诉等知识。除社会各方面要尽可能开辟多种途径，使消费者获得所需的知识外，消费者此项权利的实现，还需要消费者自身的积极努力，因此消费者应不断提高自我保护意识，学会正确使用商品、接受服务。

（八）受尊重权

受尊重权是指旅游者在购买、使用商品或接受服务时，享有其人格尊严和风俗习惯得到尊重的权利。这项权利包括两方面内容：

第一，在购买、使用商品或接受服务时，旅游者的人格尊严不受侵害。人格尊严的权利表现为姓名权、名誉权、荣誉权、肖像权、人身自由等，这是我国《宪法》赋予公民的最基本的权利之一，因此对于侵犯旅游者人格尊严的行为，应视不同情节给予法律制裁。侵犯消费者人格尊严的行为主要有：（1）贬低消费者人格，轻视消费者消费能力；（2）无端猜疑，强行检查或者搜身；（3）侵犯消费者隐私；（4）不尊重少数民族风俗习惯。

第二，旅游者在购买、使用商品或接受服务时，其民族风俗习惯应得到尊重。少数民族的风俗习惯大量地表现在生活习俗、服饰、婚丧、节庆、饮食禁忌等方面，如果处理不当，可能会带来误会和冲突。尊重少数民族风俗习惯对保护不同消费者的合法权益、贯彻党和国家的民族政策、维护各民族团结有着重要的意义。

（九）监督权

监督权是指旅游者享有对商品和服务以及保护消费者权益工作进行监督的权利。

监督权主要包括三点内容：（1）旅游者有权对商品和服务的价格、质量、计量、服务态度等进行监督；（2）旅游者有权对消费者权益工作进行监督，对保护消费者权益工作提出批评建议；（3）旅游者有权控告侵害消费者合法权益的行为和国家机关及其工作人员在保护消费者权益过程中的违法失职行为。监督的方式多种多样，例如对侵害旅游消费者权益的行为向有关机关进行检举和控告，或通过新闻舆论、消费者保护组织对经营者进行监督等。

二、旅游经营者的义务

旅游经营者的义务是指专门或主要经营旅游业务，直接为旅游者提供单项或多项服务的单位和个人在经营活动中依法应当履行的责任，也就是旅游经营者依法必须作出一定的行为或者不作出某种行为。《消费者权益保护法》规定了经营者必须履行的10项义务：

（一）履行法定和约定的义务

（1）经营者向消费者提供商品或者服务时，应当履行我国《产品质量法》、《食品卫生法》、《药品管理法》、《广告管理条例》、《商标法》等法律、法规规定的义务。

（2）经营者有履行与消费者合法约定的义务。经营者与消费者的约定，是指经营者与消费者之间就商品或服务达成的协议，约定不得违反法律、法规的规定。

（二）接受消费者监督的义务

（1）经营者要通过有效途径或方式接受消费者的批评和建议，例如设立专门机构、配置专职人员收集听取消费者的批评和建议，设置意见箱、意见簿、投诉电话及与消费者对话等。

（2）经营者要把向消费者提供商品或服务的活动置于消费者有效的监督之下。例如，一些旅行社通过问卷调查了解导游人员的服务情况，通过回访了解对于旅游线路的意见等都是主动接受监督的表现。

（三）保证商品或服务安全的义务

（1）经营者提供的商品或服务要符合保障人身财产的要求。

（2）经营者对可能危及消费者人身、财产安全要求的商品和服务，应当向消费者作出真实明确的警示，并说明和标明正确的使用方法。

（3）发现提供的商品或服务存在严重缺陷，即使消费者采用正确使用方法仍可能造成消费者人身、财产危害的，经营者应立即向有关部门报告并告知消费者，同时采取防止危害发生的措施。

（四）提供商品或服务的真实信息的义务

（1）经营者应向消费者提供有关商品或者服务的真实信息，不得作误导的虚假宣传。

（2）对消费者就商品或者服务的质量和使用方法等问题提出的询问，应当作出真实、明确的答复。

（3）提供的服务或商品应明码标价。

（五）标明经营者真实名称和标记的义务

（1）经营者、租赁他人柜台或营业场所的经营者，应当如实标明企业名称和营业标记。

（2）只能使用自己的企业名称或营业标记，不得使用未经核准登记的企业名称，不准擅自使用经核准登记的其他企业名称，不准假冒他人企业名称和他人持有的营业标记，不准仿冒或使用与他人企业名称或营业标记相似、足以造成消费者误认的企业名称或营业标记。

（六）出具凭证或服务单据的义务

（1）经营者提供商品或者服务，应按国家有关规定或商业惯例向消费者出具购货凭证或服务单据。

（2）消费者索要上条所列的凭证、单据，经营者必须出具。

（七）保证商品或服务质量的义务

（1）除消费者在购买该商品接受该服务前已经知道其存在瑕疵外，经营者应当保证在正常使用商品或者接受服务的情况下，所提供的商品或者服务应当具有一定的质量、性能、用途和有效期限。

（2）根据不同服务行业的特点，按照有关国家规定或约定对所提供的服务承担责任。

（3）经营者提供商品或者服务，承担包修、包换、包退或其他责任的，应当按照国家规定或与消费者的约定履行，不得故意拖延或无理拒绝履行有关义务。

（八）承担"三包"和其他责任的义务

（1）经营者按照有关国家规定或约定对其提供的商品承担包修、包换和包退的责任。

（2）不得故意拖延和无理拒绝履行有关义务。

（九）不得以格式合同等方式限制消费者权利的义务

（1）经营者不得以格式合同、通知、声明、店堂告示等方式作出对消费者不公平、不合理的规定。

（2）经营者不得以上述方式减轻、免除其损害消费者合法权益应承担的民事责任。

（3）格式合同违反前两项义务的，内容无效。

● **案例**

　　某旅行社组团旅游，游客赵某欲参加景区新推出的蹦极游乐项目。景区工作人员指着旁边的一块牌子告诉他说："你看清后再作决定。"牌子上写着"蹦极高度危险，参加者慎行，如出现危险后果自负"。因游程中没安排此项目，导游也劝赵某不要玩蹦极，但赵某执意参加。结果，由于设备原因赵某被摔成偏瘫。事后，赵某找到旅行社和景区索赔，旅行社认为导游已经尽到了警示义务，所以不应对此进行赔付。景区则认为赵某在蹦极之前，景区工作人员已告知其警示牌上的内容，因此景区也不应承担责任。

　　本案中，导游履行了应尽的义务，符合《导游人员管理条例》的规定，所以旅行社对赵某摔伤事故不承担责任。但景区对赵某的摔伤负有责任。因为依据《消费者权益保护法》的规定，经营者不得以格式合同、通知、声明、店堂告示等方式作出对消费者不公平、不合理的规定或者减轻、免除其损害消费者合法权益应承担的民事责任。本案中，景区虽以声明方式明确告诉游客参加蹦极项目危险，但此声明显增加了消费者的责任，免除了自己作为高度危险游艺项目经营者的责任，因而该声明因违法而无效，所以景区应当承担赵某的人身损害责任。

（十）尊重消费者人身权利的义务

（1）不得对消费者进行侮辱、诽谤。经营者利用他人，通过捏造散布虚伪事实或以不文明、不礼貌的语言，贬低、诋毁消费者的人格尊严，是侵犯公民名誉权的行为。

（2）不得搜查消费者的身体及其携带的物品。

（3）不得侵犯消费者的人身自由。例如，在旅游过程中随意限制旅游者的人身自由，扣留、殴打旅游者。

● **案例**

冯先生和张先生到某地旅游，来到一家超市购买商品。超市的保安怀疑他们偷拿了洗发水，强行对二人搜身，并打开手中的电棒开关威吓二人。随后，保安在他们身上没有搜到洗发水，才放二人离开超市。冯先生他们非常气愤，感到人格受到侮辱，遂向当地消费者协会投诉，要求赔偿二人精神损失费、车费等各 800 元，共计 1600 元。消费者协会派人前去超市核查，确有此事。后来经过调解，超市经理向二人赔礼道歉并按要求赔偿了损失。

第三节　旅游消费者合法权益的保护

一、旅游消费者合法权益的含义

合法权益是指公民享有的受法律保护的，不能被非法侵犯的利益或者权利。

旅游者的合法权益是指为国家旅游法律、法规、规章及有关制度所保护的，不能被非法侵犯的旅游者的利益或者权利。

二、旅游消费者权益保护中存在的问题

随着旅游业的迅速发展，旅游者合法权益的保护问题已成为旅游业越来越关注的问题，为旅游者提供优质的商品和服务已成为业内有识之士的共识。随着相关部门不断加大对行业的规范和管理，旅游行业的整体形象有了一定程度的改善。然而，在旅游活动中损害旅游者权益的问题仍然存在，这些问题相对集中，主要包括：

1. 旅行社服务不规范。包括广告含糊其词、夸大宣传，使用模糊、虚假宣传用语；合同约定不公平；不推荐意外保险；超范围经营等。

2. 擅自变更合同约定，降低服务标准。包括住宿标准不兑现、安排购物挤

压旅游时间、变更线路景点缩水、租用非法车辆等。

3. 就餐卫生条件差。

4. 导游素质参差不齐，游客利益难保障。

5. 景点强制消费屡见不鲜，假冒伪劣商品藏身购物点，使游客上当。

6. 行程安排不合理，使游览成为走马观花。

7. 出境游凸显"零团费"、"负团费"现象。

产生上述问题的主要原因在于经营者守法意识和履约意识薄弱，这也表明旅游行业发展仍不成熟，行业恶性竞争依然存在，而作为消费者的理性消费意识也有待提高。

三、国家与社会对消费者权益的保护

（一）国家对消费者合法权益的保护

国家机关依其权力的性质不同，可以划分为立法机关、行政机关和司法机关。国家对消费者权益的保护一般是通过这三种国家机关的职权活动来实现的，与此相适应，国家机关对消费者的保护也分为立法保护、行政保护和司法保护。

1. 立法保护

国家对消费者的立法保护表现在：法律规定国家采取立法措施保护消费者的合法权益；国家制定有关消费者权益的法律、法规和政策时，应当根据不同情况，通过不同的方式听取消费者的意见和要求；通过对行政、司法活动的工作和法律监督，保证《消费者权益保护法》的全面落实。

2. 行政保护

承担保护职责的有关行政执法机关主要是工商行政管理部门，此外还有技术监督管理部门、卫生监督管理部门、进出口商品检验部门及各行业主管部门等。

在国家对消费者合法权益的行政保护措施中，《消费者权益保护法》加重了各级人民政府及其工商行政管理部门的责任，并通过相应条款，将各级人民政府作为《消费者权益保护法》的主要实施者，将工商行政管理部门作为《消费者权益保护法》的主要行政执法机关。

3. 司法保护

对在提供商品和服务中侵害消费者合法权益的经营者的违法犯罪行为负有惩处职责的公安机关、检察机关、审判机关，应当依照法律、法规的规定履行职责。人民法院应当采取措施，方便消费者提起诉讼，对符合起诉条件的权益争议必须受理、及时审理。

（二）消费者组织对消费者合法权益的保护

我国的消费者组织，在目前主要是指中国消费者协会和地方各级消费者协会。它们是依法成立的、对商品和服务进行社会监督的、保护消费者合法权益的社会团体。1984 年 12 月，中国消费者协会正式成立，并于 1987 年 9 月加入国际消费者联盟组织，成为正式会员。旅游者在权益争议发生后，可通过消费者协会解决纠纷。

1. 消费者协会的职能

消费者协会的主要职能包括：向消费者提供消费信息和咨询服务；参与有关行政部门对商品和服务的监督、检查；就有关消费者合法权益问题，向有关行政部门反映、查询、提出建议；受理消费者的投诉，并对投诉事项进行调查、调解；投诉事项涉及商品和服务质量问题的可以提请鉴定部门鉴定，鉴定部门应当告知鉴定结论；就损害消费者合法权益的行为，支持受害的消费者提起诉讼；对损害消费者合法权益的行为，通过大众传媒予以揭露、批评。

● **小贴士**

"3·15"的全称是"3·15国际消费者权益日"，旨在唤醒消费者的权利意识并为合法权益遭受侵害的消费者提供一个可以公开投诉的平台。每年的"3·15"，消费者协会都会提出一个"年主题"。年主题既是一个宣传口号，又是每年消费者协会的工作重点之一和一系列活动的总称。在1996年12月召开的中国消费者协会（简称"中消协"）第2届6次理事会上，"中消协"首次提出年主题，此后每年开展了年主题活动。这些主题分别是："讲诚信·反欺诈"（1997年）、"为了农村消费者"（1998年）、"安全健康消费"（1999年）、"明明白白消费"（2000年）、"绿色消费"（2001年）、"科学消费"（2002年）、"放心消费"（2003年）、"诚信·维权"（2004年）、"健康·维权"（2005年）、"消费与环境"（2006年）、"消费和谐"（2007年）、"消费与责任"（2008年）。年主题作为消协系统工作的主线之一，促进了《消费者权益保护法》的宣传普及，推动了维权热点、难点问题的解决，深化了全社会对消费维权工作的认识。

2. 消费者协会的禁止性规定

为保证消费者组织的公正性和独立性，发挥其应有的作用，我国《消费者权益保护法》规定，消费者协会是非营利性的社会团体，不具有经营、营利的职能，不得从事商品经营和赢利性服务，不得以牟取利益为目的向社会推荐商品和服务。

四、侵害旅游消费者权益的法律责任

（一）损害赔偿责任的承担主体

1. 由生产者、销售者、服务者承担。第一，消费者在购买、使用商品时，其合法权益受到损害的，可以向销售者要求赔偿；销售者赔偿后，属于生产者的责任或者属于向销售者提供商品的其他销售者的责任的，销售者有权向生产者或者其他销售者追偿。第二，消费者或者其他受害人因商品缺陷造成人身、财产损害的，可以向销售者要求赔偿，也可以向生产者要求赔偿；属于生产者责任的，销售者赔偿后，有权向生产者追偿；属于销售者责任的，生产者赔偿后，有权向销售者追偿。第三，消费者在接受服务时，其合法权益受到损害的，可以向服务者要求赔偿。第四，消费者在展销会、租赁柜台购买商品或者接受服务，合法权益受到损害的，可以向销售者或者服务者要求赔偿；展销会结束或者柜台租赁期满后，有权向销售者或者服务者追偿。

2. 由变更后的企业承担。消费者在购买使用商品或者接受服务时，其合法权益受到损害，因原企业分立、合并的，可以向变更后继承其权利义务的企业要求赔偿。

3. 由营业执照的使用人、持有人承担。使用他人营业执照的违法经营者提供商品或者服务，损害消费者合法权益的，消费者可以向其要求赔偿，也可以向营业执照的持有人要求赔偿。

4. 由从事虚假广告的经营者和广告者承担。经营者利用虚假广告提供商品或者服务，使消费者合法权益受到损害的，可以向经营者要求赔偿。广告经营者发布虚假广告的，消费者可以请求行政主管部门予以惩处。广告的经营者不能提供经营者真实名称地址的，应承担赔偿责任。

● 案例

　　某广告公司做的一个旅游广告称，参加某旅行社组织的"海南双飞四日游"，每人只需800元。李某按广告中的汇款地址汇钱后，一直等到广告所定的出发日期时，也没有收到旅行社的回函。于是，李某找到该广告公司要求赔偿，广告公司得知此事后立即调查，发现该旅行社已经人去楼空。原来该广告公司业务员张某为了完成任务，在没有弄清旅行社真实名称、地址的情况下，就收了广告费，并为其在报纸上作了广告，现在张某也找不到该旅行社了。面对李某的索赔，广告公司觉得很委屈，认为自己也是被骗者，因此不能赔偿李某的损失，即使要赔偿，也应由业务员张某赔偿。

　　在本案例中，广告公司在事发后不能提供该旅行社的真实名称和地址，而业务员张某所履行的职责代表的是广告公司，根据《消费者权益保护法》的规定，广告的经营者不能提供经营者真实名称地址的，应承担赔偿责任，所以赔偿责任应由广告公司来承担。至于广告公司赔偿后能否对张某追偿，或对张某进行处罚，则是其公司内部的管理行为。

（二）经营者的法律责任的承担

1. 经营者损害消费者权益行为的民事责任

（1）侵犯人身权的责任

①经营者提供的商品或服务造成消费者或他人人身伤害的，应当支付医疗

费、治疗期间的护理费、因误工减少的收入等费用。造成残疾的，还应支付残疾者自助用具费、生活补助费、残疾赔偿金，以及由其抚养的人所必需的生活费用等；造成死亡的，应当支付丧葬费、死亡赔偿金及死者生前抚养的人所必需的生活费用。

②对消费者侮辱、诽谤、搜查消费者的身体及其携带的物品，侵犯消费者人身自由的，应当停止侵害、恢复名誉、消除影响、赔礼道歉，并赔偿损失。

● 案例

8岁的小欣随母亲等一行7人去饭店就餐，其间她与其他两位小朋友一起上卫生间，走出门口，迎面遇上正端着一盆酸菜鱼头汤的服务员周某，发生碰撞，结果服务员端的汤泼了出来，刚好浇在小欣头面部。事后，小欣共住院治疗16天，花费医疗费2600余元，头面部留有明显痕迹。经法医鉴定，面部3%面积Ⅱ度烫伤，前额部见较明显色素沉着区，其损伤评定为十级伤残。家长向饭店索赔，因与饭店协商不成，遂向法院起诉，要求被告支付医疗费、误工费、残疾赔偿金等共计9万余元。

本案中，饭店方不能证实自己在提供服务时已尽充分合理的注意义务和采取必要的防范措施，也不能证实损害是小欣突然冲出包厢所造成，根据《消费者权益保护法》的规定，消费者在购买、使用商品和接受服务时享有人身、财产安全不受损害的权利。消费者有权要求经营者提供的商品和服务符合保障人身、财产安全的要求。因此，对于小欣在饭店就餐时被烫伤，饭店方应承担责任。另外，由于受害人小欣属无民事行为能力人，其家长对于小欣没有履行好监护责任，也有过错。因此，法院最终判令由饭店赔偿小欣因烫伤造成损失的60%计54900余元。

（2）侵犯财产权的责任

①经营者造成消费者财产损害的，应按消费者的要求，以修理、重作、更换、退货、补足商品数量、退还货款和服务费用或赔偿损失等方式承担民事责任，有约定的，按约定履行。

②对国家规定或者经营者与消费者约定的"三包"的商品，要负责修理、更换或者退货，对"三包"的三大件商品，消费者要求修理、更换、退货的，经营者应当承担运输等合理费用。

③有欺诈行为的，经营者应当按照消费者的要求增加赔偿其受到的损失；增加后的赔偿金额为消费者购买商品价款或者接受服务费用的一倍。

④经营者以邮购方式、预收款方式提供商品的，应当按照约定提供，未按约不定期提供的，应当按照消费者的要求履行约定或退回货款预付款，并应当承担消费者必须支出的合理费用、预付款的利息。

2. 经营者损害消费者权益行为的行政责任

工商行政管理部门依《消费者权益保护法》行使处罚权。处罚方式有：责令改正、警告、没收违法所得、罚款、责令停业整顿、吊销营业执照等。

3. 经营者损害消费者权益应承担的刑事责任

根据《消费者权益保护法》第41、42条的规定，经营者提供商品或者服务，造成旅游消费者或者他人人身伤害或者死亡，构成犯罪的，依法追究刑事责任。

（三）国家机关工作人员的法律责任

国家机关工作人员有玩忽职守或者包庇经营者侵害消费者合法权益行为的，由其所在单位或者上级机关给予行政处分；情节严重，构成犯罪的，依法追究刑事责任。

（四）阻碍行政执法人员依法执行职务的法律责任

以暴力、威胁方法阻碍有关行政部门工作人员依法执行职务的，依法追究刑事责任；拒绝、阻碍有关行政管理部门工作人员依法执行职务，未使用暴力、威胁方法的，由公安机关依照《治安管理处罚法》的规定处罚。

五、依法理性维权

近几年我国外出旅游的人数不断增多，旅游消费者的法律意识日益增强，但也出现了一些在维权中以过激行为提出过分主张的现象。过度维权常见的表现形式包括：谩骂有关责任人或与旅游者直接联系的导游、领队甚至对其围攻、撕扯、推搡等；损坏公共财物，如对机场座椅肆意踩踏等；占用旅游设施和公共空间；拒绝登机、登船、私自离团、中断行程、强行滞留、拒绝返程；恶意诉讼、以诉讼相威胁、要求超额赔偿等。

消费者依法维权本来是合理的，但由于采用了过激行为，就有可能由维权者变成侵权者。比如在公共场所聚众斗殴扰乱秩序、占着飞机不下来等，不仅达不到维权目的，反而会产生新的纠纷，使正常的社会秩序和他人利益受到损害，违背了维权的本质和目的；还可能丧失合理合法维权的机会，使过度行为本身成为关注焦点；同时激化了运输、旅行社、游客等各方之间的矛盾，迫使相关方面连锁反应，多方投入，以不得已的手段解决纠纷。这样一来，就难以真正有效地维护自己的合法权益。因此，旅游者应当依法理性维权，学会运用合法途径和有效手段维护自己的合法权益，而不能以牺牲他人利益为代价，更不要去扩大损失，扩大部分的损失将不会得到赔偿。

● 案例

　　"十一"黄金周期间,某国际旅行社组织了25人赴华东地区旅游。按照合同约定,旅游者于10月6日乘K22次火车硬卧返程。由于6日返程票异常紧张,地接社难以买到K22次车票,购买了K422次返程车票,但该火车到站时间将延迟8个小时。旅游者明确表示无法接受,要求旅行社给予每人1000元的赔偿,否则就拒绝返程。旅行社答应只要旅游者按时返回,一定按照有关规定赔偿。由于双方分歧过大,未能达成协议,结果旅游者滞留在旅游目的地。

　　本案中旅行社确实存在违约行为。组团社应当为旅游者提供K22次火车票,而不能以K422次火车票代替,旅行社应当承担由此给旅游者造成的损失,除非事先征得旅游者的同意,或者发生了不可抗力。但是由于旅游者的滞留,必然人为地给旅行社和旅游者自身造成不必要的损失。《合同法》规定:"当事人一方违约后,对方应当采取适当措施防止损失扩大;没有采取适当措施致使损失扩大的,不得就扩大的损失要求赔偿。"据此推断,旅游者滞留后的各项费用应当由旅游者自己承担。由此可见,旅游者应当理性维权,避免发生闹事、僵持局面,这样才能保护自己的合法利益。

本章小结

　　本章以《中华人民共和国消费者权益保护法》为依据,介绍了消费者与旅游消费者的概念及消费者权益保护的相关内容,着重阐述了旅游消费者的权利与旅游经营者的义务,强调了旅游消费者合法权益的保护以及侵害旅游消费者权益的法律责任等内容。通过本章学习,应养成自觉维护自身及旅游消费者合法权益的法律意识,学会依法理性维权。

思考与练习

一、单项选择题

1.《消费者权益保护法》的核心原则为（ ）。

A.经营者保护消费者的合法权益不受侵犯

B.国家保护消费者的合法权益不受侵犯

C.全社会保护消费者的合法权益不受侵犯

D.消费者自我保护自身的合法权益不受侵犯

2.经营者有欺诈行为的，应当按照消费者的要求增加赔偿其受到的损失，增加赔偿的金额为消费者购买商品的价款或者接受服务费用的（ ）。

A.一倍　　　　B.两倍　　　　C.三倍　　　　D.四倍

3.旅游者李某等人在参加甲旅行社组织的旅游活动中，合法权益受到损害。但在清理整顿旅行社时，甲与乙旅行社合并。此时，旅游者李某可以向（ ）要求赔偿。

A.甲旅行社　　　　　　　　B.合并后的旅行社

C.主管甲旅行社的上级主管部门　D.合并后旅行社的上级主管部门

二、多项选择题

1.消费者的自主选择权包括下列含义：（ ）

A.自主选择提供商品或服务的经营者

B.自主选择商品品种或服务方式

C.自主决定是否购买任何一种商品，是否接受任何一种服务

D.自主选择商品或服务时，有权进行比较、鉴别和挑选

2.经营者不得侵犯消费者人身权的义务，包括以下内容：（ ）

A.不得对消费者进行侮辱、诽谤

B.不得搜查消费者的身体及其携带物品

C.不得侵犯消费者的人身自由

D.不得以格式合同等形式作出对消费者不公平的规定

3.《消费者权益保护法》规定，经营者不得以（ ）形式作出对消费者不公平、不合理的规定，或者减轻、免除其损害消费者合法权益应当承担的民事责任。

A.格式合同　　B.店堂告示　　C.通知　　D.声明

三、案例分析

甲从某旅游景点的一个玉器出租柜台购买了一把价值3000元的玉壶，后经专家鉴定为赝品，仅值200元。甲立即返回该景点，但已找不到该玉器柜台主人，经询问得知，该玉器柜台是某摊主向景区租用的，现租期已满，承租人已不知去向。于是甲与景区交涉，要求景区承担赔偿责任，但景区拒绝给予赔偿。

思考：本案例中，甲向景区索赔，你认为有无法律依据？请阐述理由。

第十一章
旅游纠纷与旅游投诉管理法规

导语 ★ ★ ★ ★ ★

1. 了解旅游纠纷的概念、种类及旅游纠纷处理的五种方式。

2. 理解旅游投诉的概念、条件及范围，了解旅游投诉管理机关的性质。

3. 掌握旅游投诉者与被投诉者的权利及义务，了解投诉时效的有关规定。

4. 理解旅游投诉管辖的概念，学会区分四种旅游投诉管辖，掌握地域管辖的内容。

5. 掌握旅游投诉的受理与处理程序，学会维护合法权益。

在旅游活动中，由于各方利益主体的出发点不同，难免会产生旅游纠纷，出现旅游投诉事件。解决纠纷的途径有多种，旅游投诉是其中最具旅游特色的一种。旅游投诉制度的建立，不仅保护了旅游者的合法权益，同时对规范旅游市场起到了积极的作用。本章将着重阐述旅游投诉的有关规定。

第一节　旅游纠纷处理

一、旅游纠纷的概念及特征

所谓旅游纠纷，又称旅游争议，是指旅游法律关系当事人之间，由于一方或双方违反法律规定而引起的关于双方旅游权利、义务的矛盾和争执。当上述矛盾和争议申诉到国家行政机关或起诉到国家审判机关进行处理时，就形成了旅游纠纷案件。

旅游纠纷的特征主要包括：

1. 旅游纠纷是在旅游服务或旅游管理过程中，因参与各方权益的冲突而引起的纠纷。

2. 旅游纠纷的内容具有多样性。

3. 旅游纠纷的主体具有多元性。旅游服务是跨行业的服务，纠纷的主体除了旅游者和旅行社外，还可能涉及宾馆饭店、交通企业、景区景点、旅游商店等许多部门。

4. 旅游纠纷大多具有跨地域的特征。

二、旅游纠纷的种类

由于旅游行业涉及面广，矛盾和冲突多种多样，表现为不同形式的旅游纠纷。根据不同的标准，旅游纠纷有不同的种类，主要包括：

1. 按照纠纷产生的原因划分，可以分为违约纠纷和侵权纠纷。

2. 按照旅游纠纷的性质划分，可以分为旅游民事纠纷、旅游刑事纠纷、旅游经济纠纷、旅游行政纠纷。

3. 按照纠纷的范围划分，可以分为旅游合同纠纷、旅游购物纠纷、旅游交通纠纷、旅游住宿纠纷等。

4. 按照产生纠纷的主体划分，可以分为旅游者与旅游经营者之间的纠纷、不同旅游经营者之间的纠纷、旅游者及旅游经营者与旅游管理部门之间的纠纷等。

5. 按照纠纷的内容划分，可以分为有关财产关系的纠纷和有关人身关系的纠纷。

6. 按照旅游主体的国籍和旅游业务的地域范围划分，可以分为国内旅游纠纷和涉外旅游纠纷。

三、旅游纠纷处理的方式

根据我国法律规定和旅游纠纷的实际处理情况，处理旅游纠纷主要包括投诉、协商和解、调解、仲裁和诉讼五种方式。

（一）向旅游行政管理部门投诉

发生旅游纠纷时的投诉途径主要包括：向旅游质量监督管理部门投诉或向消费者委员会投诉。国家旅游局在全国各省及主要旅游城市都设立了旅游质监所或质监机构，其职责就是受理并处理好辖区范围内的旅游服务质量投诉案件。消费者在旅行过程中遇到旅游服务质量问题，自己合法权益受损，可以立即前往或去当地旅游质量监督部门投诉。如果消费者已旅行回来，可到组团社所在地的旅游质量监督管理部门投诉，递交投诉状。

消费者在旅游中遇到旅游服务质量问题，自己合法权益受到侵害，还可向消费者委员会投诉。投诉信要写清投诉人的姓名、地址、邮编、电话号码，被投诉方的单位名称、详细地址、邮编、电话号码，投诉事件经过及有关凭证、材料。

（二）纠纷各方协商和解

协商和解是解决消费者纠纷最常见的形式之一，也是现实生活中运用最为普遍的方式。所谓协商和解，是指消费者与经营者在发生争议后，就与争议有关的问题进行协商，达成协议，使纠纷得以解决的活动。旅游者发现自己的权益受到侵害，或就与自己利益有关的问题与旅游经营者发生意见分歧时，可以主动与旅游经营者联系，提出自己的要求和看法，如旅游经营者认为旅游者的要求合理，及时答应满足旅游者的要求，则双方便达成协议，纠纷便得以解决。但协商和解只是当事人自力救济的一种形式，经过协商和解达成的协议，只是双方当事人的一种私下约定行为，并无法律效力。因此，和解协议达成后，一旦当事人反悔，争议应当通过其他途径解决。

（三）请求第三方进行调解

调解是指由中立的第三方对旅游纠纷主体进行排解疏导、说服教育，以促使双方当事人互谅互让，最终解决争议的机制。调解包括民间调解、仲裁调解、行政调解和法院调解。民间调解是由双方认可的中立者任调解人进行的调解，但该协议不具有强制执行的效力；仲裁调解是仲裁机构在对当事人的纠纷依法仲裁的过程中，根据"先行调解"的原则，对争议双方进行调解，以解决争议；行政调解是指由工商行政管理部门、产品质量监督管理部门及其他有关部门主持的调解；法院调解是以诉讼途径解决纠纷时，先进行的一种调解。

调解必须遵循合法和自愿原则。调解成功，当事人之间要签订协议，但协议不具备强制执行的法律效力，一方当事人也不能向法院申请强制执行。

（四）提请仲裁机构仲裁

仲裁是指双方当事人自愿而且达成书面协议将纠纷交给第三方，即各地仲裁委员会作出裁决，纠纷双方有义务执行该裁决，从而解决纠纷的法律制度。我国《仲裁法》实行一裁终局制度，即仲裁裁决作出后，当事人就同一纠纷，不能再申请仲裁或向人民法院起诉，但当仲裁裁决结果被人民法院依法裁定撤销或不予执行的，当事人可就该纠纷根据双方重新达成的仲裁协议申请仲裁，也可以向人民法院起诉。仲裁具有强制性，表现在当事人一旦选择仲裁解决纠纷，仲裁者所作的裁决就具有法律效力，权利人可以向人民法院申请强制执行。这也是仲裁和调解的区别所在。

（五）向法院提起诉讼

诉讼是指人民法院在当事人和其他诉讼参与人的参加下，依照法律规定的程序解决纠纷的活动。诉讼分为刑事诉讼、民事诉讼和行政诉讼三种，旅游纠纷从性质上看属于民事纠纷，因此解决旅游纠纷的诉讼应是民事诉讼。消费者向法院提起诉讼并已被法院受理的案件，消费者委员会、质监所将不再受理。

第二节　旅游投诉管理法规

1991年6月1日，国家旅游局制定与发布了《旅游投诉暂行规定》，这是我国第一部规定旅游投诉和投诉程序的具有行政法规性质的部门规章。此后，国家相继发布了《旅行社质量保证金暂行规定》及其实施细则、《旅行社质量保证金赔偿暂行办法》、《全国旅游质量监督管理所机构组织与管理暂行办法》、《旅行社质量保证金赔偿试行标准》等等，又在组织保证、赔偿来源、依据、标准等方面不断完善投诉制度。旅游投诉制度是我国旅游管理活动中相对完善的一项法律制度，是处理旅游纠纷五种方式（协商、调解、仲裁、诉讼、投诉）中最具旅游特色的一种。旅游投诉制度的建立，有利于国家旅游行政机关更好地行使行政权力，公平合理地处理双方当事人的矛盾和纠纷，依法管理旅游行业，使旅游者"投诉无门"的问题得以解决；有利于及时保护旅游者合法权益，维护我国旅游业的声誉和形象；有利于保护旅游经营者的合法权益，规范其经营行为，加强对其旅游服务质量的监督，维护旅游市场秩序，促进旅游业持续、健康地发展。

一、旅游投诉概述

（一）旅游投诉的概念、条件及范围

旅游投诉，是指旅游者、海外旅行商、国内旅游经营者为维护自身和他人的旅游合法权益，对损害其合法权益的旅游经营者和有关服务单位，以书面或口头

形式向旅游行政管理部门提出投诉，请求处理的行为。

根据《旅游投诉暂行规定》第八条的规定，旅游投诉必须符合下列条件：

1. 投诉者是与本案有直接利害关系的旅游者、海外旅行商、国内旅游经营者和从业人员。

2. 有明确的被投诉者、具体的投诉请求和事实根据。

3. 属于本规定所列的旅游投诉范围。根据《旅游投诉暂行规定》第九条的规定，下列损害行为属旅游投诉范围：第一，认为旅游经营者不履行合同或协议的。第二，认为旅游经营者没有提供质价相符的旅游服务的。第三，认为旅游经营者故意或过失造成投诉者行李物品破损或丢失的。第四，认为旅游经营者故意或过失造成投诉者人身伤害的。第五，认为旅游经营者欺诈投诉者，损害投诉者利益的。第六，旅游经营单位职工私自收受回扣和索要小费的。第七，其他损害投诉者利益的。

（二）　旅游投诉管理机关

我国《旅游投诉暂行规定》第四条规定："旅游行政管理部门依法保护旅游投诉者和被投诉者的合法权益。县级（含县级）以上旅游行政管理部门设立旅游投诉管理机关。"我国《旅行社质量保证金暂行规定实施细则》规定："旅游行政管理部门分级设立旅游质量监督管理所（简称质监所），全面负责处理旅游投诉和旅游质量的监督与管理，并具体负责保证金理赔工作。"

由此可见，旅游投诉管理机关，即质监所是旅游行政管理部门的一个内部工作机构，具体负责旅游投诉工作，代表设置它的旅游行政管理部门处理投诉案件，作出投诉决定；但质监所不具有独立行政机关法人地位，不能以自己的名义作出任何行政行为，所作出的投诉处理决定的后果应当由设立它的旅游行政管理部门承担。

实际生活中，旅游者常因其合法权益遭受损害而直接向其认为损害他利益的旅游经营者投诉。旅游经营者是企业法人，不具有行政权力，无权处理旅游投诉，因此，旅游经营者在接到旅游者投诉后，应及时调查核实，力争与旅游者协商解决纠纷；不能自行和解的，应当及时移送旅游投诉管理机关审查处理。若旅游者投诉的对象是该旅游企业的工作人员，旅游企业也应力促双方和解，否则应及时移送有关投诉管理机关处理。

（三）　旅游投诉者与被投诉者

1. 旅游投诉者及其权利义务

旅游投诉者，是指以自己的名义请求旅游行政管理部门维护自身和他人旅游合法权益的人。主要指旅游者、海外旅行商、国内旅游经营者。

旅游投诉者的权利包括：有权了解投诉的处理情况；有权请求调解；有权与被投诉者和解；有权放弃或者变更投诉请求。

旅游投诉者的义务包括：按旅游投诉规定的条件、范围投诉；按投诉要求向旅游投诉管理机关递交诉状，并按被投诉者数提出副本；递交诉状确有困难的，可以口诉，由旅游投诉管理机关记入笔录，并由本人签字。

2．旅游被投诉者及其权利义务

旅游被投诉者，是与旅游投诉者相对的一方，被控侵犯旅游投诉者权益，需要追究行政责任、民事责任，并经旅游行政管理部门通知其应诉的人。主要指旅游经营者和有关服务单位及旅游从业人员。

旅游被投诉者的权利包括：有权与投诉者自行和解；有权依据事实，反驳投诉请求，提出申辩，请求保护其合法权益。

旅游被投诉者的义务包括：被投诉者应当在接到通知之日起30日内作出书面答复；应当协助旅游投诉机关调查核实旅游投诉，提供证据，不得隐瞒实情阻碍调查工作；确有过错并损害投诉者利益的，应主动赔礼道歉，赔偿损失，争取与投诉者和解。

（四）旅游投诉时效

1．旅游投诉时效的概念

旅游投诉时效是指旅游投诉者在法定有效期限内不行使权利，就丧失了请求旅游投诉管理机关保护其合法旅游权益的权利，旅游行政管理机关不予受理。

2．投诉时效期间

《旅游投诉暂行规定》第二十二条规定："向旅游投诉管理机关请求保护合法权益的投诉时效期间为60天。"

3．投诉时效的计算

投诉时效从权利人知道或者应当知道其权利被侵害时起开始计算。"应当知道"，是一种法律上的推定，即不管当事人实际上是否知道权利受到侵害，只要客观上存在着知道的条件和可能即可。时效的具体计算有两种情况：

（1）对于损害事实，发生时受害人即知道，从损害时起算；发生后受害人才知道，从知道时起算。

（2）对于人身损害，损害当时即发现受伤的，从损害当天起算；损害当时未曾发现，后经检查确诊并能证明是由侵害引起的，从伤势确诊之日起算。

4．投诉时效的延长

投诉时效的延长，是指在投诉时效期限届满以后，投诉人因有特殊情况和正当理由而向投诉管理机关提出投诉时，投诉管理机关可将法定时效期间予以延长，这是一项保护权利人的措施。"特殊情况"，一般指客观障碍使投诉人在法定期间不能行使请求权。

● 案例

北京游客陈女士到云南旅游，在一个景区附近花了 3000 元买了两条"白金项链"，回去后收藏起来。两个月后，陈女士拿出项链给别人看时大吃一惊，白金项链已变成了铁项链。经鉴定，该项链是纯铁制品。陈女士十分气愤，向好朋友李某讲述了受骗经过，并表示要将此事投诉给云南省旅游局。但李某认为已经过了两个半月，显然已超过了旅游投诉时效。陈女士抱着试试看的心理写信给云南省旅游局，说明受骗经过并将两条"白金项链"寄去。云南省旅游局接到信件后，责令当地旅游投诉管理机关对该事件进行调查。经查，陈女士投诉内容属实。

《旅游投诉暂行规定》第二十二条规定："向旅游投诉管理机关请求保护合法权益的投诉时效期限为 60 天，投诉时效期限从投诉者知道或者应当知道其权利被侵害时算起。"本案例中，由于"白金项链"属于纯铁制品，其生锈有一定的滞后性，因此陈女士的投诉时效期限应当从她知道该项链为赝品时算起。所以，陈女士的投诉并没有超过投诉时效。

二、旅游投诉管辖

（一）旅游投诉管辖的概念

旅游纠纷一旦产生，对于旅游纠纷的当事人而言，首先面临的问题就是到什么地方去投诉、由哪个具体的旅游投诉管理机关处理；对于旅游投诉管理机关而言，也面临着哪个机关有权对其处罚的问题。这些问题不仅关系到行政机关能否尽职尽责行使权力，既不互相推诿，又不彼此相争，关系到相关部门是否及时、有效、准确地追究违法行为的法律责任，而且关系到旅游投诉者的权益能否真正实现。因此，旅游投诉的管辖在整个投诉制度中占有重要位置。

旅游投诉管辖，是指各级旅游投诉管理机关和同级旅游投诉管理机关之间受理旅游投诉案件的分工和权限。

（二）旅游投诉管辖的类别

1. 级别管辖

是指划分上下级旅游投诉管理机关之间对处理投诉案件的分工和权限。

根据《旅游投诉暂行规定》及《全国旅游质量管理机构组织与管理暂行办法》规定，国家旅游投诉管理机关（质监所），管辖在全国范围内有重大影响或者地方旅游投诉管理机关处理有困难的重大投诉案件，各类旅游质量投诉案件，重大的跨省、自治区、直辖市的旅游投诉；受理对省、自治区、直辖市的旅游行政管理部门作出的投诉处理决定不服的申请复议。县级（含县级）以上地方旅游投诉管理机关（质监所）管辖本辖区内的旅游投诉案件，受理对下一级旅游行政管理机关作出的投诉处理决定不服的申请复议。

2. 地域管辖

是指同级旅游投诉管理机关之间横向划分在各辖区内处理旅游投诉案件的分工和权限，即确定旅游行政管理部门实施其行政权力的地域范围。

这个地域范围是根据各级行政区划确定的：省级旅游投诉管理机关在本省行政区域内依法行使管辖权；县级旅游投诉管理机关在本县行政区域内依法行使管辖权。

一般来说，地域管辖以行为地作为确定管辖机关的标准。行为地是指侵权、违约行为发生时行为人所处的地域空间范围。它包括违法行为着手地、经过地、发生地和危害结果发生地，但并不排除在某些情况下以行为发现地或行为人住所地来确定管辖，这样符合处理投诉的效率原则。

根据我国的实际情况以及旅游的特点，《旅游投诉暂行规定》确定了三个标准，即被投诉者所在地、损害行为发生地或者损害结果发生地。

（1）被投诉者所在地的确定

被投诉者是公民的，其所在地是他长久居住的场所。《民法通则》第十五条规定，公民以他的户籍所在地的居住地为住所，经常居住地与住所不一致的，经常居住地视为住所。

被投诉者是法人的，根据《民法通则》的规定，法人以其主要办事机构所在地为住所。法人的办事机构可以有一个，也可以有多个。旅游企业法人，以其主要办事机构所在地或主要营业场所为所在地。

（2）损害行为发生地的确定

损害行为发生地是指导致投诉人人身、财产权利或其他权利受到损害的被投诉人的过错行为发生地。

（3）损害结果发生地的确定

损害结果发生地是指被投诉人的过错行为对投诉人的人身、财产权利或其他权利产生损害后果的显现地。损害结果发生地在实际中确定比较复杂。如果损害行为导致多种损害结果的发生，以主要的损害结果发生地为先。

上述三个标准，没有先后顺序之分，可以本着完全尊重投诉者意愿的精神，允许投诉者自愿选择。只要投诉者提出，被投诉人所在地、损害行为发生地或损害结果发生地的旅游投诉管理机关都有权管辖该投诉案件。例如，某旅游团从广州出发，赴深圳旅游。到达深圳后，由于导游工作失误而导致游客的行李丢失。此时，游客既可以向被投诉者工作单位所在地广州的旅游投诉管理机关投诉，也可以向损害行为发生地深圳的旅游投诉管理机关投诉。

3. 移送管辖

是指旅游投诉管理机关受理投诉后，发现该投诉案件本投诉机关无权管辖，依据法律规定将其移送至有管辖权的旅游投诉管理机关审理。受移送的投诉机关，认为受移送的案件依照规定不属其管辖的，应当报请上级旅游投诉管理机关指定管辖，不得再移送。

4. 指定管辖

是指上级旅游投诉管理机关以决定方式指定下一级投诉管理机关对某一投诉案件行使管辖权。

根据我国旅游业的实际情况，《投诉规定》第七条规定："跨行政区的旅游投诉，由被投诉者所在地、损害行为发生地或者结果发生地的旅游投诉受理机关协商确定管理机关；或者由上一级旅游投诉受理机关协调指定管理机关。"该规定有三层含义：第一，投诉人向三地有管辖权的旅游投诉管理机关提出投诉，三个受理机关不能互相推诿，也不能固守其管辖权各不相让，应本着互相协作精神，从维护国家旅游声誉出发，根据尽量方便投诉者与被投诉者双方并且有利于受理机关调查取证、查明核实案情的原则，协商确定一个管理机关。第二，几方无法确定管辖权的归属时，则由几方的共同上级旅游投诉管理机关指定管辖机关。第三，投诉者直接向有管辖权的上级旅游投诉管理机关提出投诉，而该上级旅游投诉管理机关认为不应该由自己管辖的，可以指定其认为有管辖权的机关管辖。

三、旅游投诉的受理与处理

（一）旅游投诉的受理

1. 旅游投诉受理的概念

旅游投诉的受理，是指旅游投诉管理机关对投诉案件接受、审理。具体而言，是指有管辖权的旅游投诉管理机关接到旅游投诉者的投诉状或者口头投诉后，经审查认定符合受理条件予以立案的行政行为。

2. 旅游投诉受理的主要特征

（1）受理应当符合旅游投诉的受理条件，并属于受理机关的管辖。

（2）受理不是裁判，不要求对案情依法作出判断和决定。

（3）受理与否的决定是旅游投诉管理机关所作出的具体行政行为。投诉者如果认为不予受理的决定侵犯了自己的权利，可以向上级旅游投诉管理机关申请复议，也可以向人民法院提起行政诉讼。

3. 旅游投诉受理的程序

旅游投诉受理的程序，是指旅游投诉管理机关接受投诉者的投诉，依法立案审查所依据的程式和顺序。旅游投诉受理的程序包括：

（1）投诉人递交符合投诉规定所要求的投诉状或者口头投诉

投诉状，是旅游投诉者在其旅游合法权益遭受侵害或与他人发生旅游纠纷时，向旅游行政管理部门投诉，陈明事实和理由，要求旅游投诉管理机关依法解决旅游纠纷，维护其合法权益的一种书状。投诉状应当采用书面形式，递交投诉状的同时，应按被投诉者的数目提出相应的副本；确有困难的，可以口诉，由旅游行政管理机关记入笔录，并由本人签字。

投诉状应当记明以下事项：

① 投诉者的基本情况。包括旅游投诉者的姓名、性别、国籍、职业、年龄、单位（团队）名称及地址。

② 被投诉者的基本情况。包括被投诉者的单位名称或姓名、所在地。

③ 投诉请求、事实根据和理由。投诉请求也称请求事项，是投诉的目的和要求，请求事项由旅游纠纷的性质决定，诸如要求赔偿经济损失，要求追究违约责任等。侵权事实与投诉理由是投诉状的重点部分。

（2）旅游投诉管理机关在一定期限内作出受理与否的决定

《旅游投诉暂行规定》第十五条规定："旅游投诉管理机关接到投诉状或者口头投诉，经审查，符合受理条件的，应当及时调查处理；不符合规定受理条件的，应当在 7 日内通知投诉者不予受理，并说明理由。"

不符合受理条件的情况主要是指：

① 不属于旅游投诉管理机关管辖范围。

② 投诉者不是与本案有直接利害关系的旅游者、海外旅行商、国内旅游经营者和从业人员。

③ 没有明确的被投诉者；或者虽有明确的被投诉者，却没有具体的投诉请求和事实根据。

④ 不属于《旅游投诉暂行规定》所列的旅游投诉范围。

⑤ 超过投诉时效。

对于投诉状书写不合格的，属于技术性缺陷，投诉管理机关应当帮助投诉人删减内容和事项。只要符合其他受理条件，投诉管理机关不得以此为由作出不予受理的决定。

（二）旅游投诉的处理

1. 旅游投诉处理程序的概念

旅游投诉处理程序，是指旅游投诉管理机关受理投诉案件后，调查核实案情、促进纠纷解决或作出处理决定所必须经过的程式和顺序。

2. 旅游投诉处理的程序

（1）及时将受理决定通知被投诉者，被投诉者在规定期限内作出书面答复

《旅游投诉暂行规定》指出："旅游投诉管理机关作出受理决定后，应当及时通知被投诉者。被投诉者应当在接到通知之日起 30 日内作出书面答复。"

书面答复是指被投诉者为维护其合法权益，针对投诉者提出的事实、理由、根据和请求事项，作出对自己有利的事实、理由、根据和请求事项回答、辩解、反驳指责的一种文书。书面答复的内容包括：①被投诉的事由；②调查核实的过程；③基本事实与证据；④责任及处理意见。

制作书面答复要注意以下几点：①有针对性，即根据投诉者投诉的事实、理

由、根据和请求事项，针锋相对地进行反驳和辩解。②实事求是，即要如实反映争议事实，摆事实，讲道理，以理服人，不能强词夺理；投诉方指责是事实的，应当承认。③符合法律规定，即要以法律为准绳，而不能违背法律。④在法定期限内提出。

（2）进行调解，制作调解协议书

调解是指旅游投诉管理机关主持投诉双方通过和解解决纠纷而达成协议的行为。旅游投诉的调解具有以下特点：调解主体是旅游投诉管理机关；调解本身是一种行政行为。

调解应当坚持如下原则：①尽量调解原则。《旅游投诉暂行规定》第十八条规定："旅游投诉管理机关处理投诉案件，能够调解的，应当在查明事实、分清责任的基础上进行调解，促使投诉者与被投诉者互相谅解，达成协议。"②调解自愿原则，即无论是选择调解方式，还是达成调解协议，都要出于投诉双方的完全自愿。旅游投诉管理机关在整个调解过程中起主导作用，要使双方心悦诚服，而不能施加任何压力迫使双方达成协议。

调解协议达成后，应制作调解协议书。它是指旅游投诉管理机关对通过调解方式解决的旅游纠纷，根据双方协议的内容所制作的文书。调解协议书应包括下列内容：①投诉者、被投诉者、旅游投诉管理机关的称谓和基本情况。②旅游纠纷的性质和名称。③争议的主要事实和调解理由。④协议内容及费用的承担。⑤申明调解协议书的法律效力。

调解协议书不具有民事诉讼中"调解书"所具有的法律效力，但也不同于民间调解所达成的协议。由于是在旅游投诉管理机关主持下达成的，且加盖了机关公章，所以应视同投诉管理机关所作的处理决定，与处理决定具有同等效力。

（3）作出处理决定，制作处理决定书

旅游投诉管理机关处理投诉案件，应当以事实为根据，以法律为准绳；应当在调查核实，认为事实清楚、证据充分的基础上作出处理决定。

《旅游投诉暂行规定》实行的是过错责任原则，即承担责任以行为人的主观过错为前提，过错的大小决定承担责任的大小。旅游投诉管理机关查明事实后，依据有关法律、法规判定投诉双方责任并作出处理决定。处理决定有以下几种情况：

① 属于投诉者自身的过错，可以决定撤销立案，通知投诉者并说明理由。对投诉者无理投诉、故意损害被投诉者权益的，可以责令投诉者向被投诉者赔礼道歉，或者依据有关法律、法规承担赔偿责任。

② 属于投诉者与被投诉者的共同过错，可以决定双方各自承担相应的责任。双方各自承担责任的方式，可以由双方当事人自行协商确定，也可以由投诉管理机关决定。

③ 属于被投诉者的过错，可以决定由被投诉者承担责任。可以责令被投诉

者赔礼道歉或赔偿损失及承担全部或部分调查处理投诉费用。

④ 属于其他部门的过错，可以决定转送有关部门处理。

旅游投诉管理机关作出处理后，应制作旅游投诉处理决定书。它是指旅游投诉管理机关对投诉作出处理决定的书面文书。主要包括的内容如下：投诉者、被投诉者的基本情况；纠纷的原因和基本情况；处理方式；投诉机关认定的事实及作出处理决定的依据、结论。

● 案例

某旅行社组织旅游者乘车前往九寨沟旅游。途中有部分游客提出去厕所。因此，导游请司机将汽车停靠在公路旁，让客人下车"方便"。下车前导游还提醒客人不要到其他地方去，以免耽误出发时间。游客王某下车后没去厕所而是登上了公路旁的一个小土丘。他看见一条狗卧在地上，便捡起一根木棍去捅狗，并用脚去踢，结果被扑过来的狗咬伤。导游得知后立即拦截一辆旅游车将其送往城里的医院治疗。一个月后，王某来到旅行社，指责旅行社未能保护他的安全，致使其被狗咬伤，要求旅行社赔偿各种损失5万元，被旅行社拒绝后投诉至旅游质监所。质监所经审查，认定王某的投诉于法无据，决定撤销立案。王某随后又向法院起诉，法院最终认定其诉讼请求无事实和法律依据，驳回其请求，判决其承担诉讼费。

（4）给违法旅游经营者行政处罚

旅游投诉管理机关作出投诉处理决定时，可以依据有关法律、法规、规章的规定，对损害投诉者权益的旅游经营者给予行政处罚。对旅游投诉中的行政处罚，要注意以下几点：

① 行政处罚是特定的行政机关或法定的其他组织依法对违反行政法规规范的公民或组织实施的一种惩罚，属于行政制裁范围。《投诉规定》中所指的行政处罚，对象是特定的，只能"对损害投诉者权益的旅游经营者"进行。

② 行政处罚是作出处罚的行政机关所做的具体行政行为。旅游投诉管理机关作出的行政处罚决定应载入投诉处理决定书，其生效时间与效力同投诉处理决定书。

③ 旅游经营单位的成员在执行职务过程中因过错给投诉者造成损害的，其后果应由其所在单位承担，但此后该经营单位可根据有关规定，对直接责任人给予行政处分。

没有规定的，由旅游投诉管理机关按照规定单独或合并给予以下处罚：①警告；②没收非法收入；③罚款；④限期停业整顿；⑤吊销旅游业务经营许可证及有关证件；⑥建议工商行政管理部门吊销其工商营业执照。

3. 对处理决定的执行

旅游投诉管理机关处理投诉案件之后，投诉者或被投诉者对处理决定或行政处罚决定不服的，可以直接向人民法院起诉，也可以在接到处理决定通知书之日起 15 日内，向处理机关的上一级旅游投诉管理机关申请复议；对复议决定不服的，可以在接到复议决定之日起 15 日内，向人民法院起诉。逾期不申请复议，也不向人民法院起诉，又不履行处理决定和处罚决定的，由作出决定的投诉管理机关向人民法院申请强制执行或者依法强制执行。人民法院可以根据已经发生法律效力的投诉处理决定书，通过冻结、划拨被执行人的存款，查封、扣押、拍卖、变卖被执行人的财产，强制义务人履行义务。

此外，旅游投诉还有另外一种强制执行程序，即行政强制程序。如旅行社不履行处理决定书要求的义务，旅游投诉管理机关可以依据旅行社质量保证金的有关规定，从该旅行社缴纳的质量保证金中划拨资金，赔付旅游者的损失。

本章小结

本章介绍了解决旅游纠纷的五种方式，即投诉、协商和解、调解、仲裁和诉讼。以《旅游投诉暂行规定》为依据，重点阐述了旅游投诉的概念、旅游投诉管理机关、旅游投诉者与被投诉者的权利义务、旅游投诉管辖、旅游投诉的受理与处理程序等内容。通过本章的学习，有助于我们运用法律武器解决旅游纠纷，维护自身的合法权益。

思考与练习

一、单项选择题

1.依据《旅游投诉暂行规定》，向旅游投诉管理机关请求保护合法权益的投诉时效期间为（　　）。

　A.30 天　　　　　B.60 天　　　　　C.90 天　　　　　D.180 天

2.某旅行社对该市旅游局作出的投诉处理决定不服的，它可以在接到处理决定书之日起（　　）内，向作出处理决定的上级旅游投诉管理机关申请复议。

　A.7 日　　　　　B.10 日　　　　　C.15 日　　　　　D.30 日

3.下列各项中，不属于被投诉者的义务是（　　）

　A.接到通知之日起 30 天作出书面答复

　B.协助调查核实旅游投诉，提供证据，不得隐瞒实情阻碍调查

　C.不得与投诉者自行和解

　D.确有过错，主动赔礼道歉，赔偿损失，争取和解

二、多项选择题

1.旅游投诉是处理旅游纠纷的方式中最具旅游特色的一种，除此以外，还包括（　　）方式。

　A.协商和解　　　B.调解　　　　　C.仲裁　　　　　D.诉讼

2.根据《旅游投诉暂行规定》，投诉者有（　　）等权利。

　A.了解投诉的处理情况　　　B.请求调解

　C.与被投诉者自行和解　　　D.放弃或变更投诉请求

3.《旅游投诉暂行规定》确定了地域管辖的三个标准，即：（　　）

　A.投诉者所在地　　　　　　B.被投诉者所在地

　C.损害行为发生地　　　　　D.损害结果发生地

三、案例分析

刘女士参加某旅行社组织的旅游团到四川乐山大佛旅游时，见到一家商店在景区出售"开光"玉佛，她便当场花 400 元买下了一枚。但刘女士回到家后并未感受到"开光"玉佛的"灵验"，便到附近一所名气较大的寺庙对玉佛进行"鉴定"，被告知此玉佛并未开过光；然后，刘女士又到一家珠宝店核价，发现其所购玉佛的价格远远高于市场价格。于是，刘女士遂向其所居住的城市的旅游投诉管理部门进行了投诉，诉称该质价不符的玉佛是她在旅行社组织的游览期间购买的，所以旅行社负有不可推卸的责任，应承担 400 元的购物损失。

思考：（1）刘女士应向何地的旅游投诉机关进行投诉？

　　　（2）刘女士能否以该旅行社为被投诉对象进行投诉？

主要参考文献

[1] 广东省旅游局导游人员考评委员会办公室编. 政策法规. 广东，2007.

[2] 辛树雄主编. 旅游法规. 北京：科学出版社，2007.

[3] 杨朝晖主编. 旅游法规教程. 大连：东北财经大学出版社，2007.

[4] 王建民著. 聚焦旅游安全. 北京：旅游教育出版社，2007.

[5] 王志雄主编. 旅游法规常识. 北京：旅游教育出版社，2007.

[6] 杨富斌，王天星主编. 旅游法学案例. 北京：中国旅游出版社，2006.

[7] 侯明贤，黄恢月编著. 旅游法规. 北京：北京大学出版社，2005.

[8] 黄恢月著. 旅游合同纠纷实务解析. 北京：中国旅游出版社，2004.

[9] 韩玉灵主编. 旅游法教程（第2版）. 北京：旅游教育出版社，2004.

[10] 向三久主编. 旅游管理法规教程. 广东：暨南大学出版社，2004.

[11] 卢世菊主编. 旅游法规. 湖北：武汉大学出版社，2003.

[12] 全国导游人员资格考试教材编写组编. 旅游法规常识（第4版）. 北京：旅游教育出版社，2005.

[13] 袁海洲等. 旅游法规案例精选与解释. 北京：中国旅游出版社，2004.

[14] 上海市旅游事业管理委员会编. 旅游案例评析. 上海：华东师范大学出版社，2003.

[15] 蒋炳辉. 旅游案例分析与启示. 北京：中国旅游出版社，2003.

[16] 段国强. 旅游投诉案例与分析. 北京：中国旅游出版社，2003.

[17] 崔祥建等编. 民航法律法规与实务. 北京：旅游教育出版社，2007.

[18] 胡夏冰编著. 饭店餐饮经营管理法律案例解析. 北京：旅游教育出版社，2007.

[19] 裴春秀编著. 旅游法实例说. 长沙：湖南人民出版社，2004.